À escuta da poesia: ensaios

Patricia Peterle

© Patricia Peterle, 2023
© Relicário Edições, 2023

Dados Internacionais de Catalogação na Publicação (CIP) de acordo com ISBD

P479a   Peterle, Patricia

        À escuta da poesia: ensaios / Patricia Peterle; prefácio por Susana Scramim. – Belo Horizonte: Relicário, 2023.
        284 p. : il. ; 14,5 x 21 cm.

        Inclui bibliografia
        ISBN 978-65-89889-67-0

        1. Crítica literária. 2. Poesia italiana – Filosofia e crítica. I. Scramim, Susana. II. Título.

                                    CDD: 851
                                      CDU: 821.12

CONSELHO EDITORIAL
Eduardo Horta Nassif Veras (UFTM), Ernani Chaves (UFPA), Guilherme Paoliello (UFOP), Gustavo Silveira Ribeiro (UFMG), Luiz Rohden (UNISINOS), Marco Aurélio Werle (USP), Markus Schäffauer (UNIVERSITÄT HAMBURG), Patrícia Lavelle (PUC-RIO), Pedro Süssekind (UFF), Ricardo Barbosa (UERJ), Romero Freitas (UFOP), Virginia Figueiredo (UFMG)

COORDENAÇÃO EDITORIAL Maíra Nassif Passos
EDITOR-ASSISTENTE Thiago Landi
PROJETO GRÁFICO, CAPA E DIAGRAMAÇÃO Ana C. Bahia
PREPARAÇÃO Lucas Morais
REVISÃO Thiago Landi

 O presente trabalho foi realizado com apoio da Coordenação de Aperfeiçoamento de Pessoal de Nível Superior (CAPES) | Código de financiamento 001.

RELICÁRIO EDIÇÕES
Rua Machado, 155, casa 1, Colégio Batista | Belo Horizonte, MG, 31110-080
contato@relicarioedicoes.com | www.relicarioedicoes.com
@relicarioedicoes / relicario.edicoes

PREFÁCIO
Comédia e melancolia
Susana Scramim   7

NOTA   15

I. Errâncias a partir da *Comédia*   19
II. Transmutar sonho em pensamento   43
III. Ecos, portas entreabertas: o objeto inapreensível   57
IV. O espaço poroso e ruinoso do literário   81
V. Escritas à escuta   101
VI. Asfixias e escutas   117
VII. "*Escrutar* quer dizer *vasculhar*"   129
VIII. Na guerra, a urgência da vibração poética   151
IX. A experiência bélica: entre paisagem e linguagem   177
X. Um fio, uma voz lançada   191
XI. Espaços públicos: o direito à poesia   215
XII. Termômetros do habitar   235

Referências   261
Índice onomástico   277
Sobre a autora   283

PREFÁCIO
Comédia e melancolia

Susana Scramim (UFSC-CNPq)

Em seu livro *Lo Barroco*, composto por artigos escritos entre os anos de 1920 e 1935, Eugenio D'Ors afirmava que Benedetto Croce teria sido mais um dos historiadores da arte e da literatura que nomeava – a partir de certa perversão – com o "qualificativo barroco" obras que se posicionavam politicamente contra a identidade de gosto e pureza cultural europeia classicizante. Sublinhava D'Ors que, além de produzirem um julgamento de gosto a partir de uma ideia perversa de valor, havia também uma perversão cronológica e espacial.

> Recientemente aún, maestro tan erudito como Benedetto Croce negaba con insistencia que pudiera ser considerado el barroco de otra manera que como "una de las variedades de lo feo". Sin llegar a posición tan negativa y exorcizante (...) atenerse en este capítulo a las siguientes fórmulas: 1. El barroco es un fenómeno, cuyo nacimiento, decadencia y fin se sitúan hacia los siglos XVII y XVII, y solo se produjo en el mundo occidental. 2. Se trata de un fenómeno exclusivo de la arquitectura y de algunos raros departamentos de la escultura o de la pintura. 3. Nos encontramos con él en presencia de un estilo patológico, de una ola de monstruosidad y de mal gusto. 4. Finalmente, lo que lo produce es una especie de descomposición del estilo clásico del Renacimiento (...).[1]

---

1. D'Ors. *Lo barroco*, p. 69-70.

A grande antagonista da pretensão de transparência da morfologia clássica na filosofia da linguagem e na teoria da arte no século XVII foi a motivação com a qual foram criadas as obras de arte no mundo barroco. Eugenio D'Ors contrapõe as formas que "pesam" da teoria clássica às formas que "voam" do barroco para propor modos de leitura que incluíssem elementos visuais na racional morfologia do classicismo. Em seu livro sobre o barroco, o autor amplia o espectro de abrangência dos trabalhos artísticos que mereceriam um estudo teórico e histórico dentro do âmbito dos estudos de estética na Espanha da década de 1930. Suas reflexões sobre o "fenômeno" do barroco são – como imagem e semelhança de seus modelos – bastante sedutoras, regadas de elementos sugestivos, e promotoras de uma filosofia bastante complexa, as quais estavam bastante obnubiladas nas penínsulas Ibérica e Itálica naquele momento. Benedetto Croce não via valor positivo algum na arte do século XVII (*l'età barocca*), senão como expressão de um delírio decadente, contorções vazias, produzindo "uma variedade do feio". D'Ors, em *Lo Barroco*, chama a atenção para esse julgamento de Croce em *Storia dell'età barocca in Italia: pensiero, poesia e letteratura, vita morale*, publicado em 1928.

Após a catástrofe causada pela I Guerra Mundial, debates filosóficos em torno da construção de um conceito renovado de humanismo envolveram a inclusão de diferentes áreas do conhecimento no âmbito da filosofia e da estética. O sentido dos termos "barroco" e "barroquismo" foram incluídos em debates "sérios" entre especialistas europeus, os quais tentavam associar os fenômenos ligados ao barroco às esferas do político, da religião e da nação. Houve uma forte presença de preconceitos contra o que nesses debates se apontava como questões ligadas à falta de racionalidade formal, fracasso comunicativo e confusão, que por sua vez resultavam na deturpação da harmonia do mundo. Eugenio D'Ors se inclui nesse debate com o que propõe como novos modos de ler o mundo a partir do "eón barroco". Ele amplia o campo de análise, no qual insere uma noção supratemporal da história. Nesse modo de ler, o barroco é apresentado como uma categoria, uma constante, um "eón" – na terminologia de D'Ors – que lhe permitia apresentar "*lo barroco*" com vestimentas diversas em diferentes momentos da cronologia histórica.

Se, por um lado, D'Ors compreende o barroco de modo ampliado com relação a diferentes manifestações da cultura, bem como trabalha a leitura dessas mesmas manifestações com um conceito de história multipolar, temporalidades diversas e espacialidades que não marcam conceitos de origem, por outro, ainda insiste em ler o barroco a partir de valores da cultura patriarcal, colonizadora e expansionista.

Motivado por esse espírito que deseja ler de modo ampliado o mundo em suas manifestações culturais humanas fora dos estreitos limites de uma visão idiossincrática, o mais recente livro de Patricia Peterle, *À escuta da poesia*, propõe explorar novos modos de ler a poesia escrita por notórios autores italianos, sendo composto por doze ensaios em que a pesquisadora e professora de literatura italiana na UFSC se coloca à escuta da poesia. Essa escuta, por sua vez, leva a uma deriva barroca entre textos de diferentes autores, cujas escritas foram produzidas em distintos momentos da história da língua nessa península do Mediterrâneo. A obra é composta de ensaios que circulam ao redor de uma ideia: fazer com que a leitura alcance outras sensibilidades que não somente aquelas relacionadas à capacidade de ver/ler/decifrar. São eles, em ordem de aparição no livro: 1. Errâncias a partir da *Comédia*; 2. Transmutar sonho em pensamento; 3. Ecos, portas entreabertas: o objeto inapreensível; 4. O espaço poroso e ruinoso do literário; 5. Escritas à escuta; 6. Asfixias e escutas; 7. "*Escrutar* quer dizer *vasculhar*"; 8. Na guerra, a urgência da vibração poética; 9. A experiência bélica: entre paisagem e linguagem; 10. Um fio, uma voz lançada; 11. Espaços públicos: o direito à poesia; 12. Termômetros do habitar.

No livro, Patricia começa por investir na leitura daquela que é talvez a referência mais clássica da literatura italiana: Dante Alighieri. Isso acontece especialmente no primeiro ensaio, "Errâncias a partir da *Comédia*", em que, apesar de estar de alguma forma declarado no título que não há o propósito de considerar o autor como a referência a partir da qual a leitura será guiada, está, desde o signo da obra (a *Comédia*), incluída a presença de seu autor em um tipo de assinatura ausente. Contudo, Patricia gira o olhar em direção aos diferentes e novos modos de ler a obra de Dante Alighieri em relação a tantos outros bastante comprometidos com um ponto de vista unilateral de lidar com a tradição. Prefere a autora investir em uma leitura que não seja a positivista ou a historicista concernente ao ambiente acadêmico do final do século XIX. Dentre as perspectivas que interessam a Patricia, ela elege a do poeta e crítico *fin de siècle* Giovanni Pascoli, cuja leitura de Dante nos anos de 1900 irritou sobremaneira Benedetto Croce, aqui mencionado anteriormente como um dos historiadores e críticos que não apostaram na diversidade cultural que os mundos ocidental e oriental poderiam aportar às leituras da arte. Patricia Peterle comenta o ambiente de tentativa de controle das leituras de Dante nesse momento da produção filológica na Itália, cito:

> A assídua dedicação e a tensão trazidas nessas leituras se embatem com o silêncio da crítica da época, o que irá marcar a recepção desses textos ensaísticos. A sentença de Benedetto Croce é implacável num ensaio publicado em *La Critica*, em 1907, que, mesmo com a revisão e a diminuição posterior do tom, dá uma ideia do ambiente intelectual. Croce irá dizer que a leitura proposta por Pascoli é uma "singular aberração", que ele é um "atrasado", um "fóssil" no que diz respeito à crítica de Dante.[2]

Patricia Peterle destaca e toma partido da posição política de Giovanni Pascoli em sua leitura da *Comédia*. As qualidades que ela compreende como importantes a fazem valorar o trabalho crítico de Pascoli como fruto de uma estratégia de leitura "intensa e obsessiva" que acontece no momento em que, na Itália, se produz uma revisão do quão problemático poderia resultar o adotar-se uma perspectiva exclusivamente historicista e positivista na crítica literária. O caminho que Patricia percorre é, como o título do texto sugere, o das "errâncias". A leitura das errâncias produzidas por intérpretes da obra de Dante chega à escrita de Antonella Anedda, que foi uma das tradutoras de

---

2. Extraído do ensaio "Errâncias a partir da *Comédia*".

Mandel'štam. Patricia dá destaque a todo o ardor dos versos de ambos os poetas pela escrita de Dante. Essa associação vai ampliando as esferas da leitura, que, por sua vez, vai abrindo os círculos do vórtice "barroco" ao qual o seu modo de ler se filia. A citação de um verso do poeta Giorgio Caproni no início do texto seguinte, "Transmutar o sonho em pensamento" – título que deriva de um verso de Dante na *Comédia* –, oferece o *legame* para anunciar o cerne teórico em que pulsa a presença de Walter Benjamin. Dante e Benjamin acompanharão a proposição de uma poesia e uma arte que cavalgam por meio de "contracantos", o que faz da arte uma variação da política ao modo de contrapontos.

Patricia destaca uma operação de leitura do texto literário que, citando Walter Benjamin, deverá ser construída como desejo e por um saber que tenha sido resultado de um sabor: um prazer que a própria leitura produz. Esse tipo de estratégia de leitura tem a força de amplificar a voz contida na obra. O saber que a leitura de Patricia produz tem a ver com a teorização do exílio visto sob a perspectiva de um prazer de estar no mundo literário acompanhado de uma solidão produtiva. Esse conceito será tomado como condição para que a poesia seja escrita desde uma autêntica experiência poética.

A partir do conceito de "errância", mais um vocábulo retirado de versos de Dante – "achei-me a errar por uma selva escura" –, outra referência associativa se anuncia: a de Dante com o poeta espanhol do início do século XX José Bergamín. Segundo a autora, Bergamín também associa vertiginosamente em sua leitura de Dante a tradição literária espanhola à *Comedia*, criando novamente o vínculo com a leitura do barroco e, de modo associativo, com o ensaísta catalão Eugenio D'Ors. Segundo ele, o barroco é a arte do que está fora da imagem reguladora do classicismo; por isso, a associação que ele estabelece com a ideia de mulher é bastante produtiva para a ideia de paradoxo ou de aporia na leitura. Fora e dentro, triunfo e derrota, pureza e imundície são conceitos que compõem a teoria de D'Ors em que o barroco se apresenta como tensão entre o que se limita com aquilo que está fora do limite. Desse modo, Patricia investe em tratar da escrita do exilado como sendo um modo de ler dos próprios poetas sobre a condição de estar simultaneamente fora e dentro do mundo. Para justificar sua proposição, cita a expressão de Agamben: o poeta está *messo al bando* – colocado de lado – e, desse modo, mantendo uma relação de tensão com a norma/lei.

O livro *À escuta da poesia*, de Patricia Peterle, se constitui como leitura da poesia italiana, contudo, é também um modo de considerar a leitura de poemas como o resultado de uma interpretação da temporalidade do moderno na direção contrária à da progressividade científica. As categorias das quais a autora lança mão para operar sua leitura são derivadas do conjunto da produção de poesia que ela mesma escolhe e lê. Essas categorias são as da incompletude, da rasura, do exílio e da melancolia. Melancolia compreendida no sentido produtivo que lhe ofereceu Agamben no livro *Estâncias*, ou seja, de uma arte que perdeu seu objeto e o transforma em objeto ausente para, então, prosseguir na tarefa de "ensimesmá-la" sem valores e, portanto, sem julgamentos parciais e idiossincráticos. Conforme podemos ver no capítulo II, em que a autora reforça a leitura de pendão barroco que destacamos nesta apresentação:

> Em outras palavras, se estabelece – segundo Agamben, que segue os rastros de Bergamín – uma relação crítica autêntica com a obra de arte, uma vez que tal relação a nega e a viola, "se ensimisma" – é o termo que o filósofo italiano toma de Bergamín – "justo no momento em que sai de si".[3]

Se no livro *Categorias italianas* Giorgio Agamben teve como meta operar uma leitura da psique da cultura e da literatura italiana a partir de um conceito de comédia, em *À escuta da poesia*, ainda que permeada pela leitura de Agamben, Patricia Peterle lê a poesia italiana da primeira metade dos séculos XX e XXI a partir de uma ideia de melancolia, o que poderíamos atribuir à proximidade com os conceitos de Walter Benjamin, que, por sua vez, em *Origem do drama barroco alemão*, associa a melancolia à compreensão do mundo a partir de um

---

3. Extraído do ensaio "Transmutar sonho em pensamento".

estar fora de si para a produção de um constante confrontar-se com os limites.

> Como todos os seus elementos antigos, o estoicismo do Barroco também é pseudo-antigo. Em sua recepção do pensamento estoico, o Barroco atribui muito menor importância ao pessimismo racional que à desolação com que a prática estoica confronta o homem. O amortecimento dos afetos, e a drenagem para o exterior do fluxo vital responsável pela presença no corpo desses afetos, pode transformar a distância entre o sujeito e o mundo numa alienação com relação ao próprio corpo. Na medida em que esse sintoma de despersonalização é visto como um estado de luto extremo, o conceito dessa condição patológica (na qual as coisas mais insignificantes aparecem como cifras de uma sabedoria misteriosa, porque não existe com elas nenhuma relação natural e criadora) é colocado num contexto incomparavelmente fecundo. É consistente com esse conceito que em torno do personagem de Albert Dürer, na *Melancolia*, estejam dispersos no chão os utensílios da vida ativa, sem qualquer serventia, como objetos de ruminação – *Gübeln*, meditação constante e exaustiva –. Essa gravura antecipa sob vários aspectos o Barroco. Nela, o saber obtido pela ruminação e a ciência obtida pela pesquisa se fundiram tão intimamente como no homem do Barroco.[4]

Referências

AGAMBEN, Giorgio. *Categorias italianas*. Trad.: Carlos Capela; Vinícius Honesko. Florianópolis: Ed. UFSC, 2014.

AGAMBEN, Giorgio. *Ideia da prosa*. Trad.: João Barrento. Lisboa: Cotovia, 1999.

---

4. Benjamin. *Origem do drama barroco alemão*, p. 164.

AGAMBEN, Giorgio. Estancias. *La palabra y el fantasma en la cultura occidental*. Trad.: Tomás Segovia. Valencia: Pre-Textos, 1995.

BENJAMIN, Walter. *Origem do drama barroco alemão*. Trad.: Sérgio P. Rouanet. São Paulo: Brasiliense, 1984.

CROCE, Benedetto. *Storia dell'età barocca in Italia*: pensiero, poesia e letteratura, vita morale. Milano: Adelphi, 1993.

D'ORS, Eugenio. *Lo barroco*. Madrid: Alianza Editorial, 2002.

Nota

Os ensaios aqui reunidos foram pensados, escritos e reescritos ao longo dos últimos dez anos e propõem um percurso por diferentes autores pertencentes tanto à tradição quanto à contemporaneidade, lidos muitas vezes em chave anacrônica. A boa norma da crítica literária prescreveria uma monografia mais orgânica, porém o argumento aqui tratado, o poético – e, mais especificamente, a poesia italiana –, demanda aberturas, sopros de vida que seguem trilhas porosas (nada monolíticas). Dante, Guido Cavalcanti, Giovanni Pascoli, Eugenio Montale, Giorgio Caproni, Andrea Zanzotto, Pier Paolo Pasolini, Antonella Anedda, Enrico Testa, Valerio Magrelli e Maria Grazia Calandrone são alguns dos poetas trabalhados nestas páginas.

Como querer pegar algo que insiste em escapar? É uma sensação inquietante aquela quando uma ideia acaba de ser construída e lapidada, e nos damos conta de que outras pequenas trilhas, depois de um grande trabalho, começam a saltitar e a reabrir o que se estava tentando "concluir". Trabalhar com a poesia é sempre um desafio; é um mergulho numa cultura individual e coletiva; é um mergulho numa língua dentro da língua.

Aqui, não há nenhuma pretensão de completude, trata-se de algumas incursões ou exercícios críticos que podem ser válidos por exporem e potencializarem a complexa "engrenagem" da escrita poética. Outro exercício presente nestas páginas, direta ou indiretamente, é o da tradução, que não deixa de alimentar a leitura e o pensamento crítico.

O caminho é um precário equilíbrio dentro da impossibilidade de "se conseguir pegar" esse objeto, que também nos olha e fala. Talvez seja esta uma coerência metodológica presente nestes doze ensaios. Um termo que se repete e que foi escolhido para estar no título é "escuta". O que acontece quando nos colocamos à escuta de uma música, de uma alquimia de palavras? Esse ritmo, esse som provocam deslocamentos, nos levam para algum lugar fora e dentro de nós, nos mostram espaços entreabertos que podemos tentar olhar, nos quais talvez até, quem sabe, penetrar.

As tensões internas da linguagem poética e seu extremo refinamento e capacidade para tratar das mais variadas questões que tocam o humano são o fio condutor dos ensaios aqui reunidos, que contam com uma rica bibliografia crítica.

1. "Errâncias a partir da *Comédia*" é resultado da palestra "Orme della sospensione: Dante, José Bergamìn, Walter Benjamin", apresentada no congresso dedicado ao centenário de Dante Alighieri, "L'ombra sua torna: Dante, il Novecento e oltre", realizado em 2021 na Universidad Complutense de Madrid. O texto inicial sofreu alterações e teve acréscimos.

2. "Transmutar sonho em pensamento" teve como ponto de partida duas disciplinas de pós-graduação. A primeira delas, "Poesia-crítica: escritas inoperantes", oferecida junto ao Programa de Pós-Graduação em Literatura da UFSC, no segundo semestre de 2018. A segunda, "Corpo corpos na literatura italiana", oferecida em conjunto com Lucia Wataghin no Programa de Pós-Graduação em Literatura da UFSC e no Programa de Pós-Graduação em Língua, Literatura e Cultura da USP, no segundo semestre de 2020.

3. "Ecos, portas entreabertas: o objeto inapreensível" é um texto inédito que foi se construindo depois da experiência de traduzir o poema de Guido Cavalcanti "Noi siàn le triste penne isbigotite", para o projeto do Istituto Italiano di Cultura "Valerio Magrelli: *Millenniun Poetry* – Viagem sentimental na poesia italiana", realizado em 2020. Uma primeira reflexão sobre o poema e a tradução está disponível em: https://literatura-italiana.blogspot.com/2020/04/objetos-poetantes-um-poema-de-guido.html

4. "O espaço poroso e ruinoso do literário" é fruto da experiência de escrita de dois outros ensaios: "Inoperosidades: Giorgio Agamben, Antonio Delfini e Giorgio Caproni", publicado na revista *Diálogos Mediterrânicos*, v. 1, p. 75-93, 2018; e "Rovine e sguardi dissacranti nella scrittura di Antonio Delfini", publicado como capítulo no volume *Anti-mimesis. Le poetiche antimimetiche in Italia (1930-1980)*, organizado por Andrea Gialloreto, Milão: Prospero Editore, 2020, p. 249-275.

5. "Escritas à escuta" é inédito, e o trabalho com a poética dos autores tratados (Enrico Testa, Valerio Magrelli, Antonella Anedda) não deixa de ter relações com as traduções feitas nos últimos anos desses mesmos autores.

6. "Asfixias e escutas" é, em sua configuração, inédito, mas os aspectos aqui tratados estão em outros textos publicados nestes últimos dez anos.

7. "*Escrutar* quer dizer *vasculhar*" é também inédito, e o conjunto das reflexões propostas estava na minha primeira aula do curso "Corpo corpos na literatura italiana", oferecido em conjunto com Lucia Wataghin no Programa de Pós-Graduação em Literatura da UFSC e no Programa de Pós-Graduação em Língua, Literatura e Cultura da USP, no segundo semestre de 2020.

8. "Na guerra, a urgência da vibração poética" teve uma primeira versão publicada na revista *Fênix*, v. 18, p. 107-130, 2021, com o título "Fazem-se versos para tirar um peso".

9. "A experiência bélica: entre paisagem e linguagem" é inédito e, em parte, fruto da minha palestra "Le recondite lave: tra paesaggio e linguaggio", no congresso internacional "'Un'Arcadia horror': Roma per Andrea Zanzotto", realizado em junho de 2021 na Università di Roma La Sapienza.

10. "Um fio, uma voz lançada" é parcialmente inédito e teve origem no congresso internacional "Anacronias na-da literatura italiana e movimentos possíveis", realizado na UFSC em 2018, que gerou o volume homônimo com o ensaio "'Il mondo che il linguaggio ci permette di scrutare nasce dal dettaglio': poesia e resistência em Antonella Anedda".

11. "Espaços públicos: o direito à poesia" é um texto que reúne algumas incursões realizadas ao longo dos últimos anos na poesia de Patrizia Cavalli, que vêm sendo realizadas desde 2015 com a publicação do artigo "Na trama da urdidura poética de Patrizia Cavalli", na revista *Estudios Románicos*, v. 24, p. 57-65, 2015.

12. "Termômetros do habitar" é inédito e tem como ponto de partida a tradução da obra poética de Maria Grazia Calandrone *A vida inteira*, que saiu pela editora Urutau em 2022.

I. Errâncias a partir da *Comédia*

A releitura da obra de Dante no século XX parece se dar como uma combustão, é um processo intenso, material que é queimado e transformado em outra matéria, cheio de fagulhas e faíscas, para além dos clarões maiores que vão tecendo novos e pequenos focos, deixando também rastros por meio das cinzas. T. S. Eliot, Ezra Pound, Osip Mandel'štam, Eugenio Montale, J. L. Borges, Carlos Drummond, Pier Paolo Pasolini, Giorgio Caproni, o grupo dos Concretistas, Roberto Piva, Antonella Anedda são somente alguns nomes de uma lista que é, sem dúvida, interminável e monumental. Num texto de 1965, por ocasião de uma celebração de Dante, Montale afirmava:

> Dante é patrimônio universal (e tal se tornou mesmo que se tenha percebido mais de uma vez que falava para poucos dignos de escutá-lo). Para além de certo grau de profundidade necessária, sua voz hoje pode chegar a todos, talvez como nunca aconteceu em outros tempos e como talvez não será mais possível no futuro. Assim sua mensagem pode tocar tanto o mais profano quanto o iniciado, e de forma totalmente nova.[1]

A lista é realmente infinita, por isso não é uma mera coincidência que o título deste ensaio já se apresente sob a constelação da *errância*. Aqui, serão privilegiadas algumas incursões nas relações com Giovanni Pascoli, Osip Mandel'štam, Antonella Anedda e Giorgio Caproni; porém,

---

1. Montale. "Esposizione sopra Dante". In: Zampa (org.). *Il secondo mestiere* – v. II, p. 2.667. Esta e as demais traduções são todas minhas, quando não houver outra indicação.

sem o escopo de esgotá-las. O contato com o texto de Dante, suas idas e vindas, deixa trilhas tortuosas e muito diferentes. Contudo, o que elas apresentam em comum é justamente a releitura, gesto que, por sua vez, não deixa de apontar para a própria sobrevivência do texto dantesco (seu *perviver* ao longo do tempo). Nesse sentido, não se pode deixar de mencionar – embora não seja o foco deste ensaio – as inúmeras traduções e retraduções em diferentes suportes. Um movimento, enfim, que gera outros movimentos, que se estende, que retorna à origem, mas, ao mesmo tempo, distancia-se dela. A atenção dada poderia estar relacionada à dimensão que beira o incomensurável, diante dos cem cantos e mais de dez mil hendecassílabos[2] encadeados pela *terza rima*, além de todo um conhecimento muito mais do que enciclopédico. "É óbvio que Dante esteja nebulizado em toda a poesia que veio depois dele, mas – dada sua enormidade – ele aparece pulverizado: aqui com suas visões, lá com seu *modus amandi* – por assimilação ou por contraste – em outro lugar com sua petrosidade".[3] Ler Dante, ainda nas palavras de Maria Grazia Calandrone, significa deixar-se contagiar. Uma hospitalidade e um dom, como aponta ainda o próprio Montale:

> Que a verdadeira poesia tenha sempre o caráter de um dom e que, portanto, ela pressuponha a dignidade de quem o recebe, isso talvez seja o maior ensinamento que Dante nos tenha deixado. Ele não é o único que deu essa lição, mas dentre todos foi, certamente, o maior. E se é verdade que ele quis ser poeta e nada mais que poeta, fica quase inexplicável diante da moderna cegueira o fato de que, quanto mais seu mundo se distancia de nós, mais cresce a nossa vontade de conhecê-lo e de fazê-lo conhecer a quem é mais cego do que nós.[4]

Não é por acaso, portanto, que Eduardo Sterzi afirma que a *Comédia* é "uma máquina textual onívora que assimila e reprocessa".[5]

---

2. Na tradução para o português, tornam-se decassílabos.
3. Calandrone. "Un altro mondo, lo stesso mondo". In: Pascoli. *Il fanciullino*, p. 46.
4. Montale. "Esposizione sopra Dante", p. 2.690.
5. Sterzi. *Por que ler Dante*, p. 71.

Assim, se o movimento centrífugo é de atração para a *Comédia*, para esse vórtice arquiteturalmente construído, o centrípeto não pode deixar de ser complementar, a saber, é impossível passar por esse torvelinho e dele sair sem marcas, ileso. A relação entre experiência vivida e experimento poético imbricada em sua escrita é um elemento altamente moderno, que não pode não chamar a atenção dos outros escritores citados. Auerbach deu como título para um de seus ensaios "Dante o poeta do mundo secular", e Gianfranco Contini, dentre as inúmeras possibilidades, referiu-se ao poeta como "o Dante da realidade". Ambas as visões apontam para a importância da experiência, o mundo terreno em um e a realidade no outro. Daí mais um aspecto a ser destacado, que é o meio em que a poesia se realiza, ou seja, a língua. A língua de Dante também é altamente moderna, uma vez que opta por acolher, justamente, a experiência. Ela, por isso mesmo, possui traços de caducidade, de efemeridade, acolhendo a pluralidade e a variedade existentes. Na introdução ao primeiro volume da coleção Meridiano (Ed. Mondadori), dedicado ao *Inferno*, Anna Maria Chiavacci Leonardi afirma: "medir-se com Dante é, como para todas as grandes obras da humanidade, aprofundar o conhecimento de nós e da nossa história, descobrir uma dimensão do homem".[6]

O verso inicial da *Comédia* ("*Nel mezzo del cammin di nostra vita*") apresenta um lado desse traço onívoro assinalado por Sterzi, isto é, não é somente o eu do poeta que se vê no meio do caminho de sua vida. A escolha do pronome possessivo na primeira pessoa do plural (*nostra*) tem um peso inigualável, abrindo a máquina do mundo – para lembrar os tercetos de Drummond.[7] Há uma tensão dialética, aqui, entre o tom baixo e quotidiano desse primeiro verso e a potência de universalidade que ele contém. A tradução de Cristiano Martins, que será utilizada como referência, infelizmente, não conseguiu dar conta

---

6. Leonardi. "Introduzione". In: Alighieri. *Commedia*: Inferno – v. 1, p. XIII.
7. Sobre a relação entre natureza humana e pessoa, sentido literal e alegórico para Contini, é interessante o ensaio de Giorgio Agamben dedicado à *Comédia* e seu caráter "cômico". Ver "Comédia". In: Agamben. *Categorias italianas*, p. 41.

dessa tensão: "A meio do caminho desta vida".[8] Verso que, aos ouvidos brasileiros, nos remete diretamente ao célebre poema de Drummond de *Alguma poesia* (1930), *No meio do caminho*. A forma da repetição, um dos eixos deste poema, não deixa de ser um jogo, apontando, por sua vez, para o infinito e também para a morte, elementos constituintes de sua força. São rastros e ruínas dos versos de Dante que ressoam diretamente, séculos depois, nos de Drummond.

> A origem [*Ursprung*] insere-se no fluxo do devir como um vórtice que arrasta no seu ritmo o material de proveniência [*Entstehung*]. (...) Por um lado, o originário quer ser conhecido como restauração e reconstituição e, por outro, exatamente por isso, como algo incompleto e inacabado. Em todo o fenômeno de origem determina-se a figura através da qual uma ideia se confronta permanentemente com o mundo histórico, até ele atingir a completude na totalidade da sua história. Pois a origem não emerge da esfera dos fatos, mas refere-se à sua pré e pós-história.[9]

As retomadas e as releituras da obra de Dante, assim, podem ser vistas como a parte de um todo, em que "a origem deixa de ser algo que precede o devir" e é "contemporânea ao devir dos fenômenos, dos quais extrai sua matéria".[10] Nesse sentido, a poesia pode ser lida como um retorno,[11] porém não com tons nostálgicos ou saudosistas. Tal retorno está ligado ao gesto do caminhar, tão presente no poema de Drummond e central na obra de Dante. Uma ação, a de caminhar, cujo fim não é um seguir em frente, um futuro à espera, mas é, justamente, o movimento que é gerado, o limiar, a intermitência entre claro e escuro.

> A contemporaneidade, portanto, é uma singular relação com o próprio tempo, que adere a este e, ao mesmo tempo, dele toma distâncias; mais

---

8. Para manter a estrutura poética, neste ponto há uma diminuição da tensão. O mesmo fenômeno se dá na tradução de Augusto de Campos em *Invenção* (2003).
9. Benjamin. *Origem do drama trágico alemão*, p. 34.
10. Agamben. *O fogo e o relato*, p. 85.
11. Agamben. *O que é o contemporâneo e outros ensaios*, p. 55-76.

precisamente, essa é a relação com o tempo que a este adere através de uma *dissociação* e um *anacronismo*. Aqueles que coincidem muito plenamente com a época, que em todos os aspectos a esta aderem perfeitamente, não são contemporâneos porque, exatamente por isso, não conseguem vê-la, não podem manter fixo o olhar sobre ela.[12]

É essa, de fato, a trama que vai sendo tecida por alguns leitores com a obra de Dante, como é o caso do poeta russo Osip Mandel'štam, citado por Agamben no ensaio dedicado às reflexões sobre o "contemporâneo", a partir do longo poema traduzido por Haroldo de Campos com o título *A Era*. Mandel'štam é também o autor de um significativo ensaio intitulado *O rumor do tempo* e da célebre *Conversa sobre Dante*, que não deixa de ser uma conversa consigo mesmo, "tendência a auscultar os ruídos subterrâneos da história"[13] e, por que não, também da cultura.

Todavia, é bem na passagem do século XIX para o XX que uma significativa releitura de Dante é proposta pelo poeta e crítico Giovanni Pascoli. Mesmo antes dos tercetos de *Conte Ugolino*, dos *Primi poemetti* [Primeiros poemas] (1907), uma menção direta ao episódio do canto 33 do *Inferno*, outro personagem da *Comédia* já havia chamado a atenção de Pascoli. É, portanto, na primeira montagem de *Myricae* (1891) não comercial, feita pela Tipografia di Raffaello Giusti, com 22 poemas, dedicada às núpcias de Raffaello Marcovigi, que encontramos um personagem menor, Belacqua, o preguiçoso luthier do canto IV do *Purgatório*, revisitado por Pascoli.[14] Mas, antes, voltemos ao *Purgatório*:

> Por detrás, muitas almas, recostadas
> à rocha, vimos bem à sombra fria,
> lassas, pela indolência dominadas.

---

12. Agamben. *O que é o contemporâneo e outros ensaios*, p. 59.
13. Bezerra. "Prefácio – As vozes subterrâneas da história". In: Mandel'štam. *O rumor do tempo*, p. 11.
14. Uma primeira publicação de 10 poemas, entre os quais *Gloria*, saiu na revista *Vita nuova*, em 10 de agosto de 1890.

> Uma, que mais cansada parecia,
> a ambos os joelhos repousando a mão,
> sentava-se, e a cabeça ao chão pendia.
>
> 'Ó caro guia meu, presta atenção
> naquele!', eu disse 'ali, tão indolente,
> como se fosse da preguiça irmão'.
>
> e ele, volvendo a face, lentamente,
> de sobre os joelhos seu olhar alçando,
> murmurou: 'Sobe lá, se és diligente!'[15]

Se o personagem de Belacqua em Dante está ligado a certa preguiça, pois repousa ao invés de se apressar para a purificação (a subida do monte do Purgatório), na leitura oblíqua feita por Pascoli essa demora, esse deter-se, é significativa. Deixando para trás a imagem negativa, o autor de *O menininho* subverte a figura de Belacqua, vendo ali o símbolo do poeta que escuta as pequenas vozes da natureza sem aspirar à glória.[16] Nos versos de *Myricae*, como ficará depois mais claro em outros poemas e no ensaio *O menininho*, é colocada a recusa aos "grandes temas", e a aposta pascoliana centra-se num mundo poético mais "comum", o das humildes coisas. Um elogio da preguiça? Talvez sim, um texto em que Pascoli já se distanciava da poética de Giosuè Carducci, no cruzamento com o mote virgiliano *"arbusta iuvant humilesque myricae"*. Os elementos naturais dominam, como se vê a seguir, os versos finais de *Glória*.

---

15. Alighieri. *A Divina Comédia* – v. 1, p. 42-44.
16. Belacqua, personagem de Dante, também faz parte do imaginário literário de Samuel Beckett. Tanto na sua obra poética como na sua prosa, ele pode ser lido quase como um alter ego, como apontam os organizadores de sua poesia completa, Marcos Siscar e Gabriela Vescovi, recentemente publicada pela Relicário.

– Al santo monte non verrai, Belacqua?

Io non verrò: l'andare in su che porta?
Lungi è la Gloria, e piedi e mani vuole;
e là non s'apre che al pregar la porta,
e qui star dietro il sasso a me non duole,
e cantare udendo le cicale al sole
e le rane che gracidano, acqua, acqua[17]

– Ao santo monte não irás, Belacqua?

Eu não irei: chegar ao alto o que comporta?
Longe é a Glória, pés e mãos a seu dispor;
e lá só se abre com oração a porta,
e atrás da pedra não me deixa dor
e com as cigarras ao sol entoar
e as rãs que coaxam, água, água

O primeiro verso é uma pergunta. Dá voz ao outro, que inicia sua fala com uma recusa, "Eu não irei", posta em posição central, no início do verso. A segunda parte do poema também traz uma pergunta, da qual se desdobram os demais versos, encadeados pela repetição anafórica do "e". Tal recusa, num olhar em negativo, pode remeter à de outros personagens inoperantes na literatura, como o escrivão Bartleby, de Melville; o jovem Oblomov, de Gontcharov; e até o personagem mais recente, Baratto, de Gianni Celati.

A leitura de Pascoli da *Comédia* é intensa e obsessiva, e se dá num momento de retomada dos estudos dantescos, quando dominava uma crítica historicista e positivista, cujos interesses maiores estavam nos *rebus*, nos enigmas, nos símbolos. Questões pelas quais o próprio Pascoli também passa, como é possível perceber nos três estudos realizados,

---

17. Pascoli. *Poesie e prose scelte* – v. I, p. 707-708. Para algumas citações de poemas, optou-se por deixar o texto em italiano junto à tradução em português.

Minerva oscura [Minerva obscura] (1898), *Sotto il velame* [Sob o véu] (1900) e *La mirabile visione* [A admirável visão] (1901). Para termos uma ideia mais clara da dedicação e do interesse nutridos por esse poeta pela *Comédia*, é emblemático um fragmento da carta enviada a Gaspare Finali, quando informa que uma parte inicial de *Minerva oscura* já havia sido publicada na revista *Convito*:

> Havia cinco ou seis anos meu trabalho predileto: meditava sobre ele dias inteiros e sonhava (sorria ou ria quem quiser; mas é a pura verdade) durante as noites. Era a minha companhia, meu conforto, meu orgulho. Dos desprezos que nunca me faltaram, eu me refugiava no obscuro *Tesouro* das minhas argumentações e divinações; contava-as e repetia, e saía radiante com solitário orgulho. (...) Sim, agora, faz-me bem acreditar que também nesta pobre obra minha eu só teria contemplado, com nenhum outro fim senão este, o de contemplar, de ser amado por quem contemplou.[18]

A assídua dedicação e a tensão trazidas nessas leituras se embatem com o silêncio da crítica da época, o que irá marcar a recepção desses textos ensaísticos. A sentença de Benedetto Croce é implacável num ensaio publicado em *La Critica*, em 1907, que, mesmo com a revisão e a diminuição posterior do tom, dá uma ideia do ambiente intelectual. Croce irá dizer que a leitura proposta por Pascoli é uma "singular aberração", que ele é um "atrasado", um "fóssil" no que diz respeito à crítica de Dante.[19] Há um olhar estranhante na leitura oferecida por Pascoli que será percebido, contudo, por um crítico refinado como Renato

---

18. Pascoli. *Poesie e prose scelte* – v. I, p. 313. Um pouco mais adiante, na mesma página, Pascoli antecipa uma questão que retornará depois nas reflexões em *O menininho*: "desapareceu do meu coração qualquer desejo de glória e de gloriazinha. Se vaidade é vida, a glória é a sombra lançada por aquela vaidade. Apaguemos, então, essas palavras soberbas! Perdoe-me qualquer um que tenha ficado escandalizado! Oh! se a glória é sombra de vaidade, se é evaporação de nada, não é tão coisa vã e nada o desejo dela. É um desejo de sobrepujar, é um desejo de deprimir e de aviltar o outro. Saia do coração tão perverso fermento!".
19. Croce. *Intorno alla critica della letteratura contemporanea e alla poesia di G. Pascoli*, p. 218. Para o n. de *La Critica*, faz-se referência ao v. 5, p. 101.

Serra.[20] Umas das críticas dirigidas a esse conjunto se deve a seu caráter fragmentário e evanescente, mas, talvez, exatamente nisso possa estar a sua força, com sua sintaxe tropeçante e inquieta. Ou, como aponta Giovanni Getto, sua paixão questionadora[21] está intimamente ligada ao contemplar, termo este trazido no final da citação anterior. Escrever é contemplar a língua,[22] e é exatamente isso o que Pascoli traz à luz no trecho citado. Uma contemplação que não pressupõe nenhum fim específico, mas cuja concretização pode provocar aberturas, movimentos não previstos. É na dança do olhar e da leitura que se realiza o contemplar. Fica, portanto, claro como a leitura de Dante provoca perturbações e sensações que, no texto poético, podem ecoar em alguns momentos, como no já mencionado poema *Conte Ugolino*. Em *terza rima*, ele parte de um dado preciso: "Estava em Ardenza, sobre a rotunda/ dos banhos, e sei que olhei longamente/ um correr, na água, onda sobre onda".[23] O poeta está nesse ponto famoso e elegante da cidade de Livorno, e o que é ressaltado no primeiro terceto é justamente o contemplar: "na água, onda sobre onda", retomado em outros momentos do texto, "vago aqui e ali". E é nesse vagar que, no segundo momento do poema, aparece a figura de Dante, anunciada já no último verso da primeira parte. Dante aparece sentado num imenso bloco de granito, aparentemente imóvel. Ao lado da dureza do imenso bloco, ele "Pensava o seu pensamento/ como o mar infinito era infinito".[24] A similitude do pensamento com a infinitude do mar, presente em outros poemas de Pascoli, como *Un gatto nero* de *Myricae* ("O seu pensamento/ como o mar"), aponta e reforça, mais uma vez, a ideia de contemplação. Fazendo um salto temporal, poder-se-ia dizer talvez que esses versos, quase um século depois, ecoariam na escrita de Giorgio Caproni, que tensiona ainda mais essa imagem do mar em *Albàro*, de *O franco caçador* (1982): "Não/

20. Mas também por outros como Agnoletti e Thovez. Cf. Serra. *Scritti critici*, p. 51; Thovez. *L'arco d'Ulisse*, p. 358; Agnoletti, *La Voce*, 15 dez. 1915. Ver o ensaio de Eugenio Montale. *La fortuna del Pascoli*, p. 1.899-1.904.
21. Getto. *Pascoli dantista*, p. 35-59.
22. Cf. Agamben. *O fogo e o relato*, p. 34.
23. Pascoli. *Poesie e prose scelte* – v. I, p. 1.359.
24. Pascoli. *Poesie e prose scelte* – v. I, p. 1.359.

suporto mais o rumor/ da história... (...) O mar.../ O mar no lugar da história.../ Oh, amor".

Tais imagens poéticas, que tendem, mais do que a uma visão nítida da onda ou do mar, a um adentrar neles, parecem corroborar o traço oblíquo do olhar pascoliano. Certa "indefinição" intrínseca a essas imagens também está exposta no texto introdutório de *Minerva oscura*. Nele, Pascoli se pergunta se é realmente possível conhecer e descrever Dante, uma vez que – e são termos do próprio Pascoli – quando o autor da *Comédia* diz "olhem", "deixa os nossos olhos em meio à caligem".[25] Névoa, neblina, termos caros à própria poesia de Pascoli. Esse modo pascoliano de leitura e manuseio do texto de Dante, na visão de Cesare Garboli, organizador dos volumes *Poesie e prose scelte*, pode se configurar como um método, ou melhor, um antimétodo:

> (...) uma corrida temática eternamente 'rumo ao por vir', como um universo exegético que se expande, que está em perene movimento e metamorfose, que se deixa atravessar por explosões e revelações em cadeia, não se configurando como o código dado de uma vez por todas, mas que está pronto para se transformar e se reencarnar de situação em situação, de estação em estação da viagem.[26]

Num momento em que a crítica adverte para uma expansão da filologia dantesca, e o *Bullettino della Società dantesca*, que começa a circular em 1890, é uma amostra desses trabalhos, Pascoli parece trabalhar a um só tempo em dois polos: coerência e desvio. A distância entre o exegeta e o poeta vai diminuindo, o crítico também precisa contemplar, sair de seu espaço de conforto, habitar a leitura como um alquimista. Garboli usa um termo ainda mais radical e significativo para pensar a operação realizada por Pascoli, ao afirmar que "esse tipo

---

25. É exatamente isso que é colocado no primeiro parágrafo introdutório de *Minerva oscura*: "Conhecer e descrever a mente de Dante será em algum momento possível? Ele eclipsa na profundidade de seu pensamento: voluntariamente eclipsa. Eu já decidi segui-lo num desses desaparecimentos, no qual, depois de ter dito OLHEM, ele deixa os nossos olhos no meio da caligem". In: Pascoli. *Poesie e prose scelte*, p. 314.
26. Pascoli. *Poesie e prose scelte* – v. II, p. 299.

de hermenêutica exalta uma relação de canibalismo".[27] O mar infinito pode ser, então, uma analogia para essa relação que também fala muito do próprio Pascoli, uma busca incessante, uma caça na qual o livro se "desfaz", se torna espaço de criação, de aventura, de contágios, de porosidades, que assim se expõe ao leitor, apontando para um fora e para o caráter de inacabamento do gesto da leitura – interminável na visão de Garboli.[28] Uma vez que o antimétodo de Pascoli "mata" num certo sentido o livro, favorecendo o moto do torvelinho e seus deslocamentos, não é de se espantar que a crítica positivista não veja com bons olhos seus estudos. Não é uma mera coincidência o fato de o *Inferno*, como em outras leituras ao longo do século XX, ganhar um espaço privilegiado no percurso pascoliano: os grandes silêncios sepulcrais, os espaços espectrais, as ruínas, o ferver da lama, o gotejar e a força das águas.

De exilado para exilado

Nessa linha, outra leitura que não poderia deixar de ser lembrada quase quatro décadas depois, conversa de poeta para poeta, de exilado para exilado, é a de Osip Mandel'štam. Sua *Conversa* se desdobra a partir de 11 pequenos textos, escritos nos anos 30 do século XX. Nessas páginas, são disseminadas reflexões sobre a poesia de Dante, pontos de interrogação mais do que um olhar "científico" ou metodológico, indícios e anotações, enfim, um emaranhado já anunciado no título pela escolha do termo "conversa". Mandel'štam, ao falar e refletir sobre Dante, fala de si, de sua poesia. Na primeira conversa, introduzida por uma epígrafe do *Inferno*, o poeta russo, já na frase inicial, aponta para algo crucial, ao dizer que o discurso poético é um processo. Ou seja, não vê na poesia um objeto estático, mas sim um processo, e, nesse sentido, ela [a poesia] se distancia de qualquer tipo de espelhamento ou identidade. Ela é um campo de ação novo, extraespacial, afirma Mandel'štam, e sua

---

27. Pascoli. *Poesie e prose scelte* – v. II, p. 300.
28. Pascoli. *Poesie e prose scelte* – v. II, p. 303.

preocupação está não tanto em contar, mas sim em recitar a natureza por meio de imagens. A arte do dizer, continua Mandel'štam, deforma exatamente o que é visto. Por isso, em outro momento, ele diz que a linguagem poética é como a tessitura de um tapete com múltiplas urdiduras, que se diferenciam uma da outra somente pela cor da execução, somente pela partitura das sempre mutáveis ordens vindas da marcação instrumental. De fato, como é colocado na quinta conversa, tanto em poesia como nas artes em geral, não há nada de belo e fechado. Num texto dedicado ao poeta russo, Pasolini, ao falar de sua poesia, afirma: "ele se colocava o problema da língua da poesia, mas o resolvia sem sair do campo da língua da poesia. Há um só campo, para ele, a política, vivida como vida".[29] Pasolini, quando fala de Mandel'štam, fala de si mesmo, mas essas são palavras não distantes do percurso do próprio Dante, não é?

Na segunda conversa, por exemplo, refletindo sobre a palavra, Mandel'štam diz ser ela um feixe de significados; e um significado aflora desse feixe para se irradiar em várias direções, não convergindo nunca num único ponto. Como bem lembra Anna Achmatova, por volta de 1933, Mandel'štam ardia por Dante. Nesse sentido, não há passado que não seja presente intempestivo, anacrônico e, portanto, contemporâneo.

Para além da viagem moral, da relação com outras culturas, das questões políticas e de suas referências e escolhas literárias, que são sempre retomadas, essas incursões parecem apontar para a relação, ou melhor, para o corpo a corpo que se estabelece por meio da leitura *com* a *Comédia*: ou seja, essa contemplação da língua e do fazer poético. É como se a onipresença dessa estrutura tão calibrada e harmonizada com "legame musaico"[30] deixasse aporeticamente mais velada a própria ideia

---

29. Pasolini. *Saggi sulla letteratura e sull'arte* – v. I, p. 1.696. Interessante também lembrar de outro ensaio de Pasolini dedicado a Dante: "La volontà di Dante di essere poeta". In: *Saggi sulla letteratura e sull'arte* – v. I, p. 1.376-1.390. Dessas considerações, talvez seja possível entrever uma linha invisível entre Dante, Pascoli, Montale, Pasolini, Caproni, contudo, isso exigiria uma outra pesquisa.

30. Expressão usada por Dante no *Convívio* para indicar um traço fundamental da poesia, que nessa obra é definida como "*cosa per legame musaico armonizzata*", a saber,

de poesia, ao mesmo tempo que a expõe. A esse propósito, é interessante retomar uma imagem delineada por Mandel'štam a partir da *Comédia*:

> Pensem em um monumento de granito ou de mármore que em sua tensão simbólica mire não a representação de um cavalo ou de um cavalheiro, mas a revelação da estrutura interior daquele mesmo mármore ou granito construído em homenagem ao granito e, poder-se-ia dizer, com o objetivo de revelar a ideia do granito.[31]

A dureza do granito dos versos de Pascoli retorna de algum modo nesse fragmento, mas agora o olhar não é para além do bloco granítico – o mar infinito. O trabalho de esculpir, modelar, dar movimento ao que é sem movimento coloca em primeiro plano o processo artesanal, de contemplação da própria matéria-prima: a pedra, a palavra. Em poesia, como em toda arte, não há nada de belo e pronto. Mandel'štam se afasta da tendência de associar a ideia de arte ao nominativo, prefere os casos oblíquos. Essas duas trajetórias de leitura trazidas até aqui se configuram como errâncias em torno da *Comédia*, cujos versos na leitura de Mandel'štam são armados para perceber o futuro.

Outras errâncias

Há, certamente, um modo de ler "em negativo" operado por essas leituras. Uma espécie de "operação no escuro" nessa imbricada tessitura, cujos fios nos remetem a Antonella Anedda, leitora assídua de Dante e tradutora de Mandel'štam. Não é somente uma pura coincidência que a escrita de Anedda penetre e caminhe no escuro:

> De noite, subindo na noite, o rio dos pensamentos, portanto, das imagens, dos silêncios e dos sons. Subindo o rio dos livros, destes objetos de papel

---

um enlace ou uma concatenação musical que é inerente à língua e, por conseguinte, ao próprio poema, e aqui também habita o intraduzível.
31. Mandel'štam. *Conversazione su Dante*, p. 55.

e cola cujas linhas, contudo, chamam outras imagens, silêncios e sons. O livro inesperadamente se abre em parte em um claro, revela, com seu fôlego desigual, a possibilidade de um lugar. As únicas visões, as visões terrenas, estão lá, naquela luz incerta. Com a luz que possuo vou rumo a elas. As páginas farfalham ao redor da obscuridade que cresce (...)."[32]

É o sobressalto, o arrepio, que transforma a paisagem ao redor, não um espelho, mas uma pedra, elemento de tropeço, errância, presente nessas escritas; o reluzir incerto que deixa entrever o fogo que passa. É a urdidura de uma vida de *pathos*. A luz não é suficiente, dirá Anedda, por isso o dia precisa de um "passo", um trânsito entre escuridão e escuridão. Escrever é um movimento, um caminhar, um arrastar o peso dos encontros, desintegra e reelabora os fragmentos da memória, mostra a entrega aos encontros e adeuses.[33] Caminhar, sentir a terra, sua paisagem, esse lugar de trânsito. A arte, como Anedda afirmou mais de uma vez, não é um antídoto à caducidade – poesia é caducidade – porque nossa experiência é precária, caduca.

Para Anedda, a poesia flerta com a incerteza, na visão da praia que treme, naquela colina, nas distantes estrelas, e a voz do poeta depende da escuta: "um encontro que contempla um risco: entender que o que escrevemos está distante do que somos. Toda vez diante desse perigo tentar não mentir, reconhecer a sombria diversidade que pode existir entre a folha e o som que da folha se eleva".[34] Refletindo justamente sobre poesia a partir da leitura de Dante, Mandel'štam afirma: "A poesia se distingue da linguagem automática justamente por nos acordar e nos sacudir bem no meio da palavra. Esta resulta, então, muito mais

---

32. Anedda. *La luce delle cose*, p. 17.
33. Caminhar entre línguas, entre culturas, habitar esse limiar faz parte do laboratório de Antonella Anedda (o trabalho com a língua sarda). Para citar um único exemplo, nas páginas de um livro experimental como *La vita dei dettagli*, ela afirma na última página: "Perder: parar de possuir (...). Perder objetos e bens, perder o que se quis. Tornar difícil para perder (...). A arte de perder (...). Perda de tempo (...). Deixar ir, não parar (...). Perder-se. Despossuir. Descriar. Perder os limites de si (...)". Anedda. *La vita dei dettagli*, p. 177.
34. Anedda. *La luce delle cose*, p. 150. Ver também as considerações na p. 170.

longa do que poderíamos pensar, e rememoramos que falar significa estar sempre a caminho".[35] Um caminhar cujo fim parece estar em seu próprio movimento, a contemplação, como se dá no final do *Purgatório*, antes do encontro com Beatriz. O encontro com Matelda[36] no topo do monte do Purgatório, retomado por Pascoli em *O menininho*, nesse sentido, é mais do que significativo, pois ela representa, como colocado no canto XXVIII, "algo repentino que desvia/ o curso do ordenado pensamento" (v. 38-39).[37]

O Paraíso terrestre é caracterizado não mais por uma "*selva selvaggia, aspra e forte*", mas por outra imagem que paradoxalmente a contém: "divina/ floresta virginal, ampla e sombria,/ que um pouco a luz quebrava matutina"[38] e, mais adiante, no mesmo canto XXVIII do *Purgatório*, "pela sombra perpétua, que em verdade/ da luz do sol não era devassada". É esse encontro já percebido por Pascoli, autor do ensaio *Un poeta di lingua morta* [Um poeta de uma língua morta] (1914), que é retomado por Agamben em um de seus últimos livros, *O reino e o jardim* (2019). Agamben, revisitando textos – que já ecoavam em *Estâncias* –, afirma que "a operação própria do gênero humano será a de atuar sempre toda a potência do intelecto possível" – um tema averroísta.[39] É, portanto, o canto, numa língua que falta, que talvez esteja presente na musicalidade e na geografia no Paraíso terrestre. Retomando *O menininho*, a poesia "consiste na visão de um particular inadvertido, fora e dentro de nós", e, para a verdadeira poesia, parece faltar a língua.[40] As onomatopeias, as línguas mortas, enfim, a língua

---

35. Mandel'štam. *Conversazione su Dante*, p. 56.
36. Das representações realizadas sobre esse episódio, é interessante lembrar a de Sandro Botticelli. Os desenhos relativos ao Purgatório XXVIII estão reproduzidos em *Divina Comédia* (2012). Tais desenhos estão conservados no Museu de Desenhos e Impressões (Berlim) e na Biblioteca Vaticana. Para uma análise, ver também o ensaio de Licciardello. *Il nuovo inizio e il tantra di Dante*, p. 3-34. A partir dessas considerações, uma leitura mais aprofundada da figura de Matelda e possíveis correlações faz-se necessária.
37. Alighieri. *A Divina Comédia* – v. 2, p. 249.
38. Alighieri. *A Divina Comédia* – v. 1, p. 246 e a seguinte citação p. 248.
39. Agamben. *Il regno e il giardino*, p. 73. [*O reino e o jardim*. Trad.: Vinícius Honesko Nicastro. Belo Horizonte: Ayné, 2022]
40. Pascoli. *O menininho*, p. 53.

que não se sabe mais estão na base da poesia e na reflexão de Pascoli, como, por exemplo, nesse fragmento final de *L'uccellino del freddo* [O passarinho do frio]: "Ninho verde entre folhas mortas,/ que fazem, num sopro mais forte.../ *trr trr trr teri tirit...*".[41]

> Acontece como quando caminhamos no bosque e, de repente, nunca antes escutada, a variedade de vozes animais nos surpreende. Assobios, vibrações, gorjeios, sons de madeira e de metal quebrados, pipios, bater de asas, burburinhos: cada animal tem seu som, que sai imediatamente dele. No final, a dúplice nota do cuco caçoa do nosso silêncio e nos revela, insustentável, o nosso ser único, sem voz no coro infinito das vozes animais. Então, tentamos falar, pensar.[42]

Esse outro fragmento de Agamben não deixa de remeter aos textos aqui citados e também é um convite para esse estado de "suspensão". Caminhando pela floresta, o importante não é a trilha de palavras que percorremos ou deixamos para trás, mas sim o zunido que às vezes percebemos e escutamos ao nosso redor. Não é uma coincidência que esse texto, *La fine del pensiero*, seja introduzido em sua primeira edição, em 1985, por três poemas da fase final de Giorgio Caproni que apontam para essas relações: *Rifiuto dell'invitato* [Recusa do convidado], *Un niente* [Um nada] e *Controcanto* [Contracanto]. Os elos de Caproni com Dante e Pascoli já receberam alguns estudos e são evidentes em sua escrita, principalmente no título de duas obras que marcaram a

---

41. O fragmento de Agamben, que dedicou um ensaio sobre a voz em Pascoli para uma edição italiana de *O menininho*, traz diferentes ecos pascolianos. Um deles talvez seja um pequeno fragmento da carta endereçada por Pascoli a Giuseppe Chiarini: "vá para debaixo de uma árvore onde cada uma estrila, perceba séries desiguais, ritmos saltitantes, além de um serrar, um esfregar rouco e áspero, e mesmo quem está longe, quando se fixa com o sentido em cada um dos sons, ouve a mesma desordem toda estremecer e arrastar. Mas se abstraindo-se dos particulares se fecha não sei qual janela e se abre não sei que porta da sua alma, como acontece por si, de repente, num sopro, então ouve-se uma campainhada continuada e cadenciada". In: Pascoli; Chiarini. *Della metrica neoclassica*, p. 904-976.

42. Agamben. "La fine del pensiero". In: Mecatti (org.). *Foné*: la voce e la traccia, p. 85. [Anais dos encontros realizados em Florença entre outubro de 1982 e fevereiro de 1983].

poesia italiana da segunda metade do século XX: *A semente do pranto* (1959) e *O muro da terra* (1965) – retomo aqui os títulos capronianos traduzidos por Aurora Fornoni Bernardini na antologia *A coisa perdida: Agamben comenta Caproni*, publicada em 2011 pela Editora da UFSC.

Todos os três poemas citados por Agamben pertencem a *O Conte de Kevenhüller* (1986), último livro publicado em vida pelo poeta, e possuem em comum certa condição larval, espectral. No primeiro deles, há um convite para uma partida, o qual é recusado com a justificativa de que, com a participação de quem fala, a partida seria "jogada ao léu", pois quem fala afirma primeiro não saber jogar ou saber jogar demasiadamente: "Façam/ sem mim.// Quanto tempo/ (sorrio se penso) eu/ nisso agora só consigo/ fonte de confusão?// Não quero/ que por meu mérito ou culpa/ se trinque a alegria de vocês".[43] A atmosfera de suspensão também está na forma como os versos estão dispostos na página, pequenos grumos, uma ordem sem ordem, que aponta para esse movimento entre o dentro e o fora. Essa disposição também está presente nos dois outros poemas citados por Agamben. *Un niente* começa com "Aqui, os amigos...", mas esses amigos nunca chegam, apesar de estarem em grupo e de suas sombras serem percebidas. As duas repetições anafóricas de "aqui" indicam a proximidade desses que estão sempre por vir, mas em passos lentíssimos. Até que essa aporia é encenada com sua própria exposição:

> *Spariscono*
> *nel medesimo istante*
> *(un guizzo) dell'apparizione...*
>
> *Son qui...*
>
> *Son passati...*

---

43. Caproni. *L'opera in versi*, p. 664.

> *Resta*
> *— sospesa — l'ammonizione...*[44]

Desaparecem
no mesmo instante
(um volteio) da aparição...

Estão aqui...

Passaram...

Resta
— suspensa — a advertência...

O espaço, aqui, é o da floresta — ou selva —, como informa o próprio poeta em um dos versos. E na continuação desse poema:

> *La foresta...*
>
> *Già così chiare, altre ombre*
> *nell'ora che batte scura...*
>
> *Un soffio...*
> *(Non è paura)*
>
> *Di tutto l'avvenimento, in mente*
> *appena*
>
> *(a pena)*
>
> *un niente.*[45]

---

44. Caproni. *L'opera in versi*, p. 605.
45. Caproni. *L'opera in versi*, p. 605-606.

A floresta...

Assim já tão claras, outras sombras
na hora que bate escura...

Um sopro...
        (Não é paúra)

Na mente, de toda a jogada
apenas

        (a pena)

        um nada.

É talvez desse sopro vital que fala Agamben. Aqui, a referência à *Comédia* no poema de Giorgio Caproni, mesmo se pulverizada, é direta e já introduz a máquina do terceiro poema, que é emblemático tanto dessa última estação caproniana quanto de sua relação canibalizante com Dante.

Controcanto

        al giovane
        Stefano Coppini

Non nel mezzo, ma al limite
del cammino.

        La selva
(la paura)

        ... dura...

... oscura.

La via

(la vita)

smarrita.

*Nessun' acqua stellare
sull'incaglio del nero.*

Nessun soffio d'ali.

*Che cosa mai può acquistare
cadenza, fra i simulacri
d'alberi (di cattedrali?),
se anche l'uomo ombra è fumo
nel fumo – asparizione?*

La morte della distinzione.

Del falso.

Del vero.

È un terreno selvaggio.

Il piede incespica.

*Il viaggio
mai cominciato (il linguaggio
lacerato) ha raggiunto
il punto della sua incoronazione.*

La nascita.

(La demolizione.)[46]

Contracanto

> ao jovem
> Stefano Coppini

Não no meio, mas no limite
do caminho.

> A selva

> (a paúra)

> ... dura...

> ... escura.

A via

> (a vida)

> perdida.

Nenhuma água estelar
sobre o encalhe do preto.

Nenhum sopro de asas.

---

46. Caproni. *L'opera in versi*, p. 619-620.

O que nunca pode adquirir
cadência, entre os simulacros
das árvores (de catedrais?),
se até o homem sombra é fumo
no fumo – *asparição*?

A morte da distinção.

Do falso.

Do verdadeiro.

É um terreno selvagem.

O pé tropeça.

A viagem
nunca iniciada (a linguagem
lacerada) alcançou
o ponto de sua coroação.

O nascimento.

(A demolição.)[47]

Um contracanto, uma brincadeira, uma paródia a partir dos versos de Dante para tratar, nessa atmosfera espectral e desértica, da "morte da distinção", como nomeia Caproni, ou seja, da impossibilidade de distinguir entre falso e verdadeiro, eu e ele; sendo a lógica assim desnudada, pois o referencial necessário à sua existência e uso entra em colapso nesses versos. Como afirma Enrico Testa numa das aulas

---

47. Esta tradução foi retirada do ensaio "Exílio, 'asparizione' e morte da distinção: lendo Giorgio Caproni", de Enrico Testa, que integra o volume Testa. *Cinzas do século XX*: três lições sobre a poesia italiana, p. 124-127.

realizadas junto ao Programa de Pós-Graduação em Literatura da UFSC em 2014, todas dedicadas à poesia de Giorgio Caproni:

> A origem vem completamente cancelada, do nada viemos e ao nada retornamos, e no nada estamos sem outra possibilidade. 'A viagem nunca iniciada' (*'Il viaggio mai cominciato'*), a 'linguagem lacerada' (*'linguaggio lacerato'*) (...) são os eixos portadores dessa negatividade. A linguagem é despedaçada porque se trata de perseguir uma realidade já irrecuperável, enquanto a viagem alcançou 'o ponto de sua coroação' (*'il punto della sua incoronazione'*, v. 19), enquanto toca, no êxtase, ao mesmo tempo início e fim.[48]

Errâncias a partir de Dante para tratar de questões centrais que tocam a linguagem e o pensamento *do* e *no* século XX, não somente o poético. Para finalizar, como coloca Pascoli num texto em que fala da língua morta, os poetas não morrem quando deixam tanta vida de imagens. Tratar de Dante, enfim, significa trazer à tona a importância da questão e das problemáticas da linguagem, como um aspecto pertencente a uma comunidade. A poesia é um sintoma da comunidade, de seus movimentos, uma profanação diante dos inúmeros dispositivos. Por isso, a contemplação da língua – e poesia é contemplação da língua – é por definição um gesto civil, uma generosidade anacrônica que sobrevive no cruzamento de tempos.

---

48. Testa. *Cinzas do século XX*, p. 127.

II. Transmutar sonho em pensamento

> A história é o choque entre a tradição e a organização política (...).
> (Walter Benjamin, *Frammenti*)

> Não no meio, mas no limite/ do caminho.// A selva// (a paúra)//
> ... dura...// ... escura.// A via// (a vida)// perdida. (...)// A
> viagem/ nunca iniciada (a linguagem/ lacerada) alcançou/ o
> ponto de sua coroação.// O nascimento.// (A demolição.)
> (Giorgio Caproni, *Contracanto*)

Uma das epígrafes escolhidas traz os famosos versos do poema *Contracanto*, que encerra o ensaio anterior. Dante, como se sabe, é, sem dúvida, uma presença mais do que contínua no laboratório poético caproniano, como enfatizaram alguns críticos que se dedicaram a essa abordagem. A ideia de um "contracanto" não está distante das discussões abordadas pelo poeta diante do caráter proteiforme do "eu", da história e da linguagem. *Reversibilidade*, nesse sentido, não por acaso é o título dado a uma seção do livro *O franco caçador* (1982), e *Asparição*, neologismo caproniano, é o nome da seção que acolhe justamente os versos do poema *Contracanto*. Caproni, de fato, não compartilha de uma visão linear no que diz respeito à relação com as coisas, com o mundo e, por conseguinte, com a história. Nesse sentido, não é possível não se lembrar da ideia de "anti-história" trazida no poema *Odor vestimentorum*, que é o último do livro *Despedida do viajante cerimonioso* (1965), junto com a declaração feita nos versos de *Albàro*, de *O franco caçador*, quando

Caproni afirma não suportar mais o rumor da história e preferir o mar em seu lugar. E ainda nos versos de *Su un vecchio appunto* [Sobre uma velha anotação], voltando ao *Conte de Kevenhüller*, lê-se "o que e quem somos, nós,/ sem raízes e sem/ esperança – sem/ hálito de regeneração".[1] A lucidez ("desespero/ calmo, sem inquietação")[2] de enfrentar algumas categorias já em crise, crise esta causada por acontecimentos que atingiram duramente o século da barbárie, reforça algumas das imagens mais caras a esta poesia, como a da névoa, um indício talvez alegórico do desmoronamento da centralidade e das certezas do homem contemporâneo.[3] Antonio Girardi, a propósito da retomada da forma do soneto num livro tão significativo de Caproni como *A passagem de Eneias* (1956), no qual um dos temas centrais é o da guerra vivida, aponta que no êxito incondicionado de um mecanismo formal, como é o soneto, é possível entrever o sintoma da desconfiança na racionalidade comunicativa por parte do *logos* poético. Os versos citados acima, de *Su un vecchio appunto*, podem ser então lidos como sintomas de um sentimento de incompletude, de um sentir-se desenraizado – também presente na figura do *Gibão* ("eu estou longe e só/ (estrangeiro) feito/ o anjo da igreja onde não há Deus. Feito,/ no zoológico, o gibão."),[4] título de outro famoso poema – que é declarado desde a *Nota* no final do livro, quando o poeta fala de anos "de insano desespero" e testemunha sua busca por

> um teto qualquer na íntima dissolução não tanto da [sua] pessoa privada, mas de todo um mundo de instituições e de mitos sobreviventes mas já esvaziados e desmentidos, e, portanto, de toda uma geração de homens que, nascida na guerra e quase toda recoberta – pela guerra – pelos paredões cegos da ditadura, no desfazimento do último conflito mundial,

---

1. Caproni. *L'opera in versi*, p. 508.
2. Caproni. *A coisa perdida*: Agamben comenta Caproni, p. 161.
3. Aqui, é possível pensar tanto no volume *A passagem de Eneias* (1956) quanto nos textos publicados por Caproni, em periódicos, sobre a estátua de Eneias, passando ainda pelo poema *Personaggi*, de *O conde de Kevenhüller*. Sobre essa questão, ver Peterle. *A palavra esgarçada*: pensamento e poesia em Giorgio Caproni, 2018.
4. Caproni. *A coisa perdida*: Agamben comenta Caproni, p. 173.

já antes pressentido e padecido sem a possibilidade ou a capacidade, senão *in extremis*, de uma rebelião ativa, tinha de ver concluída a própria (ironia de um Hino que queria ser vida) *juventude*.[5]

Um processo ao mesmo tempo de implosão e de desagregação que, com o último Caproni, chega a tocar resultados altíssimos na produção poética italiana da segunda metade do século XX. Foi Giovanni Raboni que, no prefácio para a antologia *L'ultimo borgo*, enfatizou os três grandes temas dessa poesia (a cidade, a mãe, a viagem) e os arrematou com o fino fio do exílio. Em relação a isso, Caproni, numa entrevista com Geno Pampaloni, não por coincidência intitulada *Realidade como uma alegoria*, afirma: "nunca como hoje (como na sociedade de hoje) o poeta foi um expatriado (escrevi um poema com este título, publicado no *Almanacco dello Specchio* em 1977)".[6] Esta inquietante, por que não corrosiva, sensação de se sentir expatriado, exilado, é, sem dúvida, para além de citações e retomadas pontuais, um ponto que conecta grandes autores e pensadores, sobretudo os que sofreram na pele as penosas condições de um exílio, como o próprio Dante ou ainda José Bergamín e Walter Benjamin.

Se a experiência da guerra para alguns poetas do século XX representa não somente um fato tragicamente vivido, mas, sobretudo, uma condição existencial fundamental por meio da qual a relação com o mundo passa a ser lida, para Dante a condição do exílio, ou seja, o ser exilado, é também mais do que relevante. Como sublinhou mais de uma vez Anna Maria Chiavacci Leonardi, trata-se de um angustioso exílio que marca a vida do poeta de dor e destrói toda humana esperança, apresentando-se como espelho histórico do exílio do homem mortal, que Dante assumiu como objeto do seu relato. Dante, perdida uma casa, a amada Florença, caminha dentro da tradição religiosa rumo a uma outra parada, não mais terrena, a casa agora de Deus, da qual também, em parte, está "exilado" com a perda da *diritta via*. A de Deus é, contudo, uma meta e acolhida que por vários motivos não pode mais

---

5. Caproni. *L'opera in versi*, p. 179.
6. Caproni. *Il mondo ha bisogno dei poeti – interviste e autocommenti 1948-1990*, p. 172.

ser tranquilizadora para muitos autores do século XX, como testemunha o próprio Caproni em *O muro da terra*, quando roga desesperadamente pela existência de Deus: "Deus de vontade,/ Deus onipotente, tente/ (se esforce), com furor para insistir/ – pelo menos – para existir".[7]

A *Comédia* é, sem dúvida, uma obra que não somente olha para o exílio, mas é o poema do exílio, escrito no exílio e fala justamente do exílio, que a inspira. Tal condição pode lembrar a primeira frase do livro de Julia Kristeva, *Sol negro*: "escrever sobre a melancolia teria sentido (...) somente se o texto viesse da melancolia".[8] E escrever sobre o exílio, portanto, só teria sentido se o texto viesse do exílio. E com isso, os versos de Cacciaguida no canto XVII do *Paraíso* (v. 55-60) não podem deixar de ser trazidos aqui:

> *Tu lascerai ogne cosa diletta*
> *più caramente; e questo è quello strale*
> *che l'arco de lo esilio pria saetta.*
>
> *Tu proverai sì come sa di sale*
> *lo pane altrui, e come è duro calle*
> *lo scendere e' l salir per altrui scale*

> As coisas deixarás que mais amaste;
> e assim é que de início à alma alanceia
> o arco do exílio, à ponta de sua haste.
>
> Sentirás o amargor, à boca cheia,
> do pão de estranhos, e quão dura é a via
> de subir e descer a escada alheia.[9]

---

7. O título deste poema é emblemático, "*Preghiera d'esortazione o incoraggiamento*" [Prece de exortação ou encorajamento]. In: Caproni. *L'opera in versi*, p. 365.
8. Kristeva. *Sol negro*: depressão e melancolia, p. 11.
9. Alighieri. *A divina comédia* – v. 2, p. 426-427.

Nesses dois tercetos, concentra-se toda uma tensão relativa à peregrinação que até este ponto não havia sido mostrada de forma tão precisa. A estrutura anafórica que abre os tercetos em italiano reforça e, a um só tempo, revela a raiz da dor. A flecha/ponta lançada do arco do exílio leva com ela uma série de dores e provas, que se concretizam num primeiro momento no verbo "lascerai" [deixarás], indicando a perda de todas as coisas prazerosas e amadas. O desenraizamento que se dá e é depois enfatizado pelo uso de "proverai" [sentirás] assinala ainda como o pão dos outros é salgado, a saber, amargo, e como é duro subir e descer nos espaços outrem, a saber, em casas alheias. De um lado, a hospitalidade, mas, do outro, essa mesma hospitalidade é sinal de um espaço não íntimo, de não pertencimento, que tende sempre a aflorar. Talvez agora seja possível recuperar o verso 133 desse mesmo canto do *Paraíso*: "Ressoem teus clamores como o vento" ("*Questo tuo grido farà come vento*"). A *Comédia*, então, poderia ser lida como um grito; o grito do exílio?

É talvez este grito que outros autores, para além das fronteiras temporais, históricas, culturais e geográficas, acolheram de algum modo. O espanhol José Bergamín (1895-1983) é, certamente, um exemplo relevante. Em 1945, exilado no México, publica o livro *La voz apagada (Dante dantesco y otros ensayos)*, que reúne importantes textos como *La decadencia del analfabetismo*, de 1930, que é sobretudo uma reflexão sobre a relação entre poesia e pensamento. Um dos aforismos mais famosos de Bergamín afirma que existir é pensar e pensar é empenhar-se; ou seja, delineia-se desde aqui, com essas palavras, um papel político inerente ao gesto do pensamento. A polêmica tese contida neste ensaio de 1930 vai talvez, pode-se dizer, na direção de certa "impureza", recusando o que o poeta espanhol chama de "*ineludible el monopolio literal, o letrado, o literario, de la cultura!*". É distanciando-se de uma ordem em que o jogo e a contaminação parecem ser descartados, e apostando neles, que se podem ler as seguintes palavras de Bergamín: "*Las palabras son cosas de poesía y al ponerlas en juego se causa o se realiza, o se realza, poéticamente, una figuración espiritual, una construcción imaginativa; lo que viene a ser, en definitiva, una representación divina de todo*". E, sublinhando ainda mais as distâncias de certa concepção crítica, é o próprio Bergamín quem afirma: "*Lo que sustenta el juego espiritual del pensamiento es la poesía. (Esto es lo que no comprenderá nunca ningún racionalista literal: sobre todo si vive dedicado profesionalmente a cualquier letra)*".[10]

Todas essas considerações no âmbito de uma cultura marcada pelo idealismo e também pelo positivismo provocam desconcertos, sobretudo se lembrarmos que esse texto dedicado ao analfabetismo é fruto de uma conferência feita na Residencia de Señoritas de Madrid.[11] O que desde cedo a reflexão crítica de Bergamín busca, como ressalta Giorgio Agamben no prefácio à primeira edição italiana desse ensaio, é exatamente o não "se reduzir nem a um juízo de averiguação do valor estético nem à análise formal da obra em si: ela é, ao contrário, integração da obra, juízo que a reconduz a seu próprio limite e, com isso, a expropria e destrói no mesmo ato em que a completa".[12] Essa visão não se mostra tão distante daquela de um outro exilado como Walter Benjamin, que em 1940, quando Paris é ocupada pelos nazistas, vê-se obrigado a fugir, dirigindo-se para a fronteira espanhola para chegar a Portbou, de onde depois deveria ter partido para os Estados Unidos (mas isso não acontece, como sabemos). De fato, é o mesmo Benjamin que, depois de ter citado Dante a propósito da acídia, no seu *Drama barroco*, registra:

---

10. Bergamín. *La importancia del demonio*, p. 40-41, para esta e as citações anteriores.
11. Considerando tanto a tradição barroca quanto o romantismo alemão (de Novalis até Nietzsche), já se poderiam encontrar pontos de contato entre Bergamín e o autor do *Drama barroco alemão*. Num texto de 1915, dedicado à leitura de dois poemas de Hölderlin, podem ser encontrados sinais desses pontos quando se lê: "O poetado é um alargamento das ligações estáveis funcionais que reinam na mesma obra poética, e estas últimas podem surgir só com a condição de prescindir de certas determinações: uma vez que só assim é possível ver que os outros elementos se embrenham uns nos outros, estão conectados numa unidade funcional. Uma vez que a existência em ato em todas as determinações determina a obra poética de modo que a sua unidade já pode ser colhida somente nesta forma". In: Benjamin. "Due poesie di Friedrich Hölderlin". In: *Opere Complete – Scritti 1906-1922*, p. 218-219. (Os demais volumes das obras completas de Benjamin editados pela Einaudi, daqui em diante, serão indicados a partir do ano dos escritos).
12. Bergamín. *La decadenza dell'analfabetismo*, p. 10.

O que perdura é o raro pormenor das referências alegóricas: um objeto do saber, alojado nas construções planificadas das ruínas. A crítica é mortificação das obras. Isto é confirmado pela essência das obras alegóricas, mais do que por quaisquer outras. Mortificação das obras: não – como queriam os românticos – o despertar da consciência nas obras vivas, mas a implantação do saber naquelas que estão mortas. A beleza que perdura é um objeto do saber. Podemos pôr em dúvida se a beleza que perdura ainda é digna desse nome, mas uma coisa é certa: não existe objeto belo que não tenha em si algo que mereça ser sabido.[13]

Com essas palavras de Walter Benjamin, estamos em meados dos anos de 1920, e é o mesmo Benjamin que, em 1927, em viagem pela região da Loira, antes portanto do exílio de 1933, anota: "Vou me acontentar de palavras-chave. O conhecido tormento da solidão, que me toma especialmente em viagens, assume pela primeira vez traços de velhice".[14] Retomemos a citação anterior. A leitura de um texto literário, qualquer que ele seja, não deve ser um experimento estéril, mas é sobretudo um acontecimento, ou seja, uma experiência estética, que produz beleza e saber. Trata-se talvez, então, de um espaço de fronteira, de um limiar em que vida e morte se alimentam reciprocamente, de tensões que emergem da singular e potencial relação entre texto-leitor-texto. Por isso, o resíduo que permanece da "beleza" é quase sempre um "objeto belo que não tenha em si algo que mereça ser sabido", ou seja, não encaixado, não limitado e não regulamentado.[15] É esse olhar que olha a partir de um espaço liminal – ou de mais limiares, como pode

---

13. Benjamin. *Origem do drama trágico alemão*, p. 193.
14. Benjamin. "Il dramma barocco tedesco". In: *Opere Complete – Scritti 1923-1927*, p. 687.
15. Esta posição será indicada por Walter Benjamin outras vezes. Em uma resenha sobre o estudo de Gisèle Freund dedicado à fotografia na França, ele escreve: "O que aparece dúbio nessa afirmação não é a tentativa de definir o tamanho artístico de um trabalho levando em consideração a estrutura social da época em que ele surgiu; dúbia é somente a suposição de que tal estrutura se manifeste sempre sob a mesma aparência. Na verdade, sua aparência deveria se modificar com as diversas épocas que dirigem o próprio olhar para a obra. Definir seu significado tendo presente a estrutura social da época em que ela surgiu, as épocas mais remotas e desconhecidas. Tal capacidade é a demonstrada por Dante para o século XII e pela obra de Shakespeare para a época

ser o próprio exílio – que é exatamente aquele que se pode ler também em Bergamín. O ensaio dedicado a Dante em *Frontiere infernali della poesia* [Fronteiras infernais da poesia] (1959) se configura como um exemplo desse modo de operar. Vale lembrar que esse livro é citado por Montale num de seus textos para o jornal *Corriere della Sera*, mais precisamente naquele do dia 28 de julho de 1963.

> Quando leio um livro e me dou conta de que queria ser amigo de seu autor (morto ou vivo que esteja), isso é para mim o maior fruto da literatura. E os autores dos quais gostaria de ser amigo são aqueles em que a arte é iluminada por uma severa compreensão humana. Talvez me desse razão José Bergamín de quem leio *Frontiere infernali della poesia*, publicado nos 'Quaderni di pensiero e poesia' Vallecchi. (...) Há alguns anos retornou para sua pátria. Nesse livro não é barroca a forma, que tende aliás para a concisão, mas o próprio sentimento de angústia, que se serve da razão deixando-a depois 'na porta da verdade, porque o limiar da verdade não pode ser ultrapassado'.[16]

A ideia de um pensamento que não é um gemido, um lamento e uma imprecação de maravilhosa qualidade são as últimas palavras da resenha de Montale, que retomam a leitura feita por Bergamín de textos de Chateaubriand, as quais porém podem inclusive ser lidas tendo como referência o próprio escritor espanhol. A propósito de Dante, Bergamín não retoma a tradição italiana e declara como preâmbulo do seu ensaio os famosos versos de Ruben Dario: "*En medio del camino de la vida/ dijo Dante, y su verso se convierte:/ en medio del camino de la muerte*". Uma operação em que ele extrai esses fragmentos de seus contextos "originais", expatriando-os, para se apropriar, compondo uma densa rede de citações que, de agora em diante, são também suas e caracterizam a fragmentariedade de seu estilo. É realizando esse gesto que o espanhol exilado se aproxima de Dante.

---

elisabetana". In: Benjamin. *Il dramma barocco tedesco*, p. 506. Este fragmento, contudo, já havia aparecido numa nota de Lettera a Parigi (II), p. 445.
16. Montale. "I forti e i deboli". In: *Il secondo mestiere*, p. 319-320.

O poeta de hoje, diz Bergamín, mas também o de ontem e o de amanhã – aludindo a Dante –, afirma que o caminho da vida é o caminho da morte. Nessa operação, Bergamín declara, de um lado, a "mortificação" da obra – para retomar o termo benjaminiano –, mas, do outro, como assinala Agamben no prefácio à *Decadência*, "a abre e faz uma marcação para além dela".[17] Em outras palavras, se estabelece – segundo Agamben, que segue os rastros de Bergamín – uma relação crítica autêntica com a obra de arte, uma vez que tal relação a nega e a viola, "se ensimisma" – é o termo que o filósofo italiano toma de Bergamín – "justo no momento em que sai de si".[18] Diz então Bergamín no que diz respeito ao *Inferno* de Dante:

> A luz e a obscuridade tenebrosa são os ritmos, nessa viagem falsa misteriosa, o passo e a voz do poeta. Mas essa trágica ficção não é então uma realidade infernal realmente experienciada? Esse mágico prodigioso edifício de ficção poética, afabulador, fantástico, se sustenta todo ele num único homem, que é a sua base e a sua fundação – a raiz que nutre seu mundo figurativo subterrâneo e celeste. Um homem, que é um homem só: o poeta que a cria, como um milagre, diante dos nossos olhos. Quase toda ela cessa – minha visão e me destila também – no coração o doce tão vivo, tão persistentemente vivo entre os mortos? Um solitário, um sonhador, e especialmente – circunstância mais do que significativa – um exilado.[19]

O caminho da vida é também o caminho da morte, mas este pode ser, por sua vez, o caminho da vida. Bergamín se pergunta se a realidade infernal Dante não a tenha realmente experienciada. Aqui, obviamente, os destinos do poeta medieval e do poeta novecentesco se cruzam no fulcro da solidão, no peso incomensurável daquele dantesco "Tu lascerai" e "Tu proverai", inscritos na página do *Paraíso*. O poeta é justamente aquele que foi "banido", diz Bergamín de todo o mundo, não

---

17. Bergamín. *La decadenza dell'analfabetismo*, p. 11.
18. Bergamín. *La decadenza dell'analfabetismo*, p. 11.
19. Bergamín. *Frontiere della poesia*, p. 31.

somente de Florença, mas de sua própria vida. E é Agamben, num texto intitulado *Politica dell'esilio*, quem afirma que ele – o exilado – é "quem é, nesse sentido, *messo al bando* [colocado de lado] não é só excluído da lei, mas esta se mantém numa relação com ele, abandonando-o".[20] Uma vez expulso, abandonado, obrigado à peregrinação, ele não se abandona aos círculos de uma inércia apática (dirá Benjamin: "O *Spleen* como dique contra o pessimismo"),[21] é portanto desta condição de "banido" que vem talvez a sua força, seu grito alegórico ("A alegoria é a armadura da modernidade").[22] E retomando as palavras de Agamben,

> justamente por isso, como abrigo, que excede tanto a esfera dos direitos quanto a das penas, o exílio permite pensar uma saída do bando soberano, que não coincide com a dos direitos, na qual é fundada até agora a tradição democrática. Trata-se, então, de pensar através do paradigma do exílio, uma vida humana integralmente política e – mesmo assim – não inscrivível na figura dos direitos do homem e do cidadão.[23]

Como diz Benjamin nos comentários sobre a poesia de Brecht, justamente antes de "Sobre os poemas de Dante para Beatriz", a desumanidade à qual fomos condenados não teve como nos privar da gentileza do coração.[24] E ainda seria possível trazer para essa montagem um poema cujo título é, justamente, "O poeta", que está entre os textos dispersos do pensador alemão. Nestes versos, Apolo pergunta a Zeus como se faz para se reconhecer um poeta, e a resposta que lhe é dada não exclui ecos dantescos:

---

20. Agamben. *Politica dell'esilio*, p. 25.
21. Benjamin. "Parque central". In: *Obras escolhidas III – Charles Baudelaire*: um lírico no auge do capitalismo, p. 152.
22. Benjamin. *Parque central*, p. 178. Nas obras completas de Walter Benjamin, publicadas em italiano, pela Einaudi, o termo "armadura" é traduzido com a palavra "ossatura".
23. Agamben. *Politica dell'esilio*, p. 25-27.
24. Benjamin. "Commenti alla poesia di Brecht". In: *Opere Complete – Scritti 1938-1940*, p. 287.

Guarda, sull'orlo della grande via rocciosa
dove, in improvviso rovinio, le rocce
eternamente rimbalzano giù nel profondo buio.
Guarda, sull'orlo dello spaventoso abisso
scorgerai uno che, senza preoccupazioni,
sta tra la notte e la vita variopinta.
Se ne sta lì in calma immutabile,
solitario, appartato dalla strada della vita,
ora guardando al fondo di se stesso, ora
guardando con coraggio noi, su verso la luce,
ora la folla, con lo sguardo ampio.
Tratti eterni scrive la sua penna.
Guardalo e riconoscilo: è il poeta.[25]

Olha, na margem da grande via rochosa
onde, num repentino ruir, as rochas
eternamente ressoam lá no profundo breu.
Olha, na margem do assustador abismo
avistarás alguém que, sem preocupações,
está entre a noite e a vida variegada.
Está ali numa calma imutável,
solitário, apartado do caminho e da vida,
ora olhando no fundo de si mesmo, ora
olhando para nós com coragem, rumo à luz,
ora a multidão, com amplo olhar.
Traços eternos escreve a sua pena.
Olha para ele, reconheça-o: é o poeta.

E é nesta constelação que se poderia lembrar de um dos sonetos de Bergamín que traz a presença de Dante desde a epígrafe:

---

25. Benjamin. *Sonetti e poesie sparse*, p. 175-177.

'Il pensamento in sogno trasmutai'
Dante

Me perdí en un bosque oscuro
a la orilla de la mar
y ya non volví a encontrar
ningún camino seguro.

Como un invisible muro
que no puede traspasar
sentí en la noche el brillar
de las estrellas más puro.

Y sentí mi sentimiento
como una verdad tan clara
como la del firmamento:

como si se trasmutara
en sueno mi pensamiento
y en los cielos se espejara.[26]

Pensar, como disse o próprio Bergamín reproduzindo em seu ensaio os versos do canto III do *Inferno*, é penar, e tal experiência "é ainda mais horrível e assustadora, porque deixa realmente eterna, eternamente viva, a sua trágica ameaça: 'Antes de mim não foi coisa jamais/ criada senão eterna, e, eterna, duro/ Deixai toda esperança, ó vos, que entrais'".[27]

O espanhol sublinha ainda em Dante o mistério da alma que treme, temerosa tanto diante da vida quanto da morte, o grito vivo diante da natureza humana e, por conseguinte, a humanização do *Inferno*, que transborda, "inunda toda a terra" e faz com que ele consiga transmutar

---

26. Bergamín. *Poesías Completas I*, p. 57.
27. Alighieri. *A divina comédia* – v. 1, p. 120 e em Bergamín. *Frontiere della poesia*, p. 34. Para as citações seguintes relativas ao *Purgatório* – v. II, p. 169, 214.

o pensamento em sonho ("do pensamento ao sonho deslizei").[28] Tudo na voz do poeta que "sou, e quando/ o amor me inspira, tudo, exatamente/ transcrevo que em minha alma vai ditando"):[29] um grito então de amor, não de desprezo. As lembranças da vida que lhe foi expulsa são, para citar Benjamin, "relíquia secularizada". "A lembrança", diz Benjamin, "é o complemento da 'vivência', nela se sedimenta a crescente autoalienação do ser humano que inventaria seu passado como propriedade morta (...). A relíquia provém do cadáver, a lembrança da experiência morta, que, eufemisticamente, se intitula vivência".[30]

O sentir-se só, o exílio e o ter sido banido são justamente os fios que anacronisticamente ligam essas experiências de vida e de escrita, que abrem, ao mesmo tempo, para outros aspectos que podem conectá-las, entretanto, aqui, não há espaço para explorar com mais profundidade e atenção. Escavando, portanto, nesse percurso, poderia se chamar ainda a atenção para a ideia de uma pureza que não pode prescindir da impureza, do paradoxo, a escolha – também política – de uma linguagem que se apresenta também "impura", uma exigência, também ela, diante da ação do abandono.

---

28. Alighieri. *A divina comédia* – v. 2, p. 169; *Purgatório*, Canto XVIII, v. 145.
29. Alighieri. *A divina comédia* – v. 2, p. 214; *Purgatório*, Canto XXIV, v. 52-54.
30. Benjamin. *Parque central*, p. 172.

III. Ecos, portas entreabertas: o objeto inapreensível

> Um clássico é um clássico não porque esteja conforme
> a certas regras estruturais ou se ajuste a certas
> definições (das quais o autor clássico provavelmente
> jamais teve conhecimento). Ele é clássico devido a uma
> certa juventude eterna e irreprimível.
> (Ezra Pound, *ABC da Literatura*)

> Vê neste silêncio no qual as coisas
> se entregam e parecem prestes
> a trair o seu último segredo
> (Eugenio Montale, *Os limões*)

1. A busca por algo perdido...

E a partir da leitura destas epígrafes, naturalmente, vem a seguinte pergunta: qual seria, então, a possível fonte dessa "juventude" proteiforme e irreprimível? Talvez aquilo que é mais próprio do poético (entendendo poético como um termo que não se restringe somente à poesia), tendo de lidar implacavelmente com o uso que se faz da linguagem, incluindo, aqui, o também caráter performático que lhe é próprio. A relação entre a palavra e aquilo que ela expressa não é uma questão da modernidade, vem de tempos longínquos. Já no diálogo de Crátilo, Platão traz à tona essa discussão a partir da relação entre a palavra e o objeto, a fisicidade do objeto. A *onoma* é dada pela *physis*, natureza, e pelo *nomos*, a lei. A convenção é trazida para o centro dessa relação por Aristóteles, quando ele afirma que o fato de um objeto ser denominado de "x" não tem nenhuma relação com a realidade, sendo assim, exatamente, uma convenção entre os homens. Se a língua é regida por uma normatividade, por regras que vão se acomodando no tempo, e com ele também vão mudando, é, justamente, escavando buracos nela mesma, desencaixando-a, corroendo e infringindo essas mesmas regras que se gera uma linguagem outra que, paradoxalmente, não deixa de ser, a um só tempo, também ela. É nessa dobra que se realiza a trapaça,[1] a saber, aquele "ricocheteio" no qual a linguagem literária e poética, artística em geral, se move. A camisa de força que é a língua da mensagem e da comunicação – quando se faz dela um meio, certo, necessário em nosso cotidiano – é revirada ao avesso, descosturada; tornando-se matéria também do campo do inapreensível que continua a carregar suas propriedades de antes, mas que, agora, olha para aquilo que pode estar ali em potência. E isso acontece porque nesse deslocamento está presente um lugar de fala, um lugar de escuta do mundo, que exige uma forma de expressão, na qual prevalece algo da esfera singular. E dirá Benveniste que uma língua sem expressão da pessoa é praticamente inconcebível, que a linguagem é a possibilidade de subjetividade, que ela enfim oferece às formas "vazias".[2]

Há algo, então, que se move. Contudo, tal movimento não é regido pela esfera do prazer, as ideias não nascem belas e perfumadas, mas sim pela necessidade, por uma demanda que exige a criação (aquele que cria não é aquele que trabalha para seu prazer. Aquele que cria só faz o que sente realmente necessidade de fazer).[3] Criação que requer presenças: corpo, alma, mente, numa alquimia única e mais do que singular. A

---

1. Para Barthes, "Essa trapaça salutar, essa esquiva, esse logro magnífico que permite ouvir a língua fora do poder, no esplendor de uma revolução permanente da linguagem, eu a chamo, quanto a mim: *literatura*". In: Barthes. *A aula*, p. 16. Isso significa entrar e jogar com a "maquinaria da linguagem" que é outra expressão de Barthes.
2. Benveniste. "Da subjetividade na linguagem". In: *Problemas de linguística geral*, p. 284-292.
3. Cf. Deleuze. *Che cos'è l'atto di creazione?*, p. 14.

língua é também um meio *poroso*, não é translúcida, transparente, lisa. É um meio repleto de porosidades, que significa para além daquilo que se acredita estar significando. Mesmo tendo a consciência de que ela é incapaz de representar tudo, que certas coisas lhe escapam, a língua é um dos fios (mesmo sendo esgarçado) das nossas relações.[4] Ou, em outras palavras, é um organismo vivo, cheio de plasticidade, um espaço de alteridades: "através da escritura, o saber reflete incessantemente sobre o saber, segundo um discurso que não é mais epistemológico mas dramático".[5]

Quando se lê um dos *incipts* mais conhecidos e retomados na nossa história cultural, como, por exemplo, o da *Divina Comédia*, sua celebridade e suas inúmeras reproduções e retomadas, ao longo dos séculos, não deveriam encobrir questões que serão retomadas ao longo dos três cânticos (*Inferno, Purgatório, Paraíso*).

> *Nel mezzo del cammin di nostra vita*
> *mi ritrovai per una selva oscura*
> *ché la diritta via era smarrita.*
>
> *Ahi quanto a dir qual era è cosa dura*
> *esta selva selvaggia e aspra e forte*
> *che nel pensier rinova la paura!*
>
> *Tant'è amara che poco è più morte;*
> *ma per trattar del ben ch'i' vi trovai,*
> *dirò de l'altre cose ch'i' v'ho scorte.*
>
> *Io non so ben ridir com'i' v'intrai,*
> *tant'era pien di sonno a quel punto*
> *che la verace via abbandonai.*

---

4. A esse respeito, ver a entrevista com Enrico Testa em Peterle; Santi. *Vozes cinco décadas de poesia italiana*, p. 301-315.
5. Barthes. *A aula*, p. 19.

> A meio do caminho desta vida
> achei-me a errar por uma selva escura,
> longe da boa via, então perdida.
>
> Ah! Mostrar qual a vi é empresa dura
> essa selva selvagem, densa e forte,
> que ao relembrá-la a mente se tortura!
>
> Ela era amarga, quase como a morte!
> Para falar do bem que ali achei,
> de outras coisas direi, de vária sorte,
>
> que se passaram. Como entrei, não sei;
> era cheio de sono àquele instante
> em que da estrada real me desviei.[6]

Há nesses versos pelo menos três planos que se cruzam e que se mantêm nos mais de 14.000 que compõem toda a obra, indicados respectivamente por: "Caminho", "achei-me a errar" e "estrada". Essas três expressões fazem referência a um corpo em vida, que fala em primeira pessoa ("eu") e que se encontra, justamente, andando, caminhando (tanto em relação à idade mais madura quanto no que diz respeito ao próprio gesto de caminhar). É interessante perceber que, no trecho citado , se, por um lado, não há uma descrição desse caminhar, desse corpo vivo que sente a atmosfera ao seu redor, do outro, é dado, ou melhor, é montado o corpo da narrativa do poema, e é exposta a complexa arquitetura que o sustenta.

O corpo do eu se faz presente pelas percepções e sensações tidas ao "entrar" nessa "selva escura", indicação da perda da "boa via". Como é dito um pouco mais adiante – outra estratégia narrativa, que não deixa de ser muito cinematográfica –, não se sabe como foi feito o ingresso nesse ambiente hostil, uma vez que o sono inebriou Dante. É, então, o elemento onírico aquele que suspende a consciência, possibilitando

---

6. Alighieri. *A divina comédia* – v. 1, p. 101.

tudo o que está por vir: a entrada do personagem Dante num outro mundo, o da *oltretomba*. A estrutura portante dessas quatro estrofes que se mantém ao longo do poema, até o último canto do *Paraíso*, torna-se, assim, outro cruzamento se tomarmos o sono como algo da esfera do inapreensível. De fato, os tercetos, o hendecassílabo e a *terza rima*, nesse primeiro momento, parecem ser os elementos concretos que ajudam a formar o chão desse caminhar. Como dirá Giorgio Caproni, séculos depois, essa estrutura não está ali somente para ser contemplada, não se trata somente de "estética", mas ela é necessária: as rimas entre *vita-smarrita* (vida-perdida) e entre *oscura-dura-paura* (escura-dura-tortura) possuem a capacidade, segundo o poeta do século XX, de antecipar todo o *Inferno* pela aproximação fônica. Mesmo sendo um elemento formal, a rima possui uma função semântica fundamental que é a de construir a atmosfera dessa antecâmara que é o *Canto I* e, ainda, a de dar indícios daquilo que está por vir. O jogo entre som e sentido constitui, para Agamben, o momento poético da linguagem, que o filólogo e o filósofo devem, cada um a seu modo, vigiar. Nessa mesma linha, é possível recuperar outra leitura, a de Haroldo de Campos. Não a da *Comédia*, mas sim aquela das chamadas *rimas petrosas*, que, para o poeta e tradutor, representam um momento de marcado *realismo* na poesia dantesca anterior à *Comédia*. E continua Haroldo, na sua atenta leitura, resultante do corpo a corpo de leitura e tradução:

> Um dos problemas principais na construção de poemas deste ciclo [rimas petrosas], e que merece, portanto, abordagem à parte, é o uso caracterizado da rima como suporte da informação estética: a rima, elemento de redundância, função-lastro, passa a produzir informação original, dado o inusitado de seu esquema.[7]

Voltemos às três expressões assinaladas anteriormente: "Caminho", "achei-me a errar" e "estrada". Por qual motivo é preciso enfatizar esse caminhar? Claro, Dante, em plena Idade Média, mesmo embriagado de sono, não poderia contar com uma nave voadora para sobrevoar

---

7. Campos. *Pedra e Luz na poesia de Dante*, p. 22.

e ver como era esse universo *post-mortem*; até porque, levando em consideração o aspecto moralizante dessa viagem, ele deveria "experimentar" de perto como as almas viviam nessas três esferas. A pergunta colocada, então, aponta para algo que está fora da *Comédia* e que é, ao mesmo tempo, constituinte dela mesma. Com efeito, o caminhar aponta para a condição de exílio. Exílio por ter sido expulso de sua amada Florença e exílio por ter perdido *"la diritta via"*. A tradução em português "achei-me a errar", nessa linha, ganha conotações relevantes para além de um desvio obrigado pela forma fixa. Segundo Anna Maria Chiavacci Leonardi, "aquele angustioso exílio que marcou de dor para sempre a sua vida, e destruiu qualquer esperança humana, se tornou o espelho histórico, se assim pode-se dizer, do exílio do homem mortal, que ele assumiu como objeto de seu relato".[8] Perdida sua casa, Florença, Dante caminha rumo a uma "chegada" não mais terrena, porém, ele se encontra também em parte "exiliado" (vida-perdida) da casa Deus, como vimos no ensaio anterior. Certamente, a *Comédia* é, sem dúvida, uma obra que se desdobra para além do exílio, mas ela é o poema do exílio, escrito no exílio, e fala, exatamente, dele e por ele é inspirada. Dante poeta não nos informa de seu exílio, mas cria uma máquina poética para poder falar dele e de tantas outras coisas ali presentes. Uma obra de resistência, sim, que resiste à morte do poeta e ao mesmo tempo, que é desfazimento, ruína.[9] Uma obra cuja textura se mostra, sobretudo, em sua porosidade, a começar pelo traço plurilinguístico intrínseco a ela, que não deixa de ser uma contemplação da própria língua. Escrever é, portanto, contemplar, é, em outras palavras, exibir e encobrir:

> A história que, dessa forma, página após página, exibe e revela os personagens, enquanto conta seus êxitos e fracassos, sua salvação ou danação, é também a trama que os encerra num destino, constitui a vida deles como um *mysterion*. Ela os faz 'vir à tona' só para encerrá-los numa

---

8. Leonardi. "Introduzione". In: Alighieri. *Inferno*, p. XXVIII.
9. Ou, em outras palavras: "Só podemos ter acesso ao mistério por meio de uma história e, todavia (ou, talvez, caberia dizer de fato), a história é aquilo em que o mistério apagou e escondeu seus fogos", Agamben. *O fogo e o relato*, p. 31.

história. No fim, a imagem já não está 'disponível', perdeu o mistério, pode somente perecer.[10]

Há uma relação entre a construção de uma história – "página após página" – e o traçado de uma imagem, que no final tem no seu "estar não inteiramente disponível" a sua potência. Um equilíbrio em perpétuo desequilíbrio, pois o artista é o sem obra, como veremos também com Guido Cavalcanti. O que move isso tudo, quem sabe já estivesse concentrado no *incipt* de Dante, a saber, a busca por algo perdido ("*la strada smarrita*"). Talvez o nexo entre criação e resistência, assinalado por Deleuze em seu *Abecedário*, resistência aos territórios já sabidos, resistência aos percursos já conhecidos, possa ser evocado agora. A criação expõe e, como afirma Deleuze, exige a irrupção de um ritmo próprio. Resistência, portanto, contra a morte.

(A vergonha de ser homem que não tem nada a ver com o afirmar que todos são culpados ou que todos são nazistas; de fato, a vergonha não está no fato de dizer que todos somos iguais, mas na extrema complexidade apontada por Primo Levi, segundo Deleuze. Das leituras de Levi, o que chama a sua atenção é como aqueles outros, semelhantes, puderam fazer isso. Como foi possível chegar a determinados pactos pela sobrevivência? Um dos mais conhecidos capítulos de É isto um homem? (1947) tece uma íntima relação com a língua, nesse caso por meio de uma retomada lacunosa e da releitura da figura de Ulisses do Canto XXIV do Inferno. Os grandes personagens não são retirados da realidade, mas são "potências de vida", cruzamentos de mundos e, enfim, "potências de vida extraordinária mesmo quando podem acabar mal", e aqui está a resistência: uma liberação de vida, da vida das prisões do homem. Não há arte, então, que não seja liberação de vida. A vergonha trazida a partir do relato de Levi depois de suas experiências nos campos de extermínio nazistas, que culminou em seu assassinato em 11 de abril de 1987, é um dos exemplos talvez mais altos daquela que, no nosso micro-cotidiano, podemos sentir diante de alguns comportamentos que presenciamos, uma "pequena vergonha". Criar é, então, resistir à bestialidade da estupidez.)

10. Agamben. *O fogo e o relato*, p. 36.

2. Cavalcanti: palavra poética e o objeto inapreensível

Talvez esteja nessa ideia de irrupção de ritmo próprio (e depois em seus desdobramentos) a retomada que propõe Agamben da conferência de Deleuze, realizada no dia 17 de março de 1987, intitulada *O que é o ato de criação?*.[11] Agamben, no seu texto homônimo, escrito inicialmente para um encontro na Academia de Arquitetura de Mendrisio, em novembro de 2012, depois revisto e publicado em *O fogo e o relato*, propõe uma investigação, uma continuidade da criação como ato de resistência, e, como ele mesmo admite, há a vontade de dar prosseguimento "ao pensamento de um autor que amo".[12] Tal declaração se distancia no tempo, muda de cenário mas possui cruzamentos com a relação afetiva colocada em primeiro plano e em ação na páginas de *Canto de Ulisses*, um dos capítulos do relato de Primo Levi, em *É isto um homem?*, depois da experiência como prisioneiro no campo de Monovitz. Levi e outro prisioneiro, Pikolo, estão caminhando para ir buscar a sopa, caminham numa parte de bosque com bétulas e carregam vazio o caldeirão da sopa. E é nesse momento de suspensão da paisagem do Lager que Levi tenta ensinar para Pikolo a língua italiana (outro "objeto" inapreensível).[13] Língua italiana que evoca toda uma memória da própria língua, toda uma experiência e um vivido, que se traduzem na retomada do Canto XXVI do *Inferno*, o Canto de Ulisses, que só chega por meio de lacunas, por meio de um lembrar que é, sobretudo, esquecimento e, portanto, necessidade de "invenção".

Para Agamben, que afirma não ser muito adequado o termo "criação", este vai assumir, em sua discussão, o sentido de *poiein*, de fazer, de produzir, que está relacionado à liberação da potência indicada por Deleuze no *Abecedário*. Seguindo os passos de Aristóteles, o filósofo italiano, na sua leitura dessa "liberação", afirma que a potência

---

11. A conferência foi para os estudantes da École nationale supérieur des métiers de l'image et du son (FEMIS).
12. Agamben. *O fogo e o relato*, p. 61.
13. Ver sobre essa questão o ensaio Peterle. *Operações e escavações em Franz Kafka e Primo Levi*.

do ato de criação está relacionada a uma potência interna ao próprio ato, "como interno a este deve ser também o ato de resistência".[14] De fato, o ato de criação não se dá na concretização ou na passagem da potência para o ato. O artista, como o arquiteto ou o músico, não é aquele que possui uma potência de criar, mas é aquele que conserva tal potência, que é constitutivamente potência-de-não. Se o arquiteto possui a sua potência na suspensão da construção e o músico a possui na suspensão da realização de uma nota quando ele a toca, para o poeta essa complexa relação se dá no uso da própria língua. O que é colocado em evidência nessas relações é que a ideia de potência é "tanto uma coisa quanto seu contrário, mas também contém em si uma resistência íntima e irredutível".[15]

Talvez seja essa "resistência íntima e irredutível" que aflore e, mais ainda, seja trazida no limite de uma grande tensão nos versos de Guido Cavalcanti (1255-1300), um dos maiores representantes do chamado *dolce stil novo*. De Guido Cavalcanti, poucos são os dados biográficos. Sabe-se que pertencia a uma importante família florentina, que se casou com a filha de Farinata degli Uberti, que Dante encontrará no Canto X do *Inferno*, junto com o pai do próprio Guido Cavalcanti. Desde cedo, sua expressão em vulgar chama a atenção, junto com seu conhecimento de filosofia e do pensamento de Averróis, que acentua as marcas sensíveis, irracionais e ajuda a dar o tom da "violência do amor" em seus versos.

É, contudo, importante frisar que o que se chamou de *dolce stil novo* reúne poetas muito diferentes entre si e lembrar que essa expressão vem dos famosos versos do Canto XXIV do *Purgatório* (v. 49-60), quando Bonagiunta – que era um dos que havia trazido a Scuola Siciliana para a Toscana – se dirige a Dante como o criador das novas rimas:

> *Ma dì s'i' veggio qui colui che fore*
> *trasse le nove rime, cominciando*
> *'Donne ch'avete intelletto d'amore'»*.

---

14. Agamben. *O fogo e o relato*, p. 62.
15. Agamben. *O fogo e o relato*, p. 66.

> E io a lui: «I' mi son un che, quando
> Amor mi spira, noto, e a quel modo
> ch'e' ditta dentro vo significando».
>
> «O frate, issa vegg' io», diss' elli, «il nodo
> che 'l Notaro e Guittone e me ritenne
> di qua dal dolce stil novo ch'i' odo!
>
> Io veggio ben come le vostre penne
> di retro al dittator sen vanno strette,
> che de le nostre certo non avvenne;
>
> Não és, acaso, o poeta que a rigor
> se dedicou à nova rima, entoando
> – Damas que tende à intuição do amor?
>
> 'Decerto', respondi-lhe, 'sou, e quando
> o amor me inspira, tudo, exatamente,
> transcrevo que em minha alma vai ditando'.
>
> Falou-me: 'Irmão, já vejo claramente
> o que a Guittone e a mim nos impedia
> como ao Notário, o acesso à flama ardente.
>
> Vejo que em vós a pena obedecia,
> dócil e atenta, ao íntimo ditado
> o que, entretanto, a nossa não fazia.'[16]

Nesses versos do *Purgatório*, encontra-se o *x* da questão: "transcrevo que em minha alma vai ditando", a palavra poética é ditada pela alma, ou seja, a poesia é concebida "como um ditado de amor inspirante".[17]

16. Alighieri. *A divina comédia* – v. 2, p. 214-215.
17. Agamben. *Estâncias*: a palavra e o fantasma na cultura ocidental, p. 212.

A palavra poética se estabelece na fratura entre o desejo e seu objeto inapreensível.

A poesia de Guido Cavalcanti explicita, de outra forma, a relação entre a palavra poética e seu objeto inapreensível. De andamento melódico, passos suaves e leves, sua escrita, à primeira vista, pode parecer elementar, mas traz consigo toda uma complexidade, como veremos mais adiante. O movimento melódico acenado pode evocar, em alguns fragmentos, uma espécie de dança. Como aponta Gianfranco Contini, nas leituras dos poemas cavalcantianos, constata-se que toda a experiência desse *stilnovista* é despersonalizada, se transportada para uma ordem universal, uma vez perdida qualquer memória das ocasiões. A dramaticidade e a teatralidade, traços da arte medieval, serão muito bem exploradas por Cavalcanti para falar do amor. Os atores principais da ação dramática em Cavalcanti, segundo Maria Corti, são: a mente, a alma e o coração. E essa é uma diferença com os outros *stilnovisti* e Dante, segundo Corti, que não estão envolvidos nessa trindade psicológica, mas que tendem a dualizar os processos interiores, como é assinalado no capítulo XXXVIII da *Vida nova*.[18] O que aproxima Dante e Cavalcanti é a consciência sutil da autonomia da linguagem poética em relação a seus referentes, ou seja, em relação ao primeiro significado já dado compartilhado, mesmo que talvez a reflexão metalinguística e metapoética do segundo possa se apresentar mais ambígua do que a do primeiro. É verdade que a *Vida nova* é dedicada a Cavalcanti – *il primo amico* –, mas o desdobramento do pensamento sobre o amor tem nesse poeta diferentes nuances.

O limite nos versos de Cavalcanti se apresenta, então, como uma potência, pois tem a ver com a possibilidade e com a não-possibilidade; de fato é, justamente, essa tensão que convoca o leitor, ou seja, a de que algo de linguístico possa viver a algo que não pode. Em Cavalcanti, a

---

18. Diz Dante: "Nesse soneto, faço duas partes de mim, segundo a divisão dos pensamentos. Chamo a uma parte 'coração', isto é, o apetite; chamo à outra 'alma', isto é, a razão: e digo como um fala com o outro. E que seja próprio chamar ao apetite coração e à razão alma, é bastante manifesto àqueles a que me apraz que isso seja esclarecido". Cf. Alighieri. *Vida Nova*, p. 93. Para a tradução dos textos poéticos inseridos em *Vida Nova*, ver Alighieri. *Dante Lírica*.

oposição amor-morte é substituída por uma série de batalhazinhas, de desafios, de perdas que se dão por meio de uma transfiguração figural, presente nas *dramatis personae*, como, por exemplo, os *"spiritelli"*, ou espiritozinhos, que resultam da passagem, sempre porosa, do universo da *res corporali* para o dos *signa* poéticos.[19]

Não seria possível falar de Cavalcanti sem mencionar seu conhecido manifesto doutrinal, no qual, valendo-se das leituras de Aristóteles, ele ilustra as consequências das ações do amor nas diferentes faculdades da alma. Para alguns críticos, esse texto poético faria parte das composições que apresentam a dama como objeto de amor, o que, no caso particular de Cavalcanti, também significa sondar e escavar sobre a potência do amor. *Donna me prega*, então, pode ainda ser visto como uma resposta polêmica à *Vida nova* de Dante – em especial ao soneto final *Além da esfera que mais alto gira* e a *Ó damas que tanto de amor*, cuja concepção amorosa é positiva e beatificante.[20] *Donna me prega* possui uma arquitetura própria, sendo formado por 5 estâncias, cada uma com 14 hendecassílabos,[21] e mais a parte final, em que tudo é orquestrado pelas rimas internas e finais. Temos no desenrolar desses versos uma espécie de "testemunho" sobre um evento tormentoso, ou melhor, um "acidente" forte que é chamado de *Amor*. Na primeira parte do poema *Donna me prega*, de fato, os versos introduzem esta problemática que se desdobrará nos demais, uma vez que, além do amor ser definido como um "acidente" – ou seja, trata-se de algo da esfera da contingência e

---

19. O que chegou até nós de sua produção poética foi reunido no volume das *Rimas*: 36 sonetos, 11 baladas, 2 canções, 2 estâncias isoladas e 2 motetos. Seguindo a divisão proposta por Guido Favati, todo esse material pode ser pensado a partir de oito temas norteadores. São eles: 1) textos relacionados à tradição e a Guido Guinizelli; 2) textos com o motivo do aturdimento; 3) textos com o motivo do coro e da autocomiseração; 4) textos com a representação mental da dama como objeto do amor e sondagens sobre a potência do amor; 5) textos com o motivo da introspecção e da dor do amor; 6) rimas de correspondências; 7) sonetos de caráter cômico e paródico; 8) e a *pastorella*, que é uma composição poética em forma dialógica, comum na literatura provençal. Ver Cavalcanti. *Rime*.
20. Para a tradução dos poemas de *Vida nova*, segue-se a edição Alighieri, Dante. *Dante Lírica*.
21. Ou decassílabos, se pensarmos no sistema métrico do português.

do acaso –, é dito que se alguém nega essa verdade, que a experimente em seu próprio corpo físico e verá/sentirá suas consequências. O amor está, como se lê no início da segunda estância, na tradução de Haroldo de Campos:

> Naquela parte
>   onde está memória
> Assume estado
>   toma forma
>   qua!
> Na escuridade
>   diáfano de lume
>
> QUE vem de Marte
>   e entre nós demora
> Ele é criado
>   com sensível norma
> Da alma costume
>   cordial
>   vontade
>
> VEM da forma visível que se entende
> E apreende
>   no possível intelecto.[22]

Temos, portanto, nestes versos alguns elementos que merecem atenção e sobre os quais vamos nos deter. Todavia, uma pequena inversão é necessária. Vamos começar pelo final, que é onde é indicado como o "amor" chega, ou seja, como ele entra no corpo, na mente e na alma,

---

22. Essa tradução de Haroldo de Campos faz parte do apêndice, junto com uma seleção de outros poemas, de Pound. *Abc da Literatura*, p. 188-192. É interessante ver o movimento dado por Haroldo para as estrofes, cuja marcação, além do espaçamento, é o uso da letra maiúscula.

para mantermos os três elementos, mencionados anteriormente como centrais nessa poética.

O corpo na poesia de Cavalcanti é porta de entrada, por meio de suas fendas e aberturas – a referência principal é o olho. É nele ainda que se concretizam as sensações causadas pelo "acidente", indicado logo no início do poema. Como aponta Paul Zumthor, no curso dos séculos XII e XII, "o corpo, como tal, faz-se objeto de reflexão por parte dos doutos. É a época de certa laicização do saber e também da constituição das formas mais elaboradas da poesia em língua vulgar – efeito de causalidades recíprocas, mais do que coincidência".[23] Uma beleza animada, diz ainda Zumthor, cujo movimento está conectado a uma escritura do corpo, a uma linguagem que é analógica e que está relacionada ao gesto.[24] Gesto como um movimento, uma expressão do comportamento corporal que vai desde um aceno ao riso, às lágrimas, enfim, a toda uma percepção sinestésica que não tem como não passar pelos órgãos sensoriais.

E o amor em *Donna me prega*, poema emblemático, entra, chega, exatamente, por uma dessas portas corporais que é, justamente, a do olho.

Voltemos, contudo, aos versos de Cavalcanti. O ingresso físico, corpóreo, por meio da visão, não basta para causar o *acidente*, mas é, sem dúvida alguma, seu estopim. Lendo então a partir do final do poema: uma imagem se fixa por meio do olhar no intelecto (*intelletto d'amore* é a expressão que também encontramos em Dante), mas não há uma transparência, não se trata de um decalque, o que temos são termos como "escuridade", "Marte", "diáfano de lume", que ajudam a compor a forma daquilo que ficará "naquela parte/ onde está a memória". O amor, portanto, "nasce" na visão e se torna objeto de intelecção, não se trata de uma virtude, mas de um *pathos* que tem origem na alma sensível. Nessa complexa operação, o amor é colocado diante de um objeto

---

23. Zumthor. *A voz e a letra*, p. 241.
24. Nesse ponto, Zumthor (1993, p. 242) cita o tratado de Hugues de Saint-Victor, para quem o gesto é "movimento e figuração da totalidade do corpo".

ausente,²⁵ ou seja, a pessoa amada; de fato, os versos de Cavalcanti não tratam da "dama" que é evocada somente no primeiro verso, mas sim do que essa imagem conservada/perfilada na estância da memória gera. Estância entendida como uma morada, um lugar onde se pode habitar, um significado que engloba e transcende o de estrofe, que não deixa de ser, de certa forma, o espaço-casa em que, num poema, os versos são agrupados. Estância, como aponta Dante no *De vulgari eloquentia* (II, 9), é um termo-demanda da própria arte, da canção:

> A respeito disso é preciso saber que este vocábulo foi criado somente em consideração da arte, isto é, de modo tal que aquilo em que estivesse contida toda a arte da canção fosse chamado de *stantia* – o que significa residência capaz ou também receptáculo – de toda a arte a sentença, assim a *stantia* recolhe no seu regaço toda a arte.²⁶

É com a perda do primeiro contato – esse é o estopim –, depois dos dardos lançados, que se expõe o imbricado nexo entre visível e invisível ("os olhos move/ a um sítio que é sem forma") e é nessa tensão que é trazida, na quarta estância do poema, a dimensão irracional do desejo (*disio*). O amor pertence, aqui, à esfera da não-visibilidade, encontra-se situado numa zona de breu, nebulosa. A *estância* responde, assim, segundo Giorgio Agamben, talvez à impossível tarefa de "se apropriar" de algo que é e que ficará inapropriável, e, ao mesmo tempo, aponta para um diferente estatuto do conhecimento humano (como ele já havia, de outra forma, apontado no *post-scriptum* de *Infância e história*),²⁷ a saber,

---

25. É este debate que é trazido na terceira parte do livro, intitulada *A palavra e o fantasma. A teoria do fantasma na poesia de amor do século XIII*. In: Agamben. *Estâncias*: a palavra e o fantasma na cultura ocidental.
26. Agamben. *Estâncias*: a palavra e o fantasma na cultura ocidental, p. 17.
27. "Poderá então tomar forma e consistência o projeto de uma «disciplina da interdisciplinaridade», na qual convirjam, com a poesia, todas as ciências humanas, e cujo fim seja aquela «ciência geral do humano» que de vários cantos se anuncia como a tarefa da próxima geração. É o advento de uma tal ciência ainda sem nome (...)". In: Agamben. *Infância e história – destruição da experiência e origem da história*, p. 166.

que o objeto não seja encerrado em "limites sagrados", mas que essa relação entre objeto e sujeito possa ser proteiforme.

Segundo Agamben, os *stilnovisti* procuram preencher a fratura metafísica entre visível e invisível, corpóreo e incorpóreo, abalando a distinção entre significante e significado e conciliando a fratura entre desejo e seu objeto inapreensível. Ao retomar o mito de Narciso, nessa ótica, ele afirma: "Narciso consegue efetivamente apropriar-se da própria imagem e saciar o seu *fol amour*, em um círculo no qual o fantasma gera o desejo, o desejo se traduz em palavras, e a palavra delimita um espaço [da ficção] onde se torna possível a apropriação daquilo que, do contrário, não poderia ser nem apropriado, nem gozado".[28]

Os versos finais do poema cavalcantiano trazem uma mudança de tom. Ao se dirigirem à própria composição, eles imprimem uma personificação do próprio poema: "Estar com outras não é o teu intento". É dito que o poema pode seguir o seu caminho ("Voa seguramente vai canção"), pode ir onde desejar, uma vez que carrega consigo forma tão trabalhada e que seus argumentos serão exaltados e escutados por todos aqueles que terão o "entendimento", ou seja, que serão capazes de compreendê-lo. O poema, então, é lançado – "Voa" justamente –, sem um destino pré-determinado ou já fixado.

Num outro texto de Cavalcanti, trazido em *Estâncias*, não poderia ficar mais emblematizada essa fenda/buraco do corpo que são os olhos: *Pegli occhi fere un spirito sottile*. Todos os principais elementos trazidos até aqui estão concentrados neste primeiro verso. De fato, a preposição coloca em evidência, exatamente, o atravessamento via o olhar ("Pelos olhos"), que deixa rastros, pois atinge (fere) um espírito, que é penetrante (*sottile*), uma vez que, na continuação do poema, ele vai despertar o espírito do amor. A imagem "registrada" e ativada por meio dos olhos, passa pela fantasia, passa pela memória, é toda ela desejo ("*disio*"), jogo e força vital movidos por algo que não está ali (o objeto perdido) e que, portanto, é pura potência. A estrutura em forma de soneto é aquela aparente, mas há uma outra mais sutil que desperta, por sua vez, um movimento em espiral, que se realiza através da repetição quase

---

28. Agamben. *Estâncias*: a palavra e o fantasma na cultura ocidental, p. 212.

hipnótica dos termos *"spirito"/"spiritello"*, como num vórtice, dentro do qual os versos se embaralham, são retomados um no outro, num jogo que faz com que os olhos ensaiem uma dança singular.

    É, portanto, a voragem, o movimento vorticoso que se abre *com* e é ainda alimentado pelo próprio fantasma (pneuma) que move esse cantar repleto de eros. O espírito vital tem origem no coração, mas se espalha por todo o corpo, e é na cela fantasmática que o espírito animal anima e opera as imagens da fantasia. Como enfatiza Agamben, "é só na cultura medieval que o fantasma emerge ao primeiro plano como origem e objeto de amor, e o lugar próprio de Eros se desloca da visão para a fantasia".[29] E é também nessa passagem que é possível ler a relação com a linguagem poética e seu objeto perdido, quando o poema se torna o lugar, a *estância*, da potência-de-não. O objeto perdido não é nada mais que a aparência que o desejo cria para o próprio cortejo do fantasma, e a introjeção da libido nada mais é que uma das faces de um processo, no qual aquilo que é real perde a sua realidade, a fim de que o que é irreal se torne real.

3. O eco dos instrumentos da escrita

A beleza sobre-humana da dama e a sua contemplação dividem o palco da página, como vimos em Cavalcanti, com o lado trágico do amor, das *sensações* causadas pelo "acidente" que mexe com a alma e com a mente (intelecto) até chegar no limite de uma espécie de aniquilação das potências vitais.[30] Os traços do irracional, da afecção e da violência, alguns dos desdobramentos do amor, estão relacionados com uma visão averroísta, com um frutuoso conúbio entre poesia e filosofia. Nesse sentido, o eixo amor-morte, considerando a performance inerente aos elementos de cada poema, aparece mediado por desvios que a mão do poeta vai delineando por meio de algumas ações como "ver" e "dizer". Não são, então, casuais, como sublinha Maria Corti, as diversas

---

29. Agamben. *Estâncias*: a palavra e o fantasma na cultura ocidental, p. 146.
30. Contini (org.). *Poeti del Duecento*, p. 487-490.

ocorrências desses verbos ou de substantivos a eles relacionados na poesia cavalcantiana.[31]

O olhar é, sem dúvida, um limiar entre o dentro e o fora. De dentro para fora e de fora para dentro no *hic et nunc*, e é, justamente, esse movimento que parece ser intrínseco aos poemas de Cavalcanti. É, ainda, por meio dele que as sensações de fraqueza, medo, aflição, angústia, apreensão, espera, fruto de um evento – que pode ser o *olhar*, como em *Donna me prega* – vão tomando para si a "encenação poética".

O soneto a seguir, *Somos as tristes penas aturdidas*, é um dos mais famosos. Não há aqui a presença direta da dama, como acontece nos outros dois mencionados anteriormente, mas ela de algum modo é uma presença-ausente, como o é, da mesma forma, o "dono" desses instrumentos. Transgredindo e deslocando, come se lê no poema, os protagonistas cavalcantianos são, agora, os próprios instrumentos da escrita, que parecem estar à procura de alguém que os possa acolher – *instrumentos em busca de um poeta*:

> Somos as tristes penas aturdidas,
> tesourinhas e lâmina dolente,
> que escrevemos dolorosamente
> aquelas palavras por vós ouvidas.
>
> Vamos contar de nossas despedidas
> e por que a vós viemos ao presente:
> a mão que nos movia conta que sente
> coisas dúbias no coração surgidas;
>
> as quais tão destruíram este ser
> e o deixaram assim à beira da morte,
> que nada mais restou senão o lamento.

---

31. Corti. "Introduzione". In: Cavalcanti. *Rime*, p. 5-25.

> Vamos rogar ora quanto mais forte
> para que nos deixais permanecer,
> até que algum dó vos abra um alento[32]

Os objetos da escrita ganham vida nos versos de Cavalcanti, são eles, de fato, que falam. São eles, então, "objetos poetantes". O primeiro verso já chama a atenção por sua modernidade. São as "tristes penas aturdidas", ou seja, estarrecidas, que falam e, ao mesmo tempo, se apresentam ao lado de outros objetos, as tesourinhas e lâmina – as *dramatis personae*.[33] O que chama a atenção, aqui, é o estado de angústia e aflição em que se encontram esses instrumentos que, agora, não se dirigem mais ao poeta, mas sim à amada ou ao leitor. A repetição e a rima de "dolente" e "dolorosamente" acentuam esse estado da alma. Se o primeiro quarteto contextualiza a situação desses objetos-sujeitos, personificados pelos sentimentos descritos, o segundo explica o motivo do estarrecimento, a mão que fazia uso deles diz que sente coisas dúbias (no sentido de terríveis) que surgiram em seu coração. É interessante notar que, nessas estrofes, a figura do poeta não está em primeiro plano; sua presença é dada por elementos indiretos, indo desde as tristes penas, tesourinhas (elementos externos ao corpo do poeta) até às partes do corpo como a mão – essencial para o ato de escrever – e o coração – espaço dos sentimentos e de vitalidade. O "eu" do poeta é substituído pelos "nós" dos instrumentos. Do poeta não se sabe praticamente nada, como fica registrado na forma pela qual ele é trazido no primeiro verso do primeiro terceto do soneto: a partir do pronome demonstrativo "*costui*",[34] que, na tradução, resultou na substantivação do verbo ser: "as quais tão destruíram este ser". Essa espécie de distanciamento talvez resulte da falta de "inteireza", uma vez que, na construção e na finalização desse terceto,

---

32. A tradução desse poema está publicada em Peterle. *Objetos poetantes*: um poema de Guido Cavalcanti, 2020. Para a referência italiana, cf. Cavalcanti. *Rime*, 1978.
33. O léxico presente nesse soneto retorna em alguns outros poemas de G. Cavalcanti, formando uma espécie de constelação de sua própria obra. Para o termo "*isbigotite*" (arturdidas), ver Rea. *Per il lessico di Guido Cavalcanti*: sbigottite.
34. A rima no texto em italiano entre "*costui*" e "*noi*" é uma rima perfeita, que vem da tradição siciliana.

se descobre que do poeta restam apenas suspiros, gemidos, lamentos. Da mão "certeira" que movia e mexia os instrumentos, apontando para uma fisicidade e concretude corporal – a partir de um detalhe –, o que sobra é uma voz que não articula palavras como antes, mas que geme.

É com o anafórico "Vamos" que no terceto final, uma vez já tendo explicitada a partida e seus motivos, esses instrumentos tomam a liberdade para ir ao encontro de uma outra "mão", por isso eles rogam para que não sejam desprezados e para que suas preces possam causar piedade em quem os escute. O sofrimento angustioso nesse soneto parece estar presente em cada verso, mas há, paradoxalmente, um tom de *allegretto* que embala e dá o ritmo. Talvez seja esta uma lição apreciada por Giorgio Caproni no último dístico de *La gente se l'addítava*: "*che sembri scritta per gioco,/ e lo sei piangendo: e con fuoco*". Poema que faz parte do livro *A semente do pranto* (1959) e que possui uma série de relações já estudadas com a poesia cavalcantiana. Não é à toa que, com isso, um outro nome do século XX pode ser lembrado, não mais de um poeta, mas de um prosador que delineou alguns traços da literatura por vir: Italo Calvino. De fato, em *Seis propostas para o próximo milênio*, livro fruto do convite para participar das Charles Eliot Norton Poetry, na Universidade de Harvard, a primeira conferência é dedicada à *Leveza*, que ecoa tanto nos versos de Cavalcanti como nos de Caproni. Afirma Calvino: "Quero pois dedicar essas conferências a alguns valores ou qualidades ou especificidades da literatura que são particularmente caros, buscando situá-los na perspectiva do novo milênio".[35]

Há uma demanda, no poema de Cavalcanti, por parte dos instrumentos, que não estão mais sendo usados pelo poeta, pois eles querem continuar a escrever. O sofrimento amoroso não é um tema leve, mas, como bem lembra Calvino, ele "se dissolve em entidades impalpáveis".[36] A escrita da poesia é vida, ou seja, dá sentido à vida desses instrumentos, mesmo quando se escreve sobre a morte. Uma operação mais do que moderna, que coloca a elegante e refinada poesia de Cavalcanti, anacronicamente, num diálogo direto com a nossa contemporaneidade.

---

35. Calvino. *Seis propostas para o próximo milênio*, p. 11.
36. Calvino. *Seis propostas para o próximo milênio*, p. 24.

A forma dialogante, os instrumentos que endereçam sua prece por piedade para uma suposta amada ou leitor, é mais uma inscrição no signo do moderno e no traço de teatralidade.

Esse caráter moderno que identificamos na poesia de Cavalcanti foi percebido por alguns poetas que revisitaram seus poemas em vários e diferentes momentos. Aqui, seria impossível registrar todas as ocorrências, mas gostaria de citar algumas emblemáticas. T.S. Eliot, em *Ash-Wednesday* (1930), propõe uma variação de uma das baladas mais famosas de Cavalcanti, também conhecida como balada do exílio: "*Because I do not hope to turn again*", "*Perch'i' no spero di tornar giammai*", central para pensar o "eu" como um personagem, balada que possui uma série de ligações com o soneto das "tristes penas aturdidas", e ela é também revisitada por Giorgio Caproni, na abertura do já citado *A semente do pranto* (1959); ou ainda nos versos anafóricos de Antonella Anedda: "*Perché non spero eccomi nel lutto*", "*Poiché non spero più che avanzando (...)*" e "*Poiché non spero più resto davanti alla mia forma*", no poema *Corsica 1980*, em *Salva com nome* (2012). Mas não seria possível não lembrar da tradução e dos textos dedicados por Ezra Pound à poesia de Cavalcanti.[37] Pound, Cavalcanti e Haroldo de Campos (já citado) formam, sem dúvida, uma triangulação. O poeta e teorizador da Poesia Concreta recorre mais de uma vez aos poetas do *dolce stil novo* em diferentes momentos. É a Guido Cavalcanti, mestre e amigo de Dante, a quem Haroldo recorre para pensar e refletir sobre o autor da *Comédia*. Abre-se, aqui, um vórtice de leituras, traduções e contaminações, nas palavras do próprio Haroldo: "traduz (treslê?/ tresluz)". Temos um Cavalcanti que chega a Haroldo via Pound, via Dante.[38] Esses entrelaçamentos, "trans(entre)tecido", ficam mais claros no volume *Pedra e luz na poesia de Dante Alighieri* (1998), no qual encontramos

---

37. Pound. *Pound's Cavalcanti*: An Edition of the Translation, Notes, and Essays.
38. Interessante notar que o procedimento de Haroldo, a saber, ler Cavalcanti a partir de Dante, também havia sido já empreendido por Gianfranco Contini. A relação com Cavalcanti é fundamental para Dante, basta pensar nos textos dedicados ao amigo, à sua presença na própria *Comédia* e na *Vida Nova*. Para uma leitura crítica dessas relações, ver o ensaio de Andrea Lombardi "Haroldo de Campos e a interpretação luciferina". In: *Cadernos de Tradução*, v. 1, p. 182-197, 2014.

uma proposta de tradução para o português da mesma balada cavalcantiana recém-mencionada. "Porque eu não espero retornar jamais,/ Baladeta, à Toscana/ Vai então, reta e plana" são os primeiros versos da tradução de Haroldo que, nas páginas seguintes desse pequeno e precioso volume, assumem também uma coloração própria: "Porque eu não espero retornar jamais/ à Lira Paulistana,/ Diz aquela Diana (...)".

Retomando a poesia de Antonella Anedda, ainda em *Salva con nome*, é possível identificar outro poema em que os instrumentos da escrita e da costura se hibridizam, evocando os versos cavalcantianos de "Somos as tristes penas aturdidas": "sei o que se sente quando sobrecarregados/ sei o que significa escorregar para fora da vida: uma pele mais nua".[39] A refinada métrica e o embalo das rimas, junto com os espíritos mais corpóreos, podem ser alguns dos elos que conduzem a outra poeta, Patrizia Cavalli, sem falar do papel importante que o olhar tem em toda a sua poética. Vejamos os seguintes versos: "todos meus sentidos todos reunidos num/ que era todos e não era nenhum/uma massa densíssima amorosa",[40] que fazem parte do último poema de *L'io singolare proprio mio* [Eu singular mesmo meu]. Ironia, musicalidade e pensamento fazem parte da alquimia cavalliana.

Num outro viés, num *hic et nunc*, em sua última coletânea, Enrico Testa, cavalcantianamente, se estica e escala as tumbas do cemitério abandonadas, recuperando uma imagem do poeta medieval, consagrada em uma das novelas do *Decameron* – também lembrada por Calvino. Nos versos de *Cairn* (2018), o eu poético aparece numa busca, como as "penas aturdidas", com aquilo que também lhe é muito caro, não a amada, mas as sombras caras de sua infância. E os versos não deixam de ser restos de linguagem, que, mesmo residuais, se tornam uma possibilidade para mantê-las vivas.[41]

Enfim, retomando mais uma vez Italo Calvino, agora num texto dedicado a Saul Steinberg, em que se dirige diretamente ao soneto de Guido Cavalcanti, ele afirma: "é um soneto que fala de dores quase em

---

39. Anedda. *Salva con nome*, p. 68.
40. Cavalli. *Poesie (1974-1992)*, p. 244.
41. Testa. *Cairn*, p. 11.

cada verso, contudo seu efeito, sua música, é um *alegro com brio* de uma extraordinária leveza".[42] Segundo o escritor de *As cidades invisíveis*, esses versos abrem a poesia moderna e será preciso esperar o Mallarmé de *Brisa Marinha* para perceber que o lugar onde se situa a poesia é, justamente, a página em branco: "Este papel vazio com seu branco anseio",[43] na tradução de Augusto de Campos.

---

42. Calvino. *A pena em primeira pessoa (Para os desenhos de Saul Steinberg)*, p. 349.
43. Campos; Campos; Pignatari. *Mallarmé*, 1974.

IV. O espaço poroso e ruinoso do literário

> A poesia consiste na visão de um particular
> inadvertido, fora e dentro de nós
> (Giovanni Pascoli, *O menininho*)

> Falar, poetar, pensar agora só pode significar, nesta
> perspectiva, fazer experiência da letra como experiência
> da morte da própria língua e da própria voz
> (Giorgio Agamben, *Categorias italianas*)

O estatuto da linguagem e sua articulação com o agir humano parece ter sido um dos espaços de discussão mais frequentados ao longo do século XX, principalmente se pensarmos em nomes como Heidegger, Maurice Blanchot, Michel Foucault, Jacques Derrida, além dos de Giorgio Agamben, Franco Rella, Roberto Esposito, Paulo Virno, Felice Cimatti, Giacomo Marramao, Dario Gentili. Pensar a linguagem é entrar no âmago da experiência humana, é penetrar num espaço misterioso, ao mesmo tempo necessário e fugaz, indecidível. É estar, portanto, perenemente num terreno pantanoso, escorregadio, em que a sobrevivência não é garantida, justamente pelo fato de a própria experiência *da* e *na* língua ser uma exposição singular. Nesse sentido, poderíamos afirmar que a linguagem não é de modo algum um meio de comunicação neutro e, portanto, perguntar se seria ela o próprio corpo da expressão e, ao mesmo tempo, seu limite? Possibilidade e limite de expressão constituiriam assim a aporia intrínseca e inerente à própria linguagem.

Andrea Cortellessa, no prefácio à edição italiana de *Categorias Italianas*, ressalta o momento poético do pensamento que caracteriza a filosofia contemporânea. Tal momento pode ser claramente percebido num trecho do segundo ensaio desse livro, intitulado *Corn*, em que os lugares da poesia e da filosofia parecem estar novamente imbricados: "o lugar da poesia é aqui definido por uma desconexão constitutiva entre a inteligência e a língua, na qual, enquanto a língua ('quase por si mesma iniciada') fala sem poder entender, a inteligência entende sem poder falar".[1] A literatura é carregada de marcas, de indícios, de rastros que falam sobre o homem, sobre sua relação com o *fora*, na verdade ela faz parte de uma complexa e imbricada trama cultural, espaço de confluência de diferentes manifestações com as quais ela deve ser posta em diálogo. Essa ideia já estava presente no programa da revista, que depois não se concretizou, elaborado por Italo Calvino, Claudio Rugafiori e Giorgio Agamben, entre os anos de 1974 e 1976. O entrecruzamento desses campos, visto como essencial, colocava em xeque a perspectiva cronológica e historicista, e o olhar aqui proposto, que abrirá caminho para dois livros fundamentais como *Seis propostas para o próximo milênio* e *Categorias Italianas* se distancia da continuidade e se coloca na cesura, na interrupção: "(...) é a experiência desta quebra como evento histórico originário que constitui precisamente o fundamento de sua atualidade".[2] Nessa linha, *Corn* pode ser um exemplo de como filologia, poesia e filosofia se entrelaçam no processo de pensamento, no método e na construção de significações propostas por Giorgio Agamben. A literatura torna-se assim um espaço do ruinoso, do contato, do contágio e do afeto.

A ideia de ruína que é tão cara e intrínseca às reflexões de Walter Benjamin, também é ponto nevrálgico para pensadores como Georges Didi-Huberman e Franco Rella, além do próprio Agamben. Nesse sentido, não seria impróprio pensar o literário como resíduo de um tempo, de uma escrita, que continua a falar, a ser lida e relida. Como afirma Benjamin em um dos fragmentos de *Rua de mão única*, pensar

---

1. Agamben. *Categorias italianas*, p. 63.
2. Agamben. *Infância e história*, p. 161.

num simples inventário, desconsiderando todas as articulações inerentes não é suficiente:

> E se ilude, privando-se do melhor, quem só faz o inventário dos achados e não sabe assinalar no terreno de hoje o lugar no qual é conservado o velho. Assim, verdadeiras lembranças devem proceder informativamente muito menos do que indicar o lugar exato onde o investigador se apoderou delas. A rigor, épica e rapsodicamente, uma verdadeira lembrança deve, portanto, ao mesmo tempo, fornecer uma imagem daquele que se lembra, assim como um bom relatório arqueológico deve não apenas indicar as camadas das quais se originam seus achados, mas também, antes de tudo, aquelas outras que foram atravessadas anteriormente.[3]

A literatura, portanto, é um espaço poroso e ruinoso, um laboratório de experiências *com – na – da* linguagem.[4] É o momento em que a linguagem é colocada à prova, é dilacerada, reinventada, recombinada, possibilitando assim cesuras e fendas. Desse modo, o ato de criação pode ser também visto como um ato de resistência e, portanto, de sobrevivência, justamente por expor a linguagem, por romper com suas "normas de segurança", jogar com ela e, enfim, deslocá-la ("instituir no próprio seio da linguagem servil uma verdadeira heteronímia das coisas"[5]).[6] Os versos do canto XIII do *Paraíso* de Dante, mais de uma vez retomados por Agamben (*"l'artista/ ch'a l'abito de l'arte ha man che trema"*), ajudam a pensar essa potência do vazio inerente à linguagem, aqui exposta na imagem da mão que treme (potência e potência de não).

---

3. Benjamin. *Rua de mão única*, p. 239-240.
4. Tal discussão foi realizada ao longo da disciplina Pensamento e Poesia: porosidades e sensações, por mim ministrada no primeiro semestre de 2016 no Programa de Pós-Graduação em Literatura da Universidade Federal de Santa Catarina.
5. Barthes. *A aula*, p. 29.
6. A esse respeito, ver o capítulo "O que é o ato de criação?". In: Agamben. *O fogo e o relato*, p. 59-82. É também oportuno ver o verbete *"résistance"* do *Abécédaire de Gilles Deleuze*, entrevistas realizadas por Claire Parnet, com direção de Pierre André Boutang, que pode ser acessado em sites de divulgação de vídeos na internet.

Esse ato, a mão que treme, evocador da contingência, do imperceptível, que já havia sido alvo de reflexão em *O fogo e o relato*, retorna em *Creazione e anarchia* (2017), em que as tensões entre "*slancio e resistenza, ispirazione e critica*" expõem a poesia como aquilo que restitui a escrita ao lugar de ilegibilidade, que é de onde ela vem, e para onde continua.[7]

A poesia, como fica claro nos ensaios de *Categorias italianas*, é assumida como uma operação na linguagem que desativa a própria linguagem e deixa inoperantes as funções comunicativas e/ou informativas, possibilitando um novo uso. A poesia, como o próprio filósofo já afirmou algumas vezes, possui seu objeto sem conhecê-lo, e a filosofia o conhece sem possuí-lo. É esse gesto que torna possível o pensamento no pensamento. Por isso, como colocado em *O que é o ato de criação?*, a poesia não diz somente o que diz, mas o próprio fato de estar dizendo, a potência e a impotência de dizê-lo. Nessa linha, é possível entender o interesse e a companhia de autores como Dante Alighieri, Giacomo Leopardi, Robert Walzer, Franz Kafka, Herman Melville (principalmente com os personagens de Bartleby e Billy Bud), Giovanni Pascoli, Hölderlin, Renè Char, Paul Celan, Simone Weil, Giorgio Manganelli, Cristina Campo, Antonio Delfini, Ingeborg Bachmann, José Bergamín, Elsa Morante, Pier Paolo Pasolini, Eugenio De Signoribus, Patrizia Cavalli.

De uma maneira ou de outra, esses nomes, mesmo na sua diversidade, apontam e problematizam a relação entre eu e escrita, pensamento e linguagem. Giorgio Caproni, por exemplo, nas suas reflexões sobre poesia, em forma de ensaios críticos publicados principalmente na revista *La Fiera Letteraria*,[8] já no final da década de 40, tende a ressaltar o traço de suspensão inerente à linguagem poética, ao afirmar que a poesia começa justamente quando acaba o normal discurso da informação. Em *O quadrado da verdade*, de 1947, ou seja, dois anos antes do ensaio de Maurice Blanchot, *A literatura e o direito à morte*, Caproni afirma: "existe, entre um nome colocado na linguagem e o

---

7. Agamben. *To whom poetry is addressed?*, p. 10-11.
8. Importante revista de letras, ciências e arte, que durou de 1925 até 1977, com algumas interrupções. Os escritores e artistas mais representativos, de Giuseppe Ungaretti a Giorgio Caproni e Alberto Savinio, colaboraram em suas páginas.

objeto natural por ele nomeado, a mesma lei de impenetrabilidade vigente entre objeto e objeto" e continuando, para ele, a potência da linguagem poética reside

> (...) não em transmitir uma idêntica realidade, mas em gerar aquela outra realidade da qual eu falava, em que a palavra, rompido o invólucro (a convenção) e tendo rodado por todo o círculo da cultura, se reencontra na origem e na originalidade (na primeira pronúncia), tecendo mais do que um discurso lógico, um rugido doce de fera, o bramido daquele animal extremamente dotado e complexo que é o homem (...).[9]

Interessante ainda ler com atenção as últimas palavras que concluem esse ensaio: "potência, se a natureza já é uma potência, de potência". Talvez agora seja possível retomar a citação de Agamben sobre *Ideia de Linguagem I*, em *Ideia de Prosa*, mais especificamente a última parte, quando é mencionada "a rosa informulada" que faz ecoar, mesmo que ao longe, os versos de *Concessione*, poema da última coletânea de Caproni, *Res amissa*, publicada póstuma em 1991, cuja organização foi feita pelo próprio Agamben.

> Concessão
>
> Joguem fora também
> toda obra em versos ou em prosa.
> Ninguém nunca conseguiu dizer
> o que é, na sua essência, uma rosa.[10]

A voz se faz poesia para questionar, refletir, para não deixar de colocar problemáticas: tudo isso poderia ser o verso caproniano, marcado pelas cesuras e pela continuidade descontínua do *enjambement*. O percurso trilhado pelo poeta, ao trazer para si e para sua

---

9. Caproni. *A porta morgana*: ensaios sobre poesia e tradução, p. 75-76.
10. Este poema está publicado em Caproni. *A porta morgana*: ensaios sobre poesia e tradução, p. 6.

escrita determinados temas, relativos à contemporaneidade – extrapolando assim sua própria época –, é também o do dizer/falar da poesia: poesia como pensamento por imagens.[11] Há uma troca efetiva entre poeta e filósofo, que pode ser comprovada pela amizade entre os dois, pelo poema dedicado a Agamben, em *O conte de Kenvenhüller*, e pela presença esparsa – nem sempre identificada dos versos de Caproni nos escritos do filósofo, além do testemunho dado em *Autoritratto nello studio* (2017).[12] É o próprio Agamben a dar uma definição de amizade como sendo a "condivisão que precede a partilha, antecede toda divisão, porque aquilo que há para repartir é o próprio fato de existir, a própria vida" e ainda "a amizade é a instância desse com-sentimento da existência do amigo no sentimento da existência própria".[13]

Um contato, um corpo a corpo, que abre para um não-saber, espaço do encontro com o outro, da hospitalidade, que coloca em evidência o *com* (uma proximidade na distância), uma ex-posição, uma comunicação que, para além da lógica-discursiva, se dá no contágio entre singularidades.[14] Essa relação com o outro, com o espaço outrem, entre vivido e poetado, também pode ser percebida em alguns escritores da literatura italiana que estão presentes nas reflexões de Agamben e que não deixam de se colocar diante das coisas mudas. É talvez esse gesto do embate com as coisas mudas que marca os dois momentos a seguir, dedicados a Antonio Delfini, Giorgio Caproni.

---

11. A ideia de poesia como pensamento por imagem foi debatida durante o evento "Arquivos poéticos: desagregação e potencialidades do Novecento italiano", realizado em março de 2014, na Universidade Federal de Santa Catarina e que contou com a participação de Enrico Testa, Sérgio Medeiros, Lucia Wataghin, Aurora F. Bernardini, Susana Scramim, Patricia Peterle, Prisca Agustoni, Silvana de Gaspari. Cf. Peterle; Gaspari (Orgs.). *Arquivos poéticos*: desagregação e potencialidades do Novecento italianos, 2015.
12. Cf. Peterle. *A palavra esgarçada*: poesia e pensamento em Giorgio Caproni.
13. Agamben. *O que é o contemporâneo e outros ensaios*, p. 89 e 92.
14. Bataille. *L'amicizia*, p. 30-31. Esse debate sobre a amizade poderia ser lido de forma oblíqua junto com a discussão sobre comunidade, também proposta por Georges Bataille, Maurice Blanchot, Jean-Luc Nancy e Giorgio Agamben.

Movimento 1

> A língua da poesia não é, portanto, uma perfeita glossolalia,
> na qual a cisão se sutura, assim como nenhuma língua
> humana, em que pese a sua tensão em relação ao absoluto,
> jamais pode, ultrapassando a mediação do sentido,
> resolver-se sem resíduos em um 'falar em língua'
> (Giorgio Agamben, *Categorias italianas*)

O conto *Il ritorno della Basca* [O retorno da Basca], talvez a obra-prima de Antonio Delfini (1908-1963), foi publicado no livro homônimo em 1938, recebendo uma segunda edição em 1956, que teve o acréscimo de uma importante introdução (*Una storia*).[15] Esse longo texto possui um papel fundamental, pois, além de fornecer dados sobre a gênese do volume, é, ao mesmo tempo, uma reflexão mais profunda *a posteriori* de Delfini sobre sua relação com a escrita. Outras obras desse escritor são *Ritorno in città* [Retorno à cidade] (1931), *Poesie dal Quaderno n. I* [Poemas do Caderno n. I] (1932), *La Rosina perduta* [A Rosina perdida] (1957), *Misa Bovetti e altre cronache* [Misa Bovetti e outras crônicas] (1960) e, enfim, a edição póstuma dos *Diari 1927-1961* (1982), organizados por Natalia Ginzburg e Giovanna Delfini.

A voz de Antonio Delfini é perfilada pela desilusão, pela dor, sem, contudo, perder, no fundo, amor, força e intensidade, como é possível ler nas páginas de *Poesie della fine del mondo* [Poemas do fim do mundo] (1961), cujos textos, desde cedo, chamaram a atenção de Giorgio Bassani. Desconforto, rebelião, tensão marcam o espírito desse escritor que, segundo Cesare Garboli, era, na realidade, ingênuo, desarmado, e cuja força se concentrava no modo de se expressar, caracterizado pela graça e fôlego com que se respira.[16] A colagem, o pastiche,

---

15. O conto "Il ritorno della Basca" dá título ao volume. A reedição de 1963, intitulada *I racconti* pela Garzanti, ganhou o Prêmio Viareggio, poucos meses após o falecimento de Delfini.
16. Garboli. *Scritti servili*, p. 48.

a paródia, o tom hibridizante entre o fantástico e a dor, os sobressaltos nas esferas particular e coletiva formam uma parte dos ingredientes fundamentais dessa escrita nada comum e, sobretudo, "antiliterária". Escrita que se inscreve num movimento deformante do dizer para poder significar. O mundo ruinoso de Antonio Delfini tem, assim, sua única possibilidade de existência a partir das rachaduras, cesuras e fraturas diante da realidade. Para esse escritor nascido em Modena no início do século XX, a vida se desdobra e segue seu curso por meio das pequenas coisas inexplicáveis, indecidíveis, que abrem para a realidade que, por sua vez, passa a ser vista também como parte do absurdo, do sonho, do desejo, da preguiça.

Num breve artigo, antes da publicação dos contos de *Il ricordo della Basca*, intitulado *La vita*, de 1933, recentemente republicado, em 2008, no volume organizado por Gianni Celati, *Autore ignoto presenta* [Autor desconhecido apresenta], Delfini afirmava que a realidade se encontra em grande parte no absurdo, naquela imaginação que está a um passo de se tornar realidade, mas que nunca se torna. No fundo, para ele, a realidade existe e não existe, como ressalta Celati na introdução dessa coletânea.[17] A "leveza" da prosa delfiniana é dada justamente pela atenção e escuta das coisas, do viver, das experiências vividas que se misturam num estilo em que não interessa definir o perfil das coisas e seu lugar no mundo, mas o que está em jogo é, justamente, a relação entre elas.[18] Como aponta Calvino, a literatura possui uma função existencial, pois sua leveza se contrapõe ao peso do viver, mas isso não significa uma fuga. Nas palavras do autor:

> Não se trata absolutamente de fuga para o sonho ou o irracional. Quero dizer que preciso mudar de ponto de observação, que preciso considerar o mundo sob uma outra ótica, outra lógica, outros meios de

---

17. Delfini. *Autore ignoto presenta*, p. 46.
18. Calvino. *Seis propostas para o próximo milênio*, p. 39. Diz ainda Calvino: "A escrita como modelo de todo processo do real... e mesmo como a única realidade cognoscível... ou, ainda, a única realidade *tout court* ... *Não*, não me meterei por esse trilho forçado que me leva longe demais do uso da palavra como a entendo, ou seja, como perseguição incessante das coisas, adequação à sua infinita variedade".

conhecimento e controle. As imagens de leveza que busco não devem, em contato com a realidade presente e futura, dissolver-se como sonhos...[19]

Uma ordem possível somente a partir de uma desordem, de uma mudança em relação ao "ponto de observação". Por isso Delfini, no seu desenvolvimento e amadurecimento como escritor, distancia-se do mimetismo, e sua linguagem se apresenta, muitas vezes, como uma proliferação incontrolável, que se dobra e se desdobra sobre si mesma. Essa espécie de contorção em si é verificada no trabalho com a língua, basta pensar nas colagens poéticas dos anos 1960, e também num outro aspecto, agora relacionado à narrativa, que é a forma não linear do tempo, que provoca contínuas erosões e entrecruzamentos. O tempo delfiniano é um tempo desbotado e esgarçado. Delfini não trata de um tempo puro ou absoluto, sua atenção vai na direção de um ter lugar no próprio tempo, ou seja, fazer experiência do tempo. Gesto que se torna possível na medida em que o escritor assume o risco da dispersão e da fragmentação ao mesmo tempo em que o "eu" se apresenta quase sempre como um outro de si, cheio de lacerações. Um exemplo que pode deixar mais clara essa relação é o de uma de suas personagens, Elvira, no conto *La modista* [A modista], de 1933. A descrição da cena em que Elvira é apresentada parece estática, pois ela está sentada numa poltrona no quarto onde tudo parece estar imóvel, porém, ao adentrar nos detalhes, a descrição dos objetos ao redor, percebe-se a sobreposição e indistinção dos tempos. Enfim, a fragmentação como sintoma da passagem do tempo e da difícil relação com essa ação que não deixa de ser devastadora, inquietante e, aporeticamente, apaziguadora.

Desassossegos e inquietações que se ramificam na trama entre vida e poesia e, por conseguinte, no eu-Delfini que é sempre outros de si. Como já assinalou Barbolini, Delfini está presente na escrita, mas essa identificação faz parte de um expediente teatral, que se ressignifica continuamente no jogo de espelhos entre arte e vida.[20] Ou ainda no

---

19. Calvino. *Seis propostas para o próximo milênio*, p. 19.
20. Barbolini. *Il riso di Melmoth*: metamorfosi dell'immaginario dal sublime a Pinocchio, p. 162.

próprio processo de escrita que encena a passagem das ideias às cinzas, sobre o qual ele discorre e dá testemunho em *Una Storia*:

> Quando escrevi meu primeiro conto (ou pelo menos o que passa por ser meu primeiro conto) eu tinha outras ideias na cabeça, e o meu coração era uma fundição cujos fornos tidos a uma temperatura muito elevada cozinhavam tudo o que se apresentava à minha imaginação e fantasia. Deixava cozinhar tudo até carbonizar e reduzir a cinzas.[21]

O processo de carbonização produz algo, as cinzas que conservam na sua materialidade certa presença do fogo, que as produziu, mesmo que ele não esteja mais visível. É justamente nesse âmbito de relações ambíguas, marcadas por algo desfocado, esfumaçado, que se pode pensar no "ponto de observação" para o mundo e para a língua. Delfini, seguindo sua trajetória, desmonta o real, o deixa em pedaços, o suspende, como se o escarnificasse. De fato, é na observação pontual, privilegiando os detalhes e os indícios, que se encontram os elementos para tirar o véu da "monotonia", que invade e anestesia o cotidiano. O nexo entre palavra e vida passa a ser, então, vital. Uma imagem que pode ser interessante para pensar esses movimentos, inerentes a seus textos, é, sem dúvida, a do labirinto. Para Agamben, "A vereda de dança do labirinto (...) é o modelo desta relação com o inquietante que se expressa no enigma",[22] e, nesses termos, é possível pensar nas sendas delfinianas presentes nos espaços urbanos, no emaranhado da língua que reverbera no dédalo da própria experiência vivida.

> Porque nunca se escreve do que existe, mas só daquilo que não existe. E se, escrevendo, se acredita que exista, é o objeto que nunca saberá de existir num modo em que não existe: porque, se existe, quem existe não existe no escrito de quem escreve, no qual somente o escritor pode ter a ilusão de existir.[23]

---

21. Delfini. *I racconti*, p. 8.
22. Agamben. *Estâncias*: a palavra e o fantasma na cultura ocidental, p. 222.
23. Delfini. *I racconti*, p. 50.

O vazio é, portanto, um elemento presente, uma exigência, tanto à existência quanto à escrita e, numa visão em negativo, é o espaço por excelência das potencialidades. Delfini, portanto, confia a articulação da sua escrita ao jogo entre "eu" e "eu" e entre "eu" e a língua, procurando uma voz que escape de certa experiência retórica e mais tradicional. Assim, o que lhe interessa é uma experiência outra, em contato e contagiado pela língua e pela palavra, permeada por dissoluções e *nonsense*. Enfim, como ele mesmo coloca na reflexão que faz posteriormente ao volume de contos, tudo se torna possível e fascinante, e até os pecados (porque não há vida sem pecado) que se tornam sugestivos, humanos e divertidos. Todas as ações, até as feias, podem se tornar dignas.[24]

O gesto delfiniano de penetrar na língua é o de misturar as cartas, fazer pegadinhas, rir de si mesmo e das armadilhas da realidade, da linguagem e da vida, tudo com uma pitada de sarcasmo e ironia, além de muita melancolia (balbucios, silêncios, solidões). É uma busca incessante por uma língua que sempre escapa, como dois amantes que se doam um ao outro sem se subtraírem um do outro:

> Viver na intimidade de um ser estranho, não para nos aproximarmos dele, para o dar a conhecer, mas para o manter estranho, distante, e mesmo inaparente – tão inaparente que o seu nome o possa conter inteiro. E depois, mesmo no meio do mal-estar, dia após dia não ser mais que o lugar sempre aberto, a luz inesgotável na qual esse ser único, essa coisa, permanece para sempre exposta e murada.[25]

Apresenta-se assim uma escrita que se expõe e se mura, se desnuda, desnuda a língua da poesia com suas amarras, por meio da escolha por tons mais baixos, fragmentários para falar do desfazimento que há diante de si (inclusive em relação à situação da retomada da economia e da sociedade italiana nesse período). Como assinala Pier Paolo Pasolini, numa carta ao pintor Renato Guttuso, Delfini é um poeta que se libertou da sua época apesar dos muitos rastros que ela

---

24. Cf. Delfini. *I racconti*, p. 75.
25. Agamben. *Ideia de prosa*, p. 451.

deixou nele e soube aproveitar a amargura, a fadiga, a inquietação que tem dentro de si.[26] Um fazer poético que nasce sob o signo de uma infinita tristeza e do profundo desconforto, como se lê nas páginas de seu conto mais famoso *Il ricordo della basca* [A lembrança da basca]: "a mulher se tornava uma fantasia de um sorriso de uma fisionomia a ser colocada num céu de um tempo passado ou de um tempo por vir. E não era tudo: estas imagens deviam ser figuradas em ato de absoluta familiaridade".[27] Para além da possível aventura e desilusão amorosa com Isabella/Isabel, a relação exposta nessas páginas, na verdade, é outra: a da tortuosa e complexa com a língua. O encontro de Giacomo Disvetri com a Basca é fulminante, a partir do momento em que ele escuta ao longe uma língua estranha, outra, e depois consegue identificar e entender o som, uma vez pronunciado o termo *entonces*, como o próprio autor diz, que é a única palavra que reunia em si a poesia e a sabedoria da maior biblioteca do mundo.[28]

É o próprio "canto" a ser exposto, plasmado pelo sonho em uma língua outra, é assim que termina esse conto de Delfini. Seguindo esses passos, o gesto de escrever, pouco a pouco, se configura como a tentativa de alcançar ou de manter uma lembrança, uma sensação, mas, como se vê no desfecho do conto, tudo já está talvez condenado desde o início. Em outras palavras, "Escrever para 'inventar' a vida e se defender da realidade; experimentar a vida, vivê-la sem defesas literárias, para depois reencontrá-la no longe-perto da lembrança, porque só a lembrança, [que é espaço do esquecimento, a palheta preta] flutua na dupla dimensão do vivido e do inventado".[29] E nas palavras do autor, "Horrível história se apresentava à verdade pela experiência da vida. Oh como é mais bonita a vida inventada que queria inventar para mim! Como é ainda mais doce a experiência vivida, quando volta a ser, vinte anos depois, uma vida inventada!".[30]

---

26. Cf. Pasolini. *Saggi sulla letteratura e sull'arte*, p. 2.279.
27. Delfini. *I racconti*, p. 25.
28. Cf. Delfini *I racconti*, p. 95.
29. Giuliani. *Autunno del Novecento*: cronache di letteratura, p. 43.
30. Delfini. *I racconti*, p. 21.

A escrita de Delfini traz à luz as falências, os restos, as ruínas do humano. Seu trabalho com a língua, a experiência da palavra que é também uma experiência do conhecimento, faz com que algumas cartas em cima da mesa sejam revistas e reviradas. É justamente nos resíduos, nas coisas pequenas, no grito e no silêncio, na suspensão da língua, nas franjas dessa mesma língua – somente se perdendo nela e perdendo-a – que ele encontra uma possibilidade de falar, de olhar por meio de uma minúscula rachadura e ver a força das cinzas depois do processo de carbonização.

Sabe-se que a relação entre o que é do vivido e a matéria poética em Delfini é cheia de tensões, é o próprio autor que fala de uma vida que deveria e poderia ter vivido, mas não havia vivido; e a certeza de que nunca teria podido vivê-la é também a imagem de um passado inexistente.[31] Há aqui uma marca da incompletude, presente na produção desse escritor, que é também a indeterminação entre vivido e poetado, como assinala Agamben na introdução ao livro de poemas de Delfini, além de toda a relação que pode ser estabelecida com as questões propostas em *O fogo e o relato*.[32] É, portanto, nessas aberturas porosas, nesses vórtices, que se escreve o exercício poético-crítico, em que o tempo das mazelas – também humanas – não se limita à aparência dos sinais concretos. A realidade presente nas coisas pequenas, nos detalhes quase imperceptíveis, uma vez captada através dos sentidos, estimula o ir e vir de pensamentos e sensações. E é suficiente um olhar, um encontro, devido a uma exposição e a uma disposição, para fazer despertar uma tensão recíproca, uma insurgência, uma partilha. Uma escrita cuja preocupação maior não é contar uma história, e sim abrir essa mesma história para outras potencialidades, e é exatamente nesse espaço do vazio, da aporia, que Delfini escreve sem ter nada para dizer ou para contar, como se lê em um verso: "é meu dever escrever a poesia

---

31. Cf. Delfini. *I racconti*, p. 74.
32. Cf. Agamben. "Introduzione". In: Delfini, Antonio. *Poesia della fine del mondo e Poesie escluse*, p. XV.

ruim".³³ Talvez também por isso ele seja lembrado ao lado de Tommaso Landolfi em *Autoritratto nello studio* de Agamben.

Eventualidade e ilusório (eis aqui a aporia), traços identificáveis desde os primeiros contos que se mantêm na escrita poética de Delfini, que fazem da linguagem um espaço por excelência da exposição e do embate. Nesse sentido, literatura, aqui, é mais uma vez uma porosidade de rearranjos, de presenças, do choque, do perder-se e do reencontrar-se (mas não como antes), enfim, o espaço do início e do fim. Por isso, a atenção e o jogo estão no entrelaçamento, nas trocas de papéis e, quem sabe, na tentativa de recuperar uma identidade já perdida e, agora, impossível de ser recuperada: eis, mais uma vez, o vazio. Ruínas, portanto, de um "eu" cuja possibilidade de existência está ao lado dos outros; ruínas também de uma linguagem que só se desarticulando e se esfacelando é capaz de "falar".

Movimento 2

> A *Comédia*, os *Cantos* e *A semente do pranto*
> são a contemplação da língua italiana.
> (Giorgio Agamben, *O fogo e o relato*)

Construção e invenção são dois termos que caminham juntos, como evidenciou Pier Vicenzo Mengaldo ao analisar o poema *Il mare come materiale* [O mar como material], dedicado ao escultor Mario Ceroli (interessante pensar em suas ondas de madeira e vidro), publicado no volume *O conde de Kevenhüller* (1986). Problemáticas não muito distantes da ideia do mesmo crítico de "poesia como ficção e engano", lida na introdução ao volume das obras completas de Giorgio Caproni.³⁴ Todavia, mesmo antes, no período de escrita de *A semente do pranto*,

---

33. Delfini. *Poesia della fine del mondo e Poesie escluse*, p. 60.
34. Caproni. *L'opera in versi*, p. 698-699 e também Mengaldo. "Intorno a «Il mare come materiale»". In: Colussi; Zublena. *Giorgio Caproni, lingue, stile e figure*, p. 23.

nos versos de *Né ombra né sospetto* [Nem sombra nem suspeita] (cuja composição é de 1957), a invenção já se faz presente e é oferecida por Caproni ao leitor, como se lê em "Livorno, toda invenção/ ao sussurrar seu nome";[35] uma aposta que aos poucos atrai a atenção de Caproni até se tornar intrínseca à sua escrita, num verdadeiro jogo compositivo, que pode também ser lido como meio para se aproximar do inalcançável.

Os especialistas da obra caproniana são concordes em afirmar que de *O muro da terra* em diante, seu laboratório poético sofre um colapso, um processo de erosão e, a partir de então, tende a buscar soluções poéticas perfiladas por um caráter mais enxuto, seco, mais direto, mesmo tocando temas sempre mais complexos e menos concretos. Paralelamente a esse processo identificável na leitura das coletâneas, entrevistas, ensaios críticos, a escrita de Caproni assume um grande desafio, depois confirmado pelo uso de palavras-chave, ou, se quisermos, palavras-sintoma: "asparição", "morte da distinção", "ateologia".[36] Desafio de nomear o indizível, o que não tem nome.[37] O fazer poético de Caproni se dá por meio de uma busca contínua, vacilando e descobrindo "maneiras"; mesmo enfrentando questões de caráter existencial e filosófico, ele soube encontrar um tênue e frágil equilíbrio ao lado dos elementos miúdos, concretos e cotidianos da vida que povoam suas páginas.

Os movimentos mais significativos dessa escrita já aparecem em algumas composições dos anos de 1940, porém se apresentam com mais intensidade no final da década de 1950, em *A semente do pranto* (1959), livro dedicado à figura da mãe Anna Picchi, que, nos

---

35. Caproni. *L'opera in versi*, p. 193.
36. A primeira e a última são dois neologismos do poeta. A "morte da distinção" é uma grande herança deixada por Caproni para a poesia italiana, que a coloca em diálogo com o pensamento poético e filosófico europeu do século XX. Ver Testa. *Cinzas do século XX*, p. 47-78; ver o prefácio de Enrico Testa e o meu texto "Às voltas com Giorgio Caproni". Cf.: Caproni. *A porta morgana*, p. 17-38.
37. Essa atitude é mais um aspecto que aproxima Caproni e Agamben, um pelo viés poético e outro pelo filosófico. A esse respeito, é interessante pensar na pergunta colocada por Agamben: para quem e para o quê o filósofo e o poeta escrevem?. Cf.: Agamben. *O fogo e o relato*, p. 83-88 e 89-98.

versos, ganha vida como a personagem de Annina.[38] O que chama a atenção nesse livro, especialmente na seção *Versi Livornesi* [Versos Livornenses], é o turbilhão no qual o tempo é trabalhado. Trata-se de uma dilaceração e esgarçamento das linearidades do tempo cronológico, que produzem, numa espécie de espiral, a inversão e o cruzamento (tempos no tempo), cujas fissuras e cesuras conduzem à imagem de Annina, uma lembrança-ruína-invenção. A dor profunda pela perda da mãe gera um vórtice para o qual são sugados o fazer poético, a língua da poesia e a tradição literária.

Para Mengaldo, com efeito, *A semente do pranto* é talvez o ponto mais alto tocado por Caproni,[39] talvez por nessas páginas, como já apontado por Ciro Vitiello, se apresentarem em estado especular poesia e poética.[40] Um experimento arriscado, que lhe é permitido pela maturidade, que o desloca rumo a espaços e presenças, na busca de si mesmo, desabitando-se e desconstruindo-se. Um processo em que, escavando, o poeta se descobre como um arqueólogo de zonas escondidas, feitas de timbres e tons ruinosos. O rastro dos sinais deixados é perfilado por termos como não pertencimento, confusão, indefinição, espaço "aspacial" (*aspaziale*), que são as bases da arquitetura poética dos volumes posteriores.

Uma busca (uma caça da língua) que leva Caproni a uma escolha – pois de escolha se trata – muito diferente da dos sonetos monoblocos característicos das seções de *Sonetos do aniversário* e de *Os anos alemães*, presentes em *Cronistoria* e *A passagem de Eneias*. Na coletânea de 1959, prevalecem timbres e tons vocálicos (especialmente a vogal "a"), no interior de uma poesia aparentemente fácil. Nela, vem à luz o trabalho quase artesanal – certa manualidade com a letra –, um polimento do verso e da palavra que fazem parte de um complexo processo de ajustes. A escolha operada por Caproni delineia-se numa linha poética e prosaica,

---

38. Alguns dos poemas desta seção estão traduzidos em Caproni. *A coisa perdida*: Agamben comenta Caproni.
39. Mengaldo. "Per la poesia di Giorgio Caproni". In: Caproni. *L'opera in versi*, p. XXIV.
40. Vitiello. "Ritmo e linguaggio nel 'Seme del piangere' di Caproni". In: Devoto; Verdino, p. 121.

recuperando o uso de formas breves – que já havia sido experimentado nos livros das décadas de 1930 e 1940 –, ao lado de uma rima peculiar que inicia a traçar um inédito desenho musical.[41] Ciriello chama a atenção para a ritualidade linguística do ritmo entre *A passagem de Eneias* e *A semente do pranto*, que, no se desdobrar da maturação dessa escrita, torna-se também um produto de uma "estilística experimental". O resultado, portanto, é um livro experimental, termo que deve ser entendido como experiência da língua, da poesia e do próprio gesto da escrita, que encontra sua perfeita harmonia numa leveza inquietante, fora do tempo, do espaço e das formas mais tradicionais e áulicas. *Faber*, para lembrarmos, é o termo com o qual Mario Luzi se refere a Caproni. Um dissimular-se que continua, mesmo com as devidas diferenças, nos outros personagens do livro seguinte que é *Despedida de um viajante cerimonioso e outras prosopopeias* (1965), ou nas palavras de Agamben: "É como se o poeta velho, que encontrou seu estilo e, neste, atingiu a perfeição, agora o deixasse de lado para ostentar a pretensão singular de caracterizar-se apenas por meio de uma impropriedade".[42] Em carta a Carlo Betocchi, de 21 de dezembro de 1954, Caproni declara que gostaria de escrever um poema para sua mãe morta de forma tão atroz, com o que ele lhe dizia quando era pequeno "a mãe mais linda do mundo". Há nestas linhas, para Betocchi, certo remorso, talvez dado pelo afastamento familiar provocado com a transferência definitiva de Gênova para Roma.[43] Há o embate com o sentimento de perda e o remorso do filho em relação à mãe, num emaranhado com o que resta das recordações, dos tempos vividos um ao lado do outro, agora irrecuperáveis. A tristeza, o *pathos*, é, sem dúvida, um dos fios condutores do relato das fases da vida de Annina até sua morte. São páginas cheias de melancolia, caracterizadas pela forma leve encontrada na *canzonetta*, na balada cavalcantina, contaminadas por marcas de narratividade; uma

---

41. Cf. Ghirardi. *Cinque storie stilistiche*, p. 120.
42. Agamben. *Categorias italianas*, p. 126.
43. Caproni; Betocchi. *Una poesia indimenticabile – lettere 1936-1986*, p. 146-147.

solução simples e refinada ou, se quisermos, popular e fina.[44] Assim, nesses arranjos e composições, as coordenadas de espaço e tempo vão sendo perfuradas e permitem ao poeta jogar e transitar de uma esfera a outra, de Anna Picchi para Annina ("Para ela quero rimas claras,/ corriqueiras: em –ar./Rimas até desaconselhadas/ mas abertas: ventiladas").[45] A ferida e a dor possibilitam, então, uma porta destrancada, um contato com o aberto e, nesse limiar, o sentido é interrompido e inicia a exposição em direção ao outro. Nesse percurso, a experiência da dor, fruto da perda da mãe, para um homem que também é pai – a troca desses mesmos papéis – não pode ser vista simplesmente a partir de coordenadas de uma conquista inteiramente mental, mas é, como afirma Enrico Testa, o elo essencial que liga experiência e escrita.[46] Um trabalho tortuoso que leva o contato com o papel na trilha de alguns apagamentos, que, aporeticamente, o levam para perto da vida e do tormento do viver, como se lê nos versos de *Disdetta*, de *O Franco Caçador* (1982): "E agora que tinha começado/ a entender a paisagem:/ 'desembarcar', diz o condutor./ 'terminou a viagem'".[47]

Composto por 33 poemas (número ao qual seria possível dedicar uma reflexão), organizados em duas seções, *Versi Livornesi* e *Altri Versi*, com início cavalcantiano, a *Semente* parece ser o momento crucial em que o poeta chega à sua maturidade e, ao mesmo tempo, perde a linguagem, como se estivesse deslocado numa espécie de terra estrangeira; aqui inicia sua caça por algo que lhe pertença, apesar de ter a consciência da eterna distância do que é procurado. O resultado é que, na grande literatura, toda língua é uma língua estrangeira, como já dizia Proust no final de *Contra Saint-Beuve*, mais tarde também retomado por Deleuze. Da *Semente* em diante, depois da proliferação de personagens, alguns mais tagarelas na *Despedida*, a língua poética

---

44. Sobre a tendência prosaica em Caproni ver Bozzola. *Narratività e intertesto nella poesia di Giorgio Caproni*, p. 113-151; Testa. *Personaggi caproniani*, p. 100-103.
45. Caproni. *A coisa perdida*: Agamben comenta Caproni, p. 145.
46. Cf. Testa. "Con gli occhi di Annina. La morte della distinzione". In: Colussi; Zublena. *Giorgio Caproni, lingue, stile e figure*, p. 52-53.
47. Caproni. *L'opera in versi*, p. 506.

de Caproni assume derivas sem retorno, pois será, de agora em diante, uma língua que engasga, murmura, balbucia.

O poeta, na sua trajetória, vai se desnudando, se mostra só, tem perto de si os instrumentos primários para a exigência sentida: a luz da vela e a página manchada. É com essa imagem que se abre o poema *Porque eu...*, emblemático para toda essa coletânea e para a leitura dos livros posteriores. As reticências presentes no título (que retornam no início do primeiro verso) assinalam não a perda em si, mas o vazio, os sentimentos esfacelados, remexidos que levam e deslocam a poética caproniana na direção de um além, um ir além e um ir ainda mais além até chegar no póstumo *Res amissa* (1991): "Não há o Tudo./ Não há o Nada. Há/ somente o não há".[48] Geno Pampaloni fala de "*fatalità dell'oltranza*", pois a linguagem, para o crítico, vai se modificando diante da fatalidade desse ir além, do limite absurdo e necessário daqueles espaços inexplorados. Ela, a linguagem, vai se esgarçando e se enriquece de silêncios.[49] É, de fato, graças à potencialidade desse pranto (partindo da experiência traumática da perda da mãe), envolto na treva – outro termo de *Porque eu...* –, e dos potentes buracos negros do recordar, que Caproni consegue armar e tecer na trama poética quase narrativa da mãe Annina uma linda jovem de Livorno.

"Devagar" é talvez a palavra-chave mais apta para pensar a memória e as lembranças. Em outras palavras, o sentido tem sua possibilidade no fato de não ser dado a priori. Em relação a isso, é interessante notar que, ao lado de tantos detalhes mínimos indicados em *Versi Livornesi*, apesar da presença de Annina, estão ausentes seu semblante e sua voz. Se, por um lado, podem ser identificadas descrições como o som dos saltos do sapato ao amanhecer, o barulho da bicicleta azul, os espaços da cidade de Livorno e tantas outras referências (a "camiseta", o "colar", a "pinta no lábio", a "cintura fina") que tentam delinear de forma fragmentária (quase uma técnica de montagem) um perfil, por outro, a imagem dessa personagem, mesmo com todos esses mínimos

---

48. Caproni. *L'opera in versi*, p. 839.
49. Pampaloni. "Geno Pampaloni". In: Caproni, p. 1.011.

detalhes, é escorregadia, estilhaçada, e os inúmeros traços fornecidos não conduzem a um todo.

Annina, assim, chama a atenção dos leitores, por possuir um movimento em si e fora de si, apontando para além dela mesma, na direção de um *indestinável* do qual faz parte.[50] Seguindo os passos de Agamben, poder-se-ia dizer que Caproni, desde a *Semente do pranto*, abre um espaço de reflexão e, indo mais além, um espaço do *ethos*. Caproni, então, fala na *Semente* com uma voz[51] que não possui, que nunca foi escrita, por isso essa coletânea pode parecer, à primeira vista, um hiato, uma lacuna, uma descontinuidade, uma fratura, uma pausa e suspensão necessárias à sua escrita. O poeta se debate com a dificuldade do falar e com a sua "afonia". O bem perdido, na verdade, em toda sua tensão, nunca foi dado: Caproni nunca conheceu Annina, conheceu sim Anna Picchi, sua mãe (ou pelo menos uma pequena parte da complexidade do sujeito Anna Picchi).

Porque eu...

... porque eu, que na noite habito só,
eu também, de noite, riscando um fósforo
no muro, acendo cauteloso uma candeia
branca em minha mente – abro uma vela
tímida na treva, e a pena
deslizando range, eu também escrevo
e reescrevo em silêncio e longamente o pranto
que me banha a mente...[52]

---

50. Agamben. *Notas sobre o gesto*.
51. "Também a voz é um pneuma, que irradia a partir do hegemônico, e através da laringe, põe em movimento a língua, de tal forma que a mesma circulação pneumática anima a inteligência, a voz, o esperma e os cinco sentidos. Após a morte, tal pneuma não cessa de existir, mas sobe, por sua leveza, até a região sublunar, onde encontra o seu lugar próprio e, assim, como os astros, se nutre dos eflúvios que sobem da terra, imóvel e indestrutível". In: Agamben. *Estâncias*: a palavra e o fantasma na cultura ocidental, p. 160.
52. Caproni. *A coisa perdida*: Agamben comenta Caproni, p. 143.

V. Escritas à escuta

Ao longo do século XX, predominava uma visão niilista no que diz respeito à linguagem. E mesmo assim, essa mesma linguagem – cheia de remendos, emendas, fios esgarçados, como diz Enrico Testa em uma entrevista – é o que aporeticamente nos mantém unidos e em luta, tanto na euforia quanto na aflição: ela é, sintetiza o poeta e crítico, "o fio das relações humanas". Uma tomada de posição que não abandona os debates do século, não se paralisa diante do niilismo, mas também não o nega e expõe a paradoxal fragilidade e potência presentes na linguagem. Se tal reflexão pode ser recuperada em outros ensaios de Testa, é em um recente poema que ela recebe vestes, sem dúvida, poéticas.

> 'dizem que há uma palavra
> que ainda diz
> quando não se tem mais nada a dizer,
> que não dá nome
> ao que é sem nome
> mas o acolhe como um abraço
> e perdoando-lhe toda culpa
> o invoca e – quiçá se muito falo –
> também está pronta a celebrá-lo.'[1]

---

1. Testa. *Jardim de Sarças*, p. 7. Alguns poemas inéditos e outros selecionados de *Cairn* (Einaudi, 2018) foram publicados nesta plaquete.

Os versos anteriores, de métrica variada, iniciam, como outros poemas de Testa, com as sintomáticas aspas, que, por sua vez, indicam uma voz que emerge e não se sabe se está na metade de um discurso ou se é um fragmento que é oferecido ao leitor. O tom coloquial introduzido por "dizem", primeira palavra do primeiro verso, é confirmado pela escolha lexical. Todavia, tal tom é suspenso pelo movimento gerado no interior dos versos, uma espécie de espiral que se forma pouco a pouco, na medida em que o poema vai se concretizando, a partir da repetição e da variação do verbo dizer (versos 1, 2 e 3). A estratégia da repetição é usada com um outro termo chave, "nome" (versos 5 e 6), antes do que pode ser chamado de reviravolta, indicada pela conjunção adversativa "mas", que provoca um desvio da espiral, apesar da continuidade do movimento circular. Do vórtice ao abraço, do fluxo a um repouso sobre si mesmo: contemplação e inoperosidade da língua que a abrem para um novo e possível uso. E nisso reside a potência: "A poesia em seu trabalho com a língua, a suspende e, ao mesmo tempo, a expõe. Ela de fato é uma operação que atua na linguagem, desativando e deixando inoperosa as suas funções comunicativas e informativas".[2] Parece ser este, então, o movimento realizado por Testa: uma língua que escava na própria língua. Acolher esse nome, "perdoando-lhe toda culpa", celebrando-o mesmo em sua precariedade e incerteza é, assim, um gesto que reconduz ao jogo, configurando-se, portanto, como

> [uma] operação que intervém na linguagem comum desativando-a e deixando-a inoperosa; e, ao mesmo tempo, preservando sua potência de dizer. A poesia é então a contemplação da potência de dizer, assim como a política é a contemplação da potência de agir. A experiência do pensamento, dessa forma, é sempre a experiência de uma potência e, ao mesmo tempo, de uma comunicabilidade, de uma abertura.[3]

São, portanto, os aspectos residuais, os frágeis sinais encontrados ao longo do caminho, que provocam o olhar atento e paciente de Enrico

---

2. Peterle. *Archeologia e poesia*.
3. Peterle. *Archeologia e poesia*.

Testa. Não é, então, uma mera coincidência que seu último livro tenha um título estranho: *Cairn* (2018). Palavra de origem gaélica que significa um "montinho", usada no gênero masculino pela língua italiana, significando um pequeno amontoado de pedras usado como monumento sepulcral em algumas culturas neolíticas e, mais recentemente, um sinal para indicar caminhos de trilhas nas montanhas ou etapas alcançadas por expedições geográficas. Nessa conformação, esses versos não saem ilesos de todo o debate sobre a linguagem e nem das experiências mais recentes. Toda a primeira parte deste poema joga com a resistência da linguagem e, sobretudo, da própria poesia:[4] "ainda diz quando não se tem mais nada a dizer", acolhendo "o que não tem nome"; e se poderia dizer que ela – a poesia – acolhe até os que não tem nome (os outros), como se lê num outro texto, fruto da experiência do poeta italiano pelas ruas da grande metrópole latino-americana que é São Paulo, *Gralhas e trapos em São Paulo*.

Como nos aponta Deleuze, "O ato de resistência possui duas faces. É humano e é também o ato da arte. Somente o ato de resistência resiste à morte, sob forma de obra de arte ou sob forma de uma luta de homens".[5] E um aspecto do escrever, sempre segundo Deleuze, é conseguir dizer o que se viu, algo que se torna não somente uma obra, mas, sobretudo, um evento, por suscitar questões e não por dar respostas. A poesia dedicada à cidade economicamente mais importante da América do Sul, frenética porque nunca dorme, traz o reverso de seu traço cosmopolita. De fato, a São Paulo lida por Enrico Testa, desde o título, parece se apresentar de modo oblíquo, por meio do desvio dos arranha-céus, do frenesi das grandes multinacionais, do que vive em paralelo às grandes artérias da cidade, a saber, as gralhas e os trapos, evocados nos versos finais: "As gralhas pretas crocitantes nas árvores da avenida/ e nos galhos teias de trapos/ e plástico caindo

---

4. Resistência entendida como elemento essencial do ato de criação. Há uma relação entre obra de arte e ato de resistência, como aponta Deleuze numa conferência na FEMIS (Fondation Européenne pour les Métiers de l'Image et du Son) em março de 1987, que, depois, resultou no livro *Che cos'è l'atto di creazione?* (2003).
5. Deleuze. *Che cos'è l'atto di creazione?*, p. 23.

em farrapos". O rumor desassossegante das gralhas e a imagem dos trapos fazem eco ao silêncio presente nos versos iniciais do poema. A ideia de uma exótica e frondosa natureza é atingida por sobressaltos. A imagem da árvore nesses versos é central, sem alguma menção a frutas ou folhas, sem alguma menção a seu imaginário simbólico da vida. Ela não hospeda passarinhos como melros ou canarinhos, e sim as "gralhas negras crocitantes" com seu canto desagradável e áspero.

> Gralhas e trapos em São Paulo
>
> toda essa gente que encontramos na rua
> está prestes a se perder.
> O que possa detê-los
> mais um instante, na beira do abismo,
> não se sabe
> e – mesmo sabendo –
> eles não o desejariam.
> São inertes e lentos.
> Não reivindicam nada à vida.
> Migalhas gemidos extintos orações.
> As gralhas pretas crocitantes nas árvores da avenida
> e nos galhos teias de trapos
> e plástico caindo em farrapos[6]

A visão falaciosa e estereotipada da natureza tropical e "selvagem" sofre uma inversão, não é mais a beleza selvagem e ameaçadora a atrair o olhar, mas sim uma natureza que padece junto ao homem.[7] Complementar a tudo o que foi dito até aqui é uma das respostas dadas por Enrico Testa na recente entrevista publicada na revista *Piparote*. É longa, mas é relevante por expor a relação construída nos últimos

---

6. Testa. *Jardim de Sarças*, p. 29.
7. Para uma constituição do mundo citadino no Brasil, na passagem entre natureza e cultura, faz-se referência a Pechmann. *Cidades estreitamente vigiadas*: o detetive e o urbanista, 2002.

anos com alguns espaços da América do Sul, em particular o Brasil e a Venezuela, e como eles incidiram no seu caminhar:

> O Brasil e os países da América Latina em que estive incidiram profundamente, com o passar dos anos e com a lembrança, nos meus versos. Pode parecer um paradoxo se pensarmos na imensidão do Brasil e de toda a América do Sul, mas ali tive a oportunidade de perceber mais atentamente – acredito – e de compreender melhor o 'pequeno': tanto os pequenos contrastes que emergem debaixo das enormes contradições, e que às vezes são revelados por particularidades mínimas, quanto as chamadas 'pequenas nações'. A definição de 'pequena nação' é de Milan Kundera que entende, referindo-se com ela, em 1983, aos países espremidos entre a Alemanha e a Rússia, 'aquela que em qualquer momento pode ver colocada em xeque a própria existência, que pode desaparecer, e é consciente disso'. E na América do Sul, quantas pequenas nações, com suas línguas e suas culturas, vivem nessa condição! Penso nas tribos da Amazônia ou no povo Waroa, que tive a oportunidade de conhecer na foz do Orinoco. As viagens na América do Sul, com um outro paradoxo, deixaram-me mais atento aos destinos de 'pequenas nações', vítimas de extermínio em zonas mais próximas a mim ou mais remotas: na Europa do Leste ou na Rússia siberiana ou na China, na Ásia, na África. Seriam muitas e listar todas não é possível. É suficiente dizer que a Ucrânia, agora, se juntou a elas (e mesmo que alguém diga que não se trata de uma 'pequena nação', a Ucrânia se tornou tal do momento em que sua existência e sua cultura são objetos de destruição). Witold Gombrowicz escrevia 'Não esqueçamos de que somente nos opondo à História enquanto tal podemos nos opor àquela de hoje'. São palavras que me parecem, no nosso tempo, ainda mais preciosas para que cada um – como dizem os Warao – tenha a possibilidade de um 'buen vivir', ou seja de uma 'vida boa' que, respeitada pelos mais fortes, respeita os outros e todo o restante ao redor.[8]

---

8. Testa. *Entrevista*, p. 26-29.

Espaços da *surmodernidade*, dos quais Testa prefere algumas singularidades que oferecem traços e contrapontos. Os versos aqui trazidos colocam em cena questões relativas à nossa contemporaneidade, alguns aspectos agressivos de sua voracidade, para além de localismos. Tais versos parecem, ainda, apontar para o fato de que o sentido da poesia está sempre a se fazer e que a poesia pode estar lá onde não há poesia. O caminhar é também selecionar e fragmentar, a prática do espaço exige corte nas ligações, pulos, omissões... O olhar do poeta etnólogo é, portanto, uma exigência diante do contemporâneo, enquanto o poema se torna, por sua vez, um espaço também antropológico. Como aponta Jean-Luc Nancy, "Ela [a poesia] pode mesmo ser o contrário ou a recusa da poesia, e de toda a poesia. A poesia não coincide consigo mesma: talvez essa não-coincidência, essa impropriedade substancial, faça propriamente a poesia".[9] A escrita de Enrico Testa oferece o acesso de sentido do qual fala o filósofo francês, isto é, a poesia articula e opera o próprio sentido, uma vez que é "ação integral de disposição ao sentido".[10] O poeta como viajante não se exime em fazer algumas paradas e em olhar, observar, mas também ter seu próprio corpo exposto. Os sentidos afloram, dada a exposição do seu "eu" e a do espaço no qual está inserido. Com esses olhares oblíquos, Enrico Testa faz com que a poesia se torne um espaço do pensar, do compartilhar, e com isso consegue abrir uma fenda, fazendo com que a "fala tenha um *lugar*, e não se ecoe simplesmente".[11]

Os ecos dos versos de Dante ou de T. S. Eliot ressoam nesses de Testa, que observa essa gente, essa massa de vivos-mortos que "não reivindicam nada à vida", como se de suas forças sugadas restasse somente um movimento inerte e lento. Uma exclusão-includente em relação à vida, uma nua vida.[12] Um ritmo esmagador, desvitalizante, se lê também na descrição de Zobeide, uma das *Cidades Invisíveis*;

---

9. Nancy. *Demanda*, p. 146.
10. Nancy. *Demanda*, p. 149.
11. Nancy. *Demanda*, p. 173.
12. "O que ocorreu e ainda está ocorrendo sob nossos olhos é que o espaço 'juridicamente vazio' do estado de exceção (...) irrompeu de seus confins espaço-temporais e, esparramando agora por toda parte a coincidir com o ordenamento normal, no qual

não por acaso, uma das últimas palavras do texto de Italo Calvino é *armadilha* ("Os recém-chegados não compreendiam o que atraia essas pessoas a Zobeide, uma cidade feia, uma armadilha.").[13] O sonho antes perseguido que ficou esquecido, talvez como nos versos do poema de Testa, e se pensarmos que sonhar, no sentido de fazer conjecturas, isto é, ter projetos e planos, é também um modo de estar vivo, a ideia de vida se desdobra em uma forma de vida que já está sem vida-vida. Com as palavras do personagem de Marco Polo, "O inferno dos vivos não é algo que será; se existe, é aquele que já está aqui, o inferno no qual vivemos todos os dias, que formamos estando juntos".[14] Calvino, na conclusão do livro, nos oferece duas possibilidades para evitar o sofrimento: a primeira é aceitar o inferno e se tornar parte dele, não conseguindo assim mais identificá-lo e identificar a si mesmo dentro dele; e a segunda, caracterizada por um processo sempre em andamento, é dada pelo aprendizado e requer atenção para reconhecer o que "no meio do inferno não é inferno".

O discurso poético é cheio de *pathos*, uma eticidade em relação à massa inerte e lenta, à língua e até a si mesmo. As pausas e os *enjambement's* constituintes do poema assinalam o ritmo sonoro que descerra o da indiferença. A escrita desnuda o real, põe a nu uma ordem de coisas, um sistema biopolítico, para lembrar de Foucault, que, no mais das vezes, nos captura.

"Que essa matéria provoque o contágio" é um verso de Valerio Magrelli do livro *Exercícios de Tiptologia* que possa talvez ser lido a partir do abraço presente no poema de Enrico Testa.[15] Ser contagiado é, justamente, o que parece não acontecer junto a essa gente inerte e lenta em São Paulo, que é o que, ao contrário, se dá com Testa em seu caminhar e na experiência desta cidade. O termo contágio por si só

---

tudo se torna assim novamente possível". In: Agamben. *Homo sacer*: o poder soberano e a vida nua, p. 44. Veja-se também todo o projeto de *Homo sacer* (Agamben, 2018).
13. Calvino. *As cidades invisíveis*, p. 46.
14. Calvino. *As cidades invisíveis*, p. 150.
15. Para os títulos dos livros de Valerio Magrelli, faz-se referência à antologia *66 poemas*, publicada por Rafael Copetti Editor em 2019, com tradução de Patricia Peterle e Lucia Wataghin.

evoca elementos externos: contagiar-se implica também em ter algum encontro, isto é, entram em jogo elementos provenientes de um fora, que estão relacionados à presença do outro e à alteridade. *66 poemas* reúne alguns poemas de *Exercícios de Tiptologia* (1992) e de *Legendas para a leitura de um jornal* (1999). Magrelli, neste último, traz para o espaço da poesia várias partes de um jornal, com um olhar atento que as escava. O impoético se torna assim um modo sarcástico, uma possibilidade para enfrentar a inquietante anestesia:

> A fronteira entre a minha vida e a morte alheia
> passa pelo sofá na frente da tv,
> pio litoral onde se recebe
> o pão do horror cotidiano.
> Diante da injustiça que sublime
> nos salvou para
> que pudéssemos contemplar
> o naufrágio da terra, ser justos
> representa apenas a moeda mínima
> de decência a ser
> paga a nós mesmos,
> pedintes de sentido,
> e ao deus que impunemente
> nos acomodou na margem,
> do lado certo da televisão.[16]

É provável que esse contexto se refira ao da guerra do Kosovo. O primeiro verso é a chave de acesso aos demais. A fronteira, o corte, isto é, o estar para cá ou para lá, é o elemento que diferencia a possibilidade de vida ou de morte. A guerra em si não é sentida, mas é espetacularizada pela televisão, que se torna também ela um limiar entre quem vê a tela e quem nela aparece na projeção. O "pão do horror cotidiano" alimenta um modo de se relacionar distanciado dos acontecimentos,

---

16. Magrelli. *66 poemas*, p. 102. Antologia que oferece um percurso por todos os seus livros de poesia.

uma proteção falsa e falida, ou, se quisermos, a imunidade da qual fala Roberto Esposito em *Bíos*: "A imunidade não é somente a relação que liga a vida ao poder, mas o poder de conservação da vida".[17] A contemplação do naufrágio dos outros de caráter lucreciano está mais do que presente nesses versos, o "sofá" é a terra firme, o espaço entre ele e a TV é exatamente aquele em que reside a distância de segurança do que acontece na outra margem, ironicamente "o lado justo". Um horror com espectador, para retomar o título de Hans Blumenberg, *Naufrágio com espectador*, em que o estudioso analisa a necessidade de segurança a partir dessa metáfora que é central na história do Ocidente.[18] A voz de Magrelli não é de forma alguma nostálgica, não há nem traços de arrependimento, mas sim muita ironia também quando se fala de uma injustiça que salva e de um deus que escolhe quem vai para uma margem e quem vai para a outra. São trazidas, para o plano do poético, questões atuais que afligem não somente a Itália, mas uma boa parte da Europa, e o poeta romano faz isso com muita ironia e sarcasmo, cutucando inclusive o próprio espaço de fala do poeta. As temáticas são duras e fortes, como o próprio Magrelli já declarou mais de uma vez, por isso é necessário um desvio, daquela "*gravità senza peso*" típica da leveza de Calvino.[19] E é nessa perspectiva que se deve ler talvez esse outro poema, que toma emprestado o título de uma ópera bufa de Rossini:

Sobre uma ária do *Turco na Itália*

> Cara Italia, alfin ti miro.
> Vi saluto, amiche sponde.
> G. Rossini

Repousa toda a península
envolta num trêmulo cordão
de afogados. Cada um, uma migalha
deixada para a via do retorno.

---

17. Esposito. *Bíos*, p. 41.
18. Blumenberg. *Naufragio con spettatore. Paradigma di una metafora dell'esistenza*, 1985.
19. Não é uma mera coincidência que, justamente na lição dedicada à leveza, Calvino faça referência ao *De rerum natura* de Lucrécio: "*De rerum natura* de Lucrécio, é a primeira

> Mas os peixes as comeram e os clandestinos
> perdidos nas águas sem retorno
> vagueiam como Pequenos Polegares
> semeados na imensidão do mar em torno.[20]

O texto de Rossini e a célebre fábula do Pequeno Polegar são os meios que ajudam Magrelli a tecer seu discurso e a tratar do fenômeno da imigração tão urgente na Europa. Os dois quartetos remetem ao ritmo da *canzonetta*, com os primeiros três versos que dão o tom do desastre, por colocarem o leitor diante de uma realidade que arde, que é notícia diária em nossa contemporaneidade. A imagem delineada é tão cruel – esses corpos afogados que compõem uma espécie de colar em alto mar ao redor da península – que parece impossível manter o tom dado inicialmente. Daí a aproximação entre afogados e migalha, vestígio da trajetória percorrida e rastros deixados para reencontrá-la. Se as migalhas, como indica o primeiro verso da segunda estrofe, foram comidas pelos peixes e de alguma forma se transformam, os afogados no segundo verso são aproximados a clandestinos, termo fundamental na estrutura do poema, posto justamente em posição de final de verso. A sensação de perda, ou melhor, de estar perdido e de vagar sem nenhuma direção específica é dada pela expressão final do último verso. O tom da *canzonetta*, então, desloca e, ao mesmo tempo, expõe o duro jogo

---

grande obra poética em que o conhecimento do mundo se transforma em dissolução da compacidade do mundo, na percepção do que é infinitamente minúsculo, móvel e leve. Lucrécio quer escrever o poema da matéria, mas nos adverte, desde logo, que a verdadeira realidade dessa matéria se compõe de corpúsculos invisíveis. É o poeta da concreção física, entendida em sua substância permanente e imutável, mas a primeira coisa que nos diz é que o vácuo é tão concreto quanto os corpos sólidos. A principal preocupação de Lucrécio, pode-se dizer, é evitar que o peso da matéria nos esmague. No momento de estabelecer as rigorosas leis mecânicas que determinam todos os acontecimentos, ele sente a necessidade de permitir que os átomos se desviem imprevisivelmente da linha reta, de modo a garantir tanto a liberdade da matéria quanto a dos seres humanos. A poesia do invisível, a poesia das infinitas potencialidades imprevisíveis, assim como a poesia do nada, nascem de um poeta que não nutre qualquer dúvida quando ao caráter físico do mundo". In: Calvino. *Seis propostas para o próximo milênio*, p. 20-21.
20. Magrelli. *66 poemas*, p. 120.

de contrastes imbricado nesses versos de Magrelli, que incidem, abrem e se oferecem ao leitor.

A operação poética realizada por Enrico Testa e Valerio Magrelli traz um rasgo diante de realidades assustadoras que exigem, também por parte de quem as vê e percebe – o leitor –, uma tomada de posição.

> Não há nada mais pobre que uma verdade expressa tal como foi pensada. Em tal caso sua transcrição não é ainda nem sequer uma fotografia ruim. Também a verdade (como uma criança, como uma mulher que não nos ama) se recusa, diante da objetiva da escrita, quando nos acocoramos sob o pano preto, a olhar quieta e amistosamente. É bruscamente, como um golpe, que ela quer ser afugentada de ser mergulho em si mesma e despertada num susto, seja por um tumulto, seja por música, seja por gritos de socorro. (...) E 'escrever' nada mais significa que pô-los em funcionamento.[21]

O poema escolhido para a abertura de *Distúrbios do sistema binário* (2006) é, nessa perspectiva, emblemático. O título é um neologismo magrelliano, talvez necessário para provocar certo deslocamento e chamar a atenção, que deixa ecos durante a leitura: "A guaz". É o próprio Magrelli quem explica seu significado numa nota de rodapé: "*Nota*: Diz-se 'guaz' a confusa mistura de guerra e paz característica da nossa época".[22]

Noites de paz ocidental é um livro de Antonella Anedda, publicado em 1999, que olha para o próximo século pelo signo da fragilidade e da precariedade, herança do século XX. Não é então uma coincidência que nessa obra emerja uma reflexão sobre a dimensão ética que abraça a escrita. Se Franco Fortini, em suas incursões brechtianas, dizia que nada é seguro, e mesmo assim continuava a escrever, Anedda, em "Em uma mesma terra", afirma que escreve porque está preocupada: "em pensamento pela vida/ pelos seres felizes/ apertados na sombra da noite// Escreva, digo a mim mesma/ e eu escrevo para avançar

---

21. Benjamin. *Rua de mão única*, p. 60.
22. Benjamin. *Rua de mão única*, p. 117 e 385.

mais só no enigma".²³ A repetição de alguns termos como "escrevo", e também "pensamento" e "porque" em outras passagens do poema, produz silêncios que fazem com que a leitura se encadeie numa espécie de poema-vórtice. Anedda, desde o primeiro verso, diz que escrever é fruto do pensar, uma declaração de poética que traz consigo o gesto da escrita para o *hic et nunc*. Ou seja, não estamos no espaço de *creare ex-nihilo*, mas de um *facere de materia*. Matéria esta que é fruto da experiência humana, do vivido, que deixa resíduos, restos que permanecem sonolentos até encontrarem o percurso da página. Para Anedda, a poesia é um dom que "deixa alguns arrogantes", mas que "restitui à terra",²⁴ por isso o olhar paciente e atento retorna aqui mais uma vez; e o detalhe – termo presente no título de um livro de Anedda de 2009 – é também o que permite perscrutar o mundo da linguagem, perscrutar também um "eu" que não seja mais "Eu" – um outro lado da dimensão ética e da escolha na direção rumo ao outro. Um eu, o de Anedda, que se expõe e dispõe à escuta, para perceber o que acontece ao redor de si, despojado do próprio olho e da própria voz (efeito do jogo entre luz e escuro) – o espaço da escuta é onde se constitui o sentido.²⁵

Assim, a palavra de Anedda, em alguns momentos, é vestígio de acontecimentos que marcaram a segunda metade do século XX (a guerra do Kosovo, a guerra do Golfo, o 11 de setembro...) e apresenta como temática importante o mal: como apontou Roberto Galaverni, "metáfora existencial de um século inteiro", diálogo estabelecido com leituras que a acompanham, de Paul Celan a Osip Mandel'štam, de Marina Tsvetaeva a Philippe Jaccottet, a Elizabeth Bishop. Uma história que se repete e incide no corpo das vítimas, dos perseguidos: enfim, os mais frágeis são os que interessam a seu paciente olhar – e o século XX não escapou desse terrível compromisso com todos os seus conflitos étnicos e suas guerras. Como falar então deste indizível, que também está

---

23. Este livro de poemas está no prelo e será publicado em 2023 pela editora 7Letras. A referência para o texto em italiano é Anedda. *Notti di pace occidentale*, p. 33.
24. Anedda. *La luce delle cose*, p. 109-110.
25. Em outro poema de um outro livro, lê-se: "Não uma voz/ mas um adensar-se de pronomes:/ 'ele' e 'eu' como simples sons.// A frase que achavas completa/ Voa em ti – descarrilhada". In: Anedda. *Salva con nome*, p. 73.

presente em autores lidos pela própria Anedda? Há uma necessidade de fazê-lo, e a linguagem é talvez a única tentativa, mesmo apesar de sua fragilidade inerente, já apontada no início desse ensaio. Como é dito em um dos poemas de *Noites de paz ocidental*, "Ora só a linguagem pode redizer aqueles gestos/ escrever devagar repetindo o ardor com cautela/ fixando para que restem ainda nesta estância as grandes sombras de então".[26] As sombras assinaladas por tantos escritores, poetas e artistas, como Paul Celan ou Primo Levi; o rumorejar daqueles, diz um poema de Levi, escrito em 10 de fevereiro de 1981, cujas vozes retornam ainda hoje: "Vozes mudas desde sempre, ou de ontem, ou recém-extintas;/ Se apurar o ouvido ainda vai notar seu eco./ Vozes roucas de quem já não sabe falar,/ Vozes que falam e já não sabem dizer,/ Vozes que creem de dizer".[27]

Não é então uma coincidência que a escrita deste livro de 1999 de Anedda tenha iniciado com a guerra do Golfo e continuado durante a da ex-Iugoslávia, como ela mesma afirmou numa entrevista.[28] O título tem obviamente um caráter sarcástico e coloca ainda hoje um questionamento inquietante: que tipo de paz vivemos, vive o Ocidente? Ou ainda, escavando em suas palavras, que tipo de vida vivemos, uma vida boa? Problemáticas que podem ser também lidas nos textos de Enrico Testa e Valerio Magrelli, que põem em evidência a precariedade, esse estado de guerra-paz, ou "guaz", para retomar Magrelli; ou seja, uma trégua fingida e falsa que é cômoda a muitos. Os de Anedda são "versos para uma trégua", que esconde hipocrisias, mortes, todo um sistema de dispositivos. E é por isso que ela afirma sentir a necessidade de uma língua anônima para falar de mortes anônimas: "Não queria nomes para mortos desconhecidos/ mesmo assim queria que existissem/ queria que uma língua anônima – a minha – falasse de mortes anônimas./ O que chamamos paz tem só o breve alívio da trégua".[29]

---

26. Anedda. *Notti di pace occidentale*, p. 59.
27. Levi. *Mil sóis*, p. 81.
28. Cf. Peterle; Santi. *Vozes*: cinco décadas de poesia italiana, p. 263-274.
29. Anedda. *Notti di pace occidentale*, p. 12.

Os ecos das "grandes sombras de então" continuam em seu último livro, *Historiae* (2018), com um título que, mais uma vez, evoca para si a forte relação com a história, o entrecruzamento de tempos, que remete, por sua vez, ao historiador romano Tácito, citado explicitamente em uma das páginas.[30] O sentido de precariedade presente na problematização trégua-paz ocidental retorna aqui e coloca, mais uma vez, um embate para o leitor, o qual não pode sair imune ao ler que, enquanto alguém sonha num lugar protegido e quente, outros povos migram, e quando, no dia seguinte, este alguém vai novamente para cama, outros poderão não ver mais a manhã se tornar noite. É então por meio da operação com a palavra poética, nos gestos da escrita, que Anedda encontra sua resistência, aquela vergonha, para retomar a reflexão de Deleuze sobre Primo Levi. O que é uma boa vida? E uma má vida? São perguntas que Judith Butler tentou responder por ocasião do Prêmio Adorno, em setembro de 2012, partindo da pergunta adorniana *O que é uma vida verdadeira?*.[31] No texto É possível viver uma vida boa em uma vida ruim?, Butler vai ainda mais a fundo quando se questiona o que é digno de ser chamado de 'vida', e afirma que pensar em como se vive significa também pensar nos mecanismos (apontados nesses poemas de Testa, Magrelli e Anedda) que incidem sobre a própria vida, no regime ao qual estamos submetidos; questionar-se sobre a vida e sobre o corpo, sobre o outro. Existe um corpo dispensável ou uma vida dispensável? Com seus meios, a poesia de Anedda, com toda sua intensidade, também vai nessa direção, buscando uma comunicabilidade e um diálogo com a nossa história:

>   Plenum exiliis mare, infetti caedibus scopuli
>   Plublius Cornelius Tacito
>   HISTORIAE

---

30. Cf. Monti. *Antonella Anedda. Historiae.*
31. Butler. "É possível viver uma vida boa em uma vida ruim?". In: *Corpos em aliança e a política das ruas.*

Hoje penso em dois dos muitos mortos afogados
a poucos metros dessas costas ensolaradas
achados sob o casco, apertados, abraçados.

Indago se nos ossos crescerá o coral
e o que será só sangue dentro do sal,
então estudo – procuro nos velhos livros
de medicina legal de meu pai –
um manual onde as vítimas
são fotografadas junto com criminosos
em desordem: suicidas, assassinos, órgãos genitais.
Nada de paisagens só o céu de aço das fotos,
Raramente uma cadeira um torso coberto por um lençol,
Os pés em cima de uma maca, nus.

Leio. Descubro que o termo exato é livor mortis.
O sangue se acumula embaixo e coagula
antes rubro depois roxo, enfim, se torna pó
e pode, sim, se dissolver no sal.[32]

As palavras de Tácito, das quais a própria Anedda se apropria, trazidas anacronicamente para falar ao nosso contemporâneo, introduzem o poema e possuem uma relação direta com o título escolhido para o livro. Anedda, nas palavras de Maria Grazia Calandrone, lê a incessante chacina contemporânea à luz das chacinas do passado.[33] São quatro momentos que compõem esse texto: o primeiro traz a relação direta com a tradição clássica; o segundo introduz a difícil situação de tantas mortes no mar, os afogados da estrofe inicial, consequências de como se dá uma grande parte do fenômeno migratório; o terceiro, entre pensamentos e a busca feita nos livros de medicina legal, prospecta uma possibilidade de vida: "Indago se nos ossos crescerá o coral"; o quarto, enfim, encerra com a expressão *livor mortis*, ou seja, o fim que terão

---

32. Peterle; Santi. *Vozes*: cinco décadas de poesia italiana, p. 273.
33. Calandrone. *Antonella Anedda, chiara come una pietra*.

os corpos afogados e a transformação consequentemente sofrida pelo corpo humano que resta. Como a própria Anedda já havia afirmado em *La vita dei dettagli* (2009), não há uma grande distância de segurança entre uma palavra que fale da existência nua e a realidade das coisas, do mesmo modo que a distância entre a vida dos objetos e a dos corpos se torna mínima. Assim, o verso de Anedda fere ao mesmo tempo em que chama, pois "a obra então nasce de um desafio: da morte e das palavras, da morte e da pintura, um desafiar a melancolia, mas também as armadilhas do ofício e da cultura".[34] Sob Saturno e sua melancolia são tecidos esses versos, e ainda, como chama a atenção Edoardo Sant'Elia, a observação não se dá nunca de forma separada da participação, partilha, não se trata de um eu recolhido em si mesmo.[35]

Os versos trabalhados até aqui podem ser vistos como escritas à escuta, uma vez que oferecem o que muitas vezes permanece esquecido ou escondido, e essa é uma escolha política, uma invectiva diante de determinada ordem. É, portanto, um convite ao outro. São escritas que ressoam vozes, mas também silêncios: "a faculdade da fantasia é o dom de interpolar no infinitamente pequeno, descobrir para cada intensidade, como extensiva, sua nova plenitude comprimida, em suma tomar cada imagem como se fosse a do leque fechado".[36]

---

34. Anedda. *La vita dei dettagli*, p. 108.
35. Sant'Elia, Edoardo. Antonella Anedda. Historiae. *Rivista Clandestino*, 7 dic. 2018. Disponível em: http://www.rivistaclandestino.com/antonella-anedda-historiae-einaudi/.
36. Benjamin. *Rua de mão única*, p. 41.

VI. Asfixias e escutas

Escrever é uma exigência, uma necessidade que se desdobra em gestos capazes de percorrer o vivido, que se torna também experiência, mas que, ao mesmo tempo, transfigura o próprio vivido por meio de alquimias de palavras colocadas uma ao lado da outra, quando a página vai sendo borrada. A segunda metade do século XX, como se sabe, foi um momento complexo, imbricado de tensões no que concerne às reflexões sobre a linguagem, sobre a língua e sobre a palavra. Seu caráter funerário e mortificante foi ressaltado tanto por debates filosóficos quanto literários. Roland Barthes, no final dos anos 70, já chamava a atenção para a função fundamental da linguagem, capaz de desviar de ligações impostas: entre *pathos* e *ethos*, o ser nunca está só, e a relação é o que nos mantém, é a faísca que nos recarrega. Nesse sentido, a linguagem, com toda sua precariedade, continua a ser um fio decisivo inextirpável na imbricada urdidura vital da nossa comunidade.

Um processo com suas peculiaridades, concreções de coisas planejadas e, sobretudo, de elementos contingenciais que vão aos poucos aparecendo, na medida em que o próprio processo toma corpo; e é exatamente nesse tomar corpo, ou seja, em seu se realizar e se manifestar, que se escuta o balbucio, o rumorejar, de uma língua outra, colocada em movimento pelo gesto da escrita, espaço também do desfazer-se e do perder-se.

A língua do escritor – como o gesto do artista – é um campo de tensões polares, cujos extremos são estilo e maneira. 'O hábito da arte' é o estilo, o domínio perfeito dos meios, em que a ausência do fogo é assumida peremptoriamente, porque tudo está na obra e nada lhe pode faltar (...) Mas, nesse gesto imperioso, às vezes se produz um tremor, algo como uma vacilação íntima, em que abruptamente o estilo transborda, as cores desmaiam, as palavras balbuciam.[1]

São palavras de Giorgio Agamben, que, em um de seus ensaios mais poéticos, *O fogo e o relato*, reflete justamente sobre a escrita. A ideia de experiência é inerente a essas considerações que também partem do verso de Dante, já trazido nas páginas anteriores: "o artista/ a quem, no hábito da arte treme a mão".[2] Há nesse verso uma concretude, uma fisicidade dada por uma imagem muito precisa, que é a da mão que treme, que talvez esteja em consonância com o canto e a dança também presentes nesse momento específico do *Paraíso*; tratando-se assim de um *facere di materia*. O que interessa nesses movimentos – a mão que treme, mas também o da dança – é o elemento ocasional, contingencial, aquele tremor, aquela vacilação que suspende certa "engrenagem", apresentando-se assim como algo que contém seu próprio fim. Ou melhor, algo que expõe o que normalmente permanece não percebido, em suma, que torna "visível um meio como tal".[3] E continuando com as palavras de Agamben (vindas de um livro cujo subtítulo é mais do que significativo, *Meios sem fim – notas sobre a política*),

Do mesmo modo, compreendendo-se por palavra o meio da comunicação, mostrar uma palavra não significa dispor de um plano mais elevado (uma metalinguagem, esta mesma incomunicável no interior do primeiro nível), a partir do qual se faz dela objeto da comunicação, mas expô-la sem nenhuma transcendência na sua própria medialidade,

---

1. Agamben. *O fogo e o relato*, p. 34-35.
2. Tradução mais literal para manter a imagem enfatizada por Agamben, que nas traduções normalmente se perde.
3. Agamben. *Notas sobre o gesto*, p. 13. O livro *Meios sem fim* foi publicado pela editora Autêntica, de Belo Horizonte, na tradução de Davi Pessoa em 2015.

no seu próprio ser meio. O gesto é, neste sentido, comunicação de uma comunicabilidade.[4]

Comunicabilidade é termo-chave nesse discurso, isto é, não uma comunicação imediata ou direta, mas uma *possibilidade de* que ela (a própria comunicabilidade) traga consigo e coloque em ação – o próprio fato de que há linguagem. Ou, em outros termos, para retomar Walter Benjamin: "Pois de todo modo a linguagem nunca é somente comunicação do comunicável, mas é, ao mesmo tempo, símbolo do não-comunicável".[5] Trata-se de uma espécie de reviravolta, de ver do próprio interior esse meio, que, por sua vez, se expõe através de uma vacilação que irrompe e expõe sua potência (potência-de-não). Suspensão, arranjamentos estranhantes que levam a um uso não esperado da língua e até a uma língua estranha, que não recai na "barbárie da linguagem por fórmulas", mas escava em si mesmo até uma dimensão ética. A língua não é e não pode ser neutra, traz consigo um balbucio: "Escrever significa: contemplar a língua, e quem não vê e não ama sua língua, quem não sabe soletrar sua tênue elegia nem perceber seu hino flébil, não é um escritor".[6] Trata-se, então, de um processo contínuo de apropriação e desapropriação e, exatamente por isso, o artista não é aquele capaz de criar e de realizar, e sim aquele que está imerso num campo de forças, de resistências. Usar a linguagem não é, nessa perspectiva, uma execução, o acionamento de uma "engrenagem", ou seja, a maestria em usá-la, mas se torna sobretudo exigência, escuta e, portanto, instância crítica dessa mesma operação. Poder-se-ia dizer, inclusive, que certo elemento paradoxal seja a faísca desta operação, que nunca é totalmente dominada, uma vez que o que permanece intrínseco a ela é justamente seu caráter dialético.[7]

---

4. Agamben. *Notas sobre o gesto*, p. 13.
5. Benjamin. "Sobre a linguagem em geral e sobre a linguagem do homem". In: *Escritos sobre mito e linguagem*, p. 73.
6. Agamben. *O fogo e o relato*, p. 34.
7. Há sempre um estupor, como indica Adorno em *Teoria estética* (1977, p. 214): "Quanto mais densamente os homens (que é outra coisa que o espírito subjetivo) envolveram tudo na teia categorial, mais profundamente se desabituaram da maravilha experimentada

Com efeito, as reflexões sobre a linguagem ao longo do século XX enfatizaram seu caráter funerário e mortificante, de Maurice Blanchot a Michel Foucault e a tantos outros que se embateram com ela: de um lado, ressaltando-a como forma incompleta e dispositivo, de outro, preservando sua essencialidade nas relações humanas. Ao mesmo tempo que a linguagem é muito próxima – quase como um companheiro figurado –, ela também se apresenta como um dos grandes dispositivos, ou seja, como uma espécie de regulador, por incidir no sujeito, por provocar cisões que atuam inclusive em processos de dessubjetivação, mostrando-se, assim, em seu uso mais sedutor-enganador e perigoso.

Em sua aula inaugural no Collège de France, em 7 de janeiro de 1977, Roland Barthes dedica um espaço especial ao literário, devido ao modo com o qual a literatura trabalha e forja uma língua marcada pela trapaça, pela plasticidade, pelas infrações e pelo estranhamento. Diz Barthes que a língua é fascista não por não deixar dizer, mas por obrigar a dizer; ou seja, ela possui regras, dispositivos, uma normatividade intrínseca que normalmente é reproduzida no âmbito de uma comunicação cotidiana. Todavia, essa mesma normatividade, mesmo sendo necessária em vários momentos de um dia qualquer, não resiste e se faz menos presente quando se trata de um outro uso, como é o caso do literário, justamente porque este se abre para as esferas do aturdimento, do estarrecimento diante do que está ao nosso redor (inclusive a língua), configurando-se assim como um espaço de exploração, de compreensão (quando possível) e de questionamento. Busca e contemplação procedem juntas no fazer poético, que se demonstra como verdadeiro laboratório, isto é, um campo de experimentações e de combinações que vão além de qualquer norma e código pré-estabelecidos e sublinham a efervescência e a vida, mesmo quando o assunto primeiro é o fim, a morte, a afasia, a mudez. O uso que se faz da língua no espaço literário é, enfim, uma possibilidade outra dessa mesma língua que estava ali escondida ou, inclusive, adormecida. Um outro uso, ou a

---

por aquela alteridade e, com crescente confiança, se enganaram quanto ao alheio. Com suas fraquezas, a arte procura ressarcir isso, com um gesto que rapidamente se destaca. A priori ela faz com que os homens se maravilhem".

profanação dos dispositivos –, sejam eles de caráter formal ou cultural –, que incide naquela que podemos chamar de normatividade, abre para outras possibilidades e potencialidades no fazer com a própria língua. Em um ensaio dedicado à poesia de Mandel'štam, Paul Celan reafirma que a poesia "não é nem 'correspectivo verbal' nem verbo em absoluto, mas sim linguagem *atualizada*, sonora, surda num só tempo, liberada no signo de uma individuação sem dúvida radical, mas ao mesmo tempo consciente dos limites que a língua lhe impõe, das possibilidades que a língua destrava".[8] O lugar do poema, para retomar as palavras de Celan dedicadas a Mandel'štam, é um "lugar humano". A poesia traz consigo a necessidade do outro, exige um interlocutor, a busca, e nela é exposta a atenção em relação ao outro, como escreve Benjamin no ensaio dedicado a Kafka: ela é, enfim, um espaço de encontros que só pode permanecer em aberto.[9]

Não é, portanto, um caso que o século XX se abra com um texto mais do que emblemático no âmbito dessa discussão sobre a língua e sobre a precariedade do dizer. Hugo von Hofmannsthal, em *Uma Carta*, de 1902, abre as portas a vários debates filosóficos e poéticos que se entrecruzaram nas décadas sucessivas. Lord Chandos, o duplo de Hofmannsthal, discípulo de Bacon, escreve a Stefan Georges, poeta esteta, advertindo e traduzindo nessa carta o conteúdo de uma crise, aliás, de uma ferida que permanece aberta: a da confiança na linguagem, da sua confiabilidade em representar o mundo, as sensações e as percepções.[10] Uma palavra nunca diz o que parece dizer, a linguagem escava, de fato, também no vazio. Poucos anos antes da publicação desse texto, algumas antecipações de seu conteúdo podiam ser identificadas no epistolário

---

8. Celan. "La poesia di Osip Mandel'štam". In: *La verità della poesia*, p. 48.
9. E citando agora de *O Meridiano*: "Ainda no Aqui e Agora do poema – pois o poema tem sempre essa atualidade única, pontual –, ainda nessa imediatez e proximidade ele deixa dialogar o que é mais próprio deles, desse Outro: o seu tempo. Quando falamos assim com as coisas, continuamos nos questionando sobre o seu De Onde e Para Onde: numa questão 'aberta', 'que chega ao fim', que mostra o aberto e vazio e livre – estamos fora e longe. O poema, creio, também procura esse lugar". In: Celan. *Cristal*, p. 179-180.
10. No que concerne às sensações, ver também em relação à voz o texto "O grão da voz". In: Barthes. *O óbvio e o obtuso*.

trocado com Edgar Karg von Bebenburg, então guarda-marinha em viagem por terras muito longínquas. A ideia de uma babel presente na escrita se reafirma na expressão escolhida para o título da edição italiana, *Le parole non sono di questo mondo* [As palavras não são deste mundo], que é uma frase de Hofmannsthal escrita ao amigo em 1895. As palavras, de fato, já estão problematizadas aqui: "Não se poderá nunca dizer exatamente assim como é".[11] E cerca de dez anos depois, no já citado texto de 1916, dedicado à língua, Walter Benjamin, em estreito diálogo com Hofmannsthal, afirma que traduzir a língua das coisas na língua dos homens não significa somente traduzir o que é mudo em o que é sonoro, mas sim *traduzir o que não tem nome*. Ou ainda, numa carta escrita em 1924, quando Hofmannsthal se mostra interessado em publicar o ensaio sobre as *Afinidades eletivas* em *Neue Deutsche Beiträge*, Benjamin fala de como as percepções "tendem a cada vez a palavras perfeitamente determinadas, cuja superfície incrustada no conceito derrete com o contato magnético e revela as formas da vida nela encerradas".[12] A "vida linguística nela encerrada" é o emaranhado efervescente escondido pelo véu da normatividade que ali reside e age.

A ideia, portanto, do homem como detentor de uma linguagem que lhe permite abrir mundos se desfaz, e "a ruptura do pacto entre palavra e mundo",[13] sentida em autores como Montale e Bergamín (já trazido antes), impõem a necessidade de outra relação com o fora:

> Portanto, a linguagem, com seus nomes, é somente uma simples, e quase patética, ficção ou encenação de sinais vazios; os quais nada têm a ver com seus 'referentes', com as coisas que gostaria de designar. Quando quer dar mostras de nossa realidade secreta e de nosso país subterrâneo

---

11. Cfr. Hofmannsthal. *Le parole non sono di questo mondo*: lettere al guardiamarina 1892-1895.
12. Benjamin. "Sulla lingua in generale e sulla lingua dell'uomo". In: *Opere Complete-Scritti 1906-1922*, p. 653. Esta parte concerne às Notas inseridas na edição da obra completa, que não fazem parte da edição brasileira, por isso a tradução é do italiano.
13. Steiner. *Vere presenze*, p. 95.

de intuições, lembranças, sentimentos e sonhos, a linguagem se reduz a uma patética falência de qualquer função ou intenção comunicativa.[14]

Nesse fragmento, Enrico Testa traz à luz a tormentosa relação com a linguagem, com essa coisa que nos é doada, mas, ao mesmo tempo, nos é tirada: a *res amissa*, para lembrar do título do último livro de Giorgio Caproni, publicado póstumo, em 1991, organizado pelo amigo e filósofo Giorgio Agamben. O que seria, então, essa coisa perdida indicada desde o título de um poema-chave como *Generalizando*: "Todos recebemos um dom./ Depois, não lembramos mais/ nem de quem nem o que é./ Somente, conservamos dele – pungente e sem indulto – a espinha da saudade"?[15] Uma das possíveis leituras leva, justamente, a entender a *res amissa* como a própria linguagem, por seu caráter funerário e mortificante, do qual já se falou: ou seja, de um lado, um dom, de outro, um "inimigo" que nos impõe escolhas essenciais concernentes ao uso que dela se faz. Debater-se nela, querer ir além dos primeiros limites, buscar o corpo da linguagem em seu traço mais íntimo, revirando-a (até sua mudez), não é em nada uma tarefa fácil, é, aliás, um gesto que exige paciência e atenção.

Em *Strumenti umani* [Instrumentos humanos] (1965), Vittorio Sereni, a propósito dos versos, já advertia, na metade dos anos 1960, num emblemático poema "[os versos] Só se escrevem em negativo".[16] E dez anos mais tarde, em seu último livro, *Stella variabile* [Estrela variável] (1979, cuja primeira edição traz ilustrações de Ruggero Savinio), é possível ler: "os nomes se retraem".[17] São versos que expõem e desnudam, no próprio fazer-se do poema, essa tensão, para além do vazio e do abandono. Num outro famoso poema, *Um lugar de férias*, que não por acaso ocupa posição central na organização e estrutura de *Stella variabile*, lemos: "resfriados no nome que não é/ a coisa mas

---

14. Testa. "Vozes trazidas por alguma coisa: a solidão da linguagem". In: Peterle; Santurbano. *Resíduos do humano*, p. 12.
15. Caproni. *L'opera in versi*, p. 768.
16. Sereni. *Poesie e prose*, p. 197.
17. Sereni. *Poesie e prose*, p. 286.

a imita"[18] (note-se o papel decisivo do *enjambement*). A relação direta e talvez quase imediata entre nome e coisa sofre aqui grandes abalos, estremecimentos, não sendo mais possível um elo imediato ou mecânico, como de algum modo advertia Giorgio Caproni, desde o final da década de 1940, em alguns de seus textos publicados nas páginas da famosa revista *Fiera Letteraria*. A imagem da névoa presente em vários poemas de Caproni poderia ser então lida, agora, também como uma alegoria dessa imbricada relação. O embaçar, fenômeno muitas vezes causado pela umidade, pela diferença de temperatura entre quente e frio, se torna, para o escritor de Livorno, quase quarenta anos depois, um modo de entender e sintetizar a labilidade da língua: "As palavras. É certo./ Dissolvem o objeto.// Como a névoa as árvores,/ o rio: a barcaça".[19] Problemática que acompanha todo o seu percurso e que pode ser confirmada na leitura do ensaio *A precisão dos vocábulos, ou seja, a Babel*:

> Eu, realmente, acredito que o pecado de Adão tenha sido não tanto o de também querer possuir o verbum, como potência criadora de uma realidade, mas sim o de querer possuir o verbum como meio de conhecimento: exatamente quando Adão começou a usá-lo (o fruto proibido), ao ser instigado pelo diabo, expulsando-se assim ele mesmo do Éden. Esquecendo, com muita imprudência (mas se entende que Adão não tinha experiência e, portanto, também memória, restando-lhe

---

18. Sereni. *Poesie e prose*, p. 283. Nota-se que nesse poema o eu lírico sofre abalos e desmoronamentos: "Achava nada pior do que uma coisa/ escrita que tenha o escrevente como herói, digo o escrevente como tal", p. 282.

19. Caproni. *A coisa perdida*: Agamben comenta Caproni, p. 235. Numa recente leitura proposta por Enrico Testa, os dois pontos presentes no último verso desse poema, além de serem "a encenação da necessidade de um interlocutor. Figuras da *tensão* e da atenção", seguindo num primeiro momento Paul Celan, trazem consigo um aparato figural e icônico "do ver em negativo", "quase como inúteis binóculos na névoa. Com função irônica e anti-frastica" ou, nas palavras de Giorgio Agamben, também trazidas por Testa, "uma espécie de trânsito sem distância". Cf. Testa. "'Qui sta il punto! Anzi due...' Esempi di testualità letteraria". In: Ferrari, Angela; Lala, Letizia; Pecorari, Filippo; Weber, Roska Stojmenova (orgs.) *Punteggiatura, sintassi, testualità nella varietà dei testi italiani contemporanei*, p. 395-406; e Agamben. "L'immanenza assoluta". In: *La potenza del pensiero. Saggi e conferenze*, p. 377-404 (antes na revista *aut aut*, CCLXXVI [1996], p. 39-57).

somente o experimento no lugar da experiência), que a palavra cria uma realidade e que querer usar a palavra para conhecer a coisa é como querer usar uma coisa para conhecer outra. Nesse sentido, como não entender o castigo da confusão das línguas? O fato é que Adão, dando um valor de conhecimento ao verbum, isto é, inventando a linguagem lógica, criou para si nas palavras os campos do seu exílio e da sua servidão – perdeu-se na floresta das palavras (na selva escura) sem possibilidade, talvez, de subir a deleitável colina.[20]

Atitude ingênua, dirá Caproni, na continuação desse ensaio, a de atribuir à palavra o poder de conhecimento das coisas e, por conseguinte, de certa realidade. Alguns anos mais tarde, ele dedicará poemas a esse aspecto que parece continuar inquietando toda uma geração de artistas, escritores e poetas. Se, de um lado, é possível encontrar vestígios em seus diferentes livros desse "desmoronamento da linguagem", será sobretudo nos últimos anos que isso se concretizará e será exposto, sem nenhuma possibilidade de salvação ou redenção. O poeta mostra essa ferida nos versos, a impossibilidade de dizer qualquer verdade, e o texto poético pode assim ser lido como uma das tantas cicatrizes, inclusive as deixadas pela guerra, que é central tanto em Caproni quanto em Sereni. Mesmo tendo sido vivenciada de forma muito diferente, as mazelas deixadas, a experiência do humano e do não-humano, a relação entre vida e morte, a complexidade de falar sobre e, ao mesmo tempo, não ter ou não encontrar os meios para abordar toda a violência física e psicológica são aspectos inerentes a esse processo lacerante, ruinoso, desmoronante. Os vocativos, os exclamativos, as interjeições (assinaladas por Pasolini) junto com os sobressaltos inquietantes das carroças do leite de um poema de *A passagem de Eneias* (1956) são apenas um exemplo ao lado do verbo espetar e da impiedosidade do verso: "guerra penetrava nos ossos" e "insano desespero". A propósito da linguagem de *Strumenti umani* de Sereni, Franco Fortini enfatiza a natureza vibrátil, os desníveis múltiplos, uma série de tropeços e pausas que constituem toda a tessitura desse livro que se torna um marco para a

---

20. Caproni. *A porta morgana*, p. 80.

poesia que vem. Traços que ressoam nos versos escritos, sob lembrança da guerra, a reconstrução e a industrialização do país, como aponta ainda Fortini: "as inúmeras vozes, desiludidas pelo desaparecimento das perspectivas do homem ele mesmo, mas não resignadas".[21] Daqui a exigência de escuta dessas vozes.

 A relação entre a experiência e as consequências da guerra incide na matéria poética, na sua linguagem, fazendo-a ruir: como falar das mazelas? Do não-humano? Dos limites aos quais homens, de um lado e de outro, foram submetidos? A reconstrução não pode ser um apagamento do que se viveu em diferentes modos na carne dos homens, que reverberou depois *numa língua sempre mais esgarçada*. A disposição a determinada corrosão da língua e à atenção pelo estar à beira de uma emboscada – motivada pelos vários dispositivos e suas armadilhas – são, então, expostas, entre outras coisas, como feridas deixadas abertas. Uma poesia de Caproni, não por acaso publicada em *Res amissa*, na seção *Outros poemas*, se abre justamente com um texto que joga com os espaços brancos da página (na última fase caproniana este será um traço fundamental, como também o são as reticências de origens celinianas), colocando os termos "*parola*" e "*tagliola*"[22] [palavra e armadilha] um ao lado do outro, operação que os une produzindo uma imagem que remexe com os significados dados inicialmente. Tal aproximação é feita tanto pelo paralelismo criado nos primeiros dois versos do poema, que são formados pelo artigo determinado mais os substantivos postos aqui em evidência quanto por uma emblemática pausa, mas, sobretudo, pela posição ocupada no final do verso que os une mais uma vez pela rima, cujo papel vai muito mais além da questão estética.[23] A unidade sonora tem uma relação com a unidade de sentido; por isso a tradução a seguir é mais uma tradução de serviço

---

21. Fortini. *Saggi ed epigrammi*, p. 629.
22. A tradução desses termos coloca um grande desafio, visto que é praticamente impossível. Uma solução seria tentar substituir esses termos por outros para tentar manter a rima, mas esta escolha poderia fracassar ainda mais, conhecendo o peso que esses vocábulos possuem na obra desse poeta.
23. Aqui, seria possível retomar, para o próprio Caproni, as considerações que ele faz sobre a rima quando fala do *Inferno* de Dante.

do que poética, apontando para o caráter intraduzível do jogo de som/ sentido feito pelo poeta.

> **La tagliola**
> La parola.
>   La tagliola.
> Occhio!
>   Sono una cosa sola.[24]

> **A armadilha**
> A palavra
>   A armadilha
> Olho!
>   São uma só coisa

O todo, contudo, é costurado pela repetição sonora e de "*tagliola*" numa posição mais do que central, exatamente no meio, e é o último verso que mais uma vez une os dois termos e corrobora a imagem primeira produzida, a saber, aquele traço enganador e perigoso que habita a palavra, que retoma a intensa imagem da armadilha indicada no título. O texto poético se retorce, é escrita que golpeia duramente o dizer.

Numa resenha do já mencionado *Strumenti umani* de Vittorio Sereni, Caproni reafirma a capacidade do amigo em saber forjar seus instrumentos e descer para o "meio do campo da disputa com todo o peso de sua palavra de poeta (e no momento mais oportuno)", e que "[a poesia] ainda é mais do que possível desde que exista o poeta". E continua, nessa resenha de 1965, com as seguintes palavras:

> O poeta atento ao próprio tempo e que, sem se sujeitar às intimidações e também sem renegar a realidade que o rodeia e que nele está, sabe aceitar ou recusar (sabe intervir no debate) do único modo possível,

---

24. Caproni. *L'opera in versi*, p. 797.

mesmo criticamente, para um poeta. Repetimos, no teste da própria poesia, que aqui se torna, em se tratando de poesia conquistada, também no teste da história. Da história vivida, e não dessa ou daquela outra 'ideia de história'.[25]

Escrever poesia é, portanto, uma escolha, mas sobretudo uma urgência em relação à escuta de mundos e línguas, fruto tanto de uma experiência particular quanto coletiva. E é justamente na escrita poética que se encontra a potência do dizer, porque, como vimos mais uma vez nos versos de Sereni e Caproni, ela constitui uma operação que deixa inoperante o uso comum da linguagem, que por sua vez deixa em desaprumo nosso aparente e frágil equilíbrio. Nessa perspectiva, "a poesia tem a função de levar a comunicação a seu último limite".[26]

---

25. Caproni. *A porta morgana*, p. 230.
26. Magrelli. *Che cos'è la poesia*, p. 15.

VII. *"Escrutar* quer dizer *vasculhar"*

1.

Hoc este enim corpus meum ("este é meu corpo"), talvez seja uma das frases mais escutadas e pronunciadas em nossa cultura. Para os cristãos, essa frase produz uma relação direta com Deus, por meio da consagração e da simbologia evocada na eucaristia, a hóstia como representação simbólica do corpo de Cristo. A referência direta é normalmente acompanhada de uma performance ritualística e a frase pronunciada parece coroá-la e encerrá-la, renovando-a assim. Gesto e palavras se articulam para mostrar, para talvez convencer e até expor, justamente, esse "este" que não se pode ver, nem tocar. A função do dêitico "este", colocado numa posição privilegiada, no início da frase, aponta, portanto, para uma concretude que quer se fazer presente, mas não está ali. Na verdade, só se torna presente na ausência, e naquele exato momento. A ausência do corpo é propulsora daquela desmedida obsessão para que este corpo realmente exista. Paradoxalmente, a ausência se torna uma necessidade, mesmo que embaçada, disfarçada, para a recriação do que está implícito em "este é meu corpo".

Uma boa parte da iconografia traz para o primeiro plano de afrescos, pinturas e esculturas esse "este", tenta pensá-lo a partir de coordenadas agenciadas e dadas pelas diferentes épocas, de Giotto a Mantegna, a Pollaiolo, a Leonardo e Michelangelo. Tal variedade de representações, matizes e cores é dada pelo traço da "não presença" inerente ao "este", que, por sua vez, abre caminho para a invenção. O corpo como invenção, construída por diferentes linguagens, sendo a própria língua também um corpo. *Hoc este enim corpus meum*, de fato, aponta para algo que se encontra fora da própria fala e, ao mesmo tempo, está ali, a cada vez que essa mesma frase é pronunciada; a cada vez que ele, o corpo, é por ela evocado, é, assim, renovado.

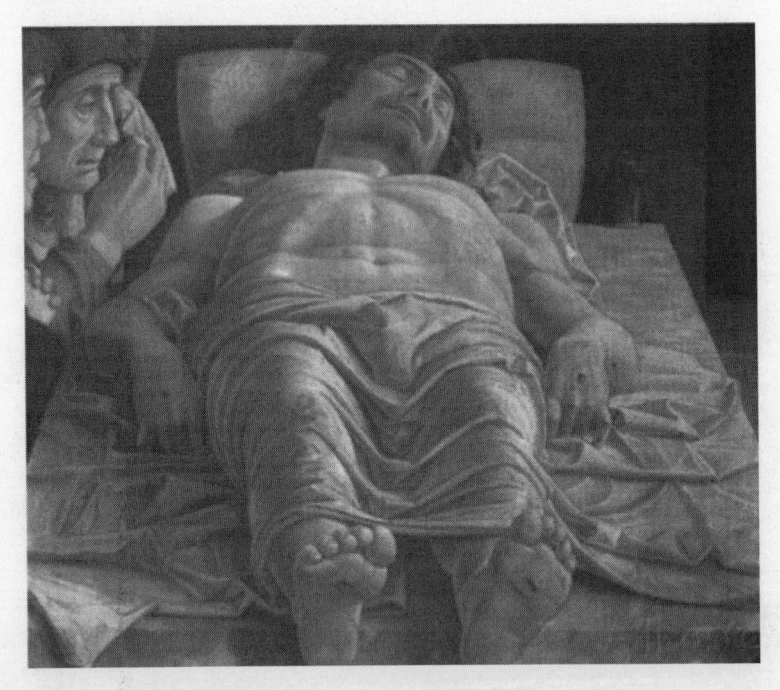

Cristo morto, 1475-1478, têmpera sobre tela, 68 x 81 cm, Andrea Mantegna, Pinacoteca de Brera, Milão.

Na pintura *Cristo morto* (1475-1478), de Andrea Mantegna (1431-1506), pintor do Renascimento italiano, é interessante observar a posição de Cristo diante dos outros elementos do quadro, incluindo, aqui, também o olhar do observador. O corpo ocupa a parte central e domina a área do quadro como um todo, na posição vertical, como se pudesse estar dormindo, contudo, as chagas das mãos e dos pés indicam que não se trata de sono momentâneo, como confirmam ainda outros elementos desse quadro: a pedra da unção sobre a qual o corpo encontra-se deposto e está sendo preparado para a sepultura (é a décima terceira estação da *via Crucis*), o sudário que cobre parte do corpo e da pedra e, enfim, o recipiente no alto da pintura, à direita, com o unguento. A luminosidade do corpo e do sudário evocam o mármore das esculturas, e a disposição desses dois elementos poderia ainda sugerir o desenho da cruz. Quem olha para esse quadro se coloca na mesma altura das três figuras dolentes à esquerda: a Virgem que enxuga as lágrimas com um lenço, São João, que chora e tem as mãos juntas e, mais ao fundo, a sombra de uma mulher, cujo movimento da boca anuncia o desespero da dor.[1] O observador é, então, inserido na cena da pintura, uma vez que seu olhar não "olha de fora", mas parte de uma insólita e estranhante perspectiva que é dada a partir das solas dos pés. O corpo ferido e morto provoca sensações que se traduzem e se escrevem corporalmente na lágrima no rosto da Virgem e na expressão de São João.

Sem dúvida, trata-se de uma obra-prima que marca o Renascimento italiano, mas que, para Roberto Longhi, é uma obra-prima de desenho, e não de volume, talvez pela sua "rigidez"; uma vez que, na visão do crítico e professor de história da arte, o olhar de Mantegna é ainda muito determinado "pelas vibrações onduladas de contorno linear, fruto da admiração de Mantegna pelas estátuas antigas e pelo seu aprendizado com os bronzes de Donatello".[2] A anatomia corporal das figuras, em particular daquela central, é um traço desse trabalho de Mantegna, basta pensar na fria imobilidade da morte acentuada pelas cores, justamente, frias, marmóreas, escultóricas que predominam no corpo morto.

> A angústia, o desejo de ver, de tocar e de comer o corpo de Deus, de *ser* este corpo e *não ser nada além disso* são o princípio de (des)razão do Ocidente. De uma só vez, o corpo, ou simplesmente, corpo *nunca tem*

---

1. Com muita probabilidade, trata-se da figura de Maria Madalena.
2. Cf. Longhi. *Breve ma veridica storia della pittura italiana*, p. 64.

lugar ali e sobretudo não tem quando ele é ali nomeado e ali convocado. O corpo, para nós, é sempre sacrificado: hóstia.[3]

Gostaria de me deter um pouco mais no estranhamento, que não deixa de provocar deslocamentos, uma vez que a pintura obriga não somente o olhar, mas também obriga o próprio corpo de quem olha para ela a se "re-arrumar", se "re-ajustar". E foi exatamente isso que aconteceu, em 2013, quando o diretor de cinema Ermanno Olmi propôs um deslocamento da obra *Cristo morto* na Pinacoteca de Brera. De fato, a tela foi retirada da sala onde estava junto com as demais pinturas do século XV veneto e foi transferida para uma pequena sala. Nessa mudança de roupagem, que não deixou de gerar atritos, Olmi, habituado por sua profissão à montagem de planos, parece aceitar, séculos depois, o desafio de Mantegna e profanar alguns hábitos museais. Em primeiro lugar, retira a moldura – ou melhor, liberta a tela –, que era antiga, mas não original, e coloca o quadro num espaço menor, com um único ponto de luz que incide sobre ele. Dentro de uma caixa de vidro antirreflexo e climatizada, a tela agora está centralizada numa parede toda ela preta, em uma posição muito mais baixa do que a convencional altura dos olhos. A altura de 67 cm do chão estabelecida por Olmi pode ser lida, por um lado, como a tentativa de entrar e compartilhar da cena e de sua dor, mas, de outro, se torna uma obrigação, uma devoção constrangida. A polêmica e as discussões geradas com essa nova disposição falam, por sua vez, de como a tela não se restringe a apenas um simples suporte para uma pintura, mas ela é sim "corpo", que mantém seus mistérios e sua poesia.[4]

A aparente e enganosa estaticidade da tela (corpo), pendurada em uma das paredes da Pinacoteca de Brera, não deixou de compor outros corpos, de fazer dessa mesma obra um corpo que fala. Que fala e ecoa nas imagens do fotógrafo boliviano Freddy Alborta, quando

---

3. Nancy. *Corpus*, p. 9.
4. A polêmica sobre essa nova reconfiguração de *Cristo morto* numa das salas de Brera não foi pouca, inclusive no tocante a um ponto essencial como o da iluminação para uma pintura. Ver, por exemplo, Napoli. *Mantegna fuori prospettiva*.

VII. *"Escrutar* quer dizer *vasculhar"*

documenta o espetáculo organizado pelos militares na noite de 9 de outubro de 1967 diante do corpo de Che Guevara.⁵ Que fala nas esculturas do britânico Henry Moore, com seus corpos primitivos, alongados. A propósito de Moore, há ainda um cartão postal conservado no Tate Museum, endereçado a Kenneth Clark, datado de 25 de setembro de 1964, comprado muito provavelmente em Brera, com a reprodução da tela de Mantegna. E foi o próprio Moore que admitiu em seus corpos femininos a insistência nesse *pathosformel*, especialmente no que diz respeito ao braço e lenço da virgem.

O corpo, portanto, nesses outros trabalhos está mais do que vivo e, ao mesmo tempo, ausente. *Cristo morto* configura-se como tela-corpo que agencia e produz fluxos. O corpo em si está ausente, mas ele é revivido, reelaborado, ressemantizado por uma outra linguagem, passível

---

5. Por muito tempo, a autoria da icônica fotografia do cadáver de Che Guevara, tirada no hospital San Juan de Malta e reproduzida na imprensa mundial, ficou desconhecida. O documentário *El día que me quieras* (37 min., 1997), do argentino Leandro Katz, traz uma entrevista com Freddy Alborta, o fotógrafo da dramática fotografia de Che Guevara.

ela também de agenciamentos. Para finalizar, pelo menos por ora, essa pequena incursão nessa célebre obra do Renascimento italiano, não é possível esquecer da polêmica intertextualidade, agora com o grande intelectual italiano da segunda metade do século XX, Pier Paolo Pasolini.

A relação entre o cinema pasoliniano e a história da arte não é, com certeza, uma novidade (Giotto, Masaccio, Caravaggio...), mas é pensando e trazendo para o centro do debate a "tela-corpo" agenciadora que se pode pensar na cena final de *Mamma Roma* (1962). Esse é o segundo filme do poeta cineasta, depois de *Accattone* (1961), e se passa como outros nesse mesmo período na periferia romana. Trata-se da história de uma prostituta romana, protagonizada por Anna Magnani, que tenta refazer a vida, mas seus sonhos são interrompidos por seu ex "protetor", ao revelar a seu filho, Ettore, a antiga profissão da mãe, levando-o ao desespero e à morte.[6] Vamos direto para uma das cenas finais e mais impactantes do filme que é a morte de Ettore. Depois de ter roubado um rádio de pilha, ele morrerá preso, em meio a delírios febris, numa cama de contenção, invocando a mãe. Já detido e numa cela com outros presos acamados, antes de ser levado para uma espécie de "solitária", um dos companheiros de cela anuncia a chegada de sua morte, quando se lembra de outro detido que já não se encontra mais entre eles.

Vejamos a sequência de alguns fotogramas:

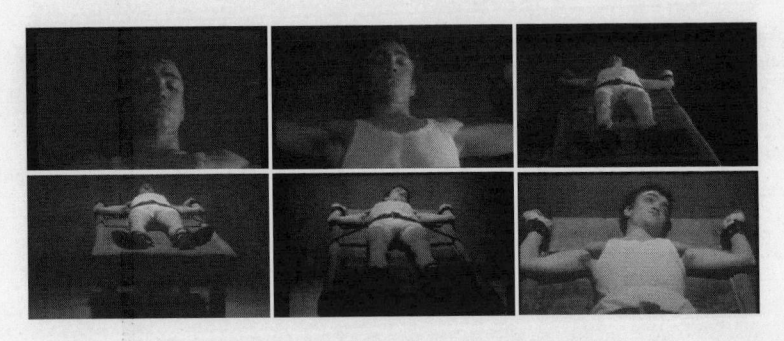

6. Deixo aqui o endereço eletrônico de uma interessante entrevista feita com Pier Paolo Pasolini e com Anna Magnani sobre o filme: https://www.archivioannamagnani.it/blog/considerazioni-mamma-roma-pasolini/.

Não há, aqui, um único "corpo", estático, passivo, à espera de uma exegese ou de um exame de autópsia que poderá indicar suas partes e sua composição. Todavia, há, aqui, diferentes "corpos" que se entrecruzam na leitura transversal e na montagem cinematográfica proposta por Pasolini; uma leitura que, nesse sentido, tem uma tendência muito mais proustiana, se se pensa no *Contra Sainte-Beuve*, ensaio de 1908 deixado incompleto e publicado póstumo em 1954, e até mesmo na obra-prima que é o grande universo da *Recherche*:

> Para passear nos ares, não é preciso dispor do mais possante automóvel, e sim de um automóvel que, sem continuar a correr no solo e cortando com uma vertical a linha que seguia, seja capaz de converter em força ascensional a sua velocidade horizontal. Da mesma forma, aqueles que produzem obras geniais não são os que vivem no ambiente mais delicado, que têm a mais brilhante conversação, a mais extensa cultura, mas aqueles que tiveram a força de, cessando de viver bruscamente para si mesmos, tornar sua personalidade semelhante a um espelho, de tal forma que sua vida, aliás por mais medíocre que possa ser do ponto de vista mundano e até, num certo sentido, intelectualmente falando, nele se reflita, consistindo o gênio no poder refletor e não na qualidade intrínseca do espetáculo refletido.[7]

Em *Contra Sainte-Beuve*, Proust irá dizer ainda que os grandes livros – e poderíamos ampliar para as grandes obras de arte –, são escritos numa espécie de "língua estrangeira", e é em cada elemento dessa língua que cada um de nós coloca o seu sentido, a sua imagem. Logo, o que importa para Proust é também esse "corpo" gerado, e não somente a matéria que ele contém. Talvez tenha sido também esse traço a chamar atenção de Roland Barthes, quando dedica um dos *Fragmentos de um discurso amoroso*, exatamente, ao corpo:

> CORPO: Todo pensamento, toda emoção, todo interesse suscitado no sujeito, apaixonado pelo corpo amado.

---

7. Proust. *Em busca do tempo perdido*, 2016.

Seu corpo estava dividido: de um lado seu corpo propriamente – sua pele, seus olhos – doce caloroso, e, de outro sua voz, breve contida, sujeita a acessos de afastamento, sua voz que não dava o que seu corpo dava. Ou ainda: de um lado, seu corpo molengo, morno, na maciez exata, fofinho, se fazendo de desajeitado, e, de outro, sua voz – a voz, sempre a voz –, sonora, bem formada, mundana etc.

Proust.
Às vezes uma ideia toma conta de mim: começo a escrutar longamente o corpo amado (como o narrador diante do sono de Albertine). *Escrutar* quer dizer *vasculhar*: vasculho o corpo do outro, como se quisesse ver o que tem dentro, como se a causa mecânica do meu desejo estivesse no corpo adverso (me pareço com esses garotos que desmontam um despertador para saber o que é o tempo). Essa operação é conduzida de uma maneira fria e atônita; estou calmo atento, como se estivesse diante de um inseto estranho, do qual bruscamente não tenho *mais medo*. Algumas partes do corpo são favoráveis a essa *observação*: os cílios, as unhas, a raiz dos cabelos, objetos muito parciais. É evidente então que estou fetichizando um morto. A prova disso é que, se o corpo que escruto sai da sua inércia, se *ele começa a fazer qualquer coisa*, meu desejo muda; se, por exemplo, vejo outro pensar, meu desejo cessa de ser perverso, torna-se de novo imaginário, retorno a uma Imagem, a um Todo: amo novamente.

(Eu via tudo friamente de seu rosto, de seu corpo: seus cílios, a unha do dedão do pé, a finura das sobrancelhas, dos lábios, o brilho dos olhos, certo grão de beleza, uma maneira de esticar os dedos ao fumar; eu estava fascinado – a fascinação não é outra coisa senão a extremidade do distanciamento – por essa espécie de figurinha colorida, esmaltada, vitrificada onde eu podia ler, sem nada entender, *a causa do meu desejo*.)[8]

---

8. Barthes. *Fragmentos de um discurso amoroso*, p. 62-63.

2.

Retomemos o corpo de Ettore nos fotogramas de *Mamma Roma*.
    Pelo modo como a cena final vai sendo construída, operada e montada, Pasolini, certamente, lida com o espectro da obra de Andrea Mantegna, que ganha vida na medida em que Ettore, em delírio e invocando pela mãe, aos poucos vai ganhando os contornos e a posição da pintura do Renascimento. Os planos da filmagem acentuam esse cruzamento de um antes que é trazido e se torna um outro "agora". Essa relação é explícita e declarada pela própria cena, contudo, há um outro elemento tão importante quanto este que talvez se apresente mais velado. E foi para esse aspecto que Pasolini quis chamar a atenção quando contestou essa ligação óbvia com a pintura de Mantegna. Aquilo que era apresentado sem uma mediação, ou seja, diretamente, trazia e, a um só tempo, escondia uma relação muito mais intensa. O "corpo" do corpo de Ettore não era simplesmente matéria (suporte), mas era forma-falante, que um olhar menos atento corria o risco de não captar. Escreve Pasolini, depois da apresentação do filme para a crítica, nas páginas de *Vie Nuove* (semanal que gravitava na esfera do Partido Comunista Italiano), em 4 de outubro de 1962, recorrendo a seu grande mestre:

> Ah, Longhi, entre no debate, explique, como não basta inserir uma figura de lado e olhá-la com as plantas dos pés no primeiro plano para falar de influência *mantegnesca*! Mas será que esses críticos não têm olhos?[9]

O estilo direto e implacável de Pasolini descortina certa obviedade cega que ele acusa nos críticos e chama em causa Roberto Longhi, uma referência mais do que central para o cineasta poeta, que frequentou suas aulas entre 1939 e 1941. *Mamma Roma* é dedicado a Roberto Longhi: "Para Roberto Longhi de quem sou devedor pela minha 'fulguração figurativa'".[10] E Gianfranco Contini num texto de 1980, dedicado a

---

9. Pasolini. *Sfogo per 'Mamma Roma'*; agora também em Pasolini. *I dialoghi*.
10. Pasolini. *Mamma Roma*, 1962. Agora em *Per il cinema*, 2001, p. 153. Ver a esse respeito o recente volume publicado na Itália e organizado por Andrea Cortellessa e

Pasolini, não deixará de enfatizar o impacto exercitado por Longhi e a fidelidade a ele mantida pelo friulano.[11] O fragmento anterior traz a recusa diante da citação fácil, óbvia, nesse caso dada pela iconografia. Diz Pasolini que para falar de uma influência de Mantegna não é suficiente colocar a figura um pouco de lado e olhar para ela com as solas dos pés em primeiro plano. A feroz crítica de Pasolini provoca um corte em sua própria cena, em sua própria imagem, e é através dessa fenda que é preciso olhar. A "totalidade" de um primeiro plano encobriu detalhes, indícios, outras assinaturas que fazem parte e estão compondo um movimento que se mostra no mínimo complexo. O que faz, então, Pasolini com esse gesto? De um lado, ele recusa o diagnóstico dado pela crítica por se deter nesse "primeiro plano", de outro, ele aponta desafios, operações que a própria leitura crítica deveria incorporar. De fato, da mesma forma que o crítico olha para a obra de arte, a obra de arte olha para ele. Ela – a obra – não é um corpo, estático, ela fala, se "mexe", mas é preciso atenção e paciência para perceber as dobras, o que ali se mostra e se esconde.

"O que vemos só vale – só vive – em nossos olhos pelo que nos olha"[12] é a primeira frase de um livro de Georges Didi-Huberman, que parte de uma significativa citação do *Ulisses* de Joyce: "Fecha os olhos e vê". Mas o que implica esse gesto que, certamente, causa estranhezas e, sobretudo, inseguranças? Há, pelo menos nele, um fluxo no qual as coisas entram, saem, entram novamente. Diz o historiador da arte francês,

> primeiro nos ensina, ao reapresentar e inverter ironicamente velhíssimas proposições metafísicas ou mesmo místicas, que *ver* só se pensa e só se experimenta em última instância numa experiência de *tocar* (...). Como se o ato de ver acabasse sempre pela experimentação tátil de um obstáculo erguido diante de nós, obstáculo talvez perfurado, feito de vazios (...) Mas esse texto admirável [Ulisses] propõe um outro ensinamento: devemos fechar os olhos para ver quando o ato de *ver*

Silvia De Laude, *Vedere, Pasolini*, pela editora Ronzani em 2022.
11. Contini. *Testimonianza per Pier Paolo Pasolini*, p. 392.
12. Didi-Huberman. *O que vemos, o que nos olha*, p. 29.

nos remete, nos abre a um *vazio* que nos olha, nos concerne e, em certo sentido, nos constitui.[13]

E o questionamento de Pasolini continua, sempre no mesmo artigo de *Vie nuove*?

Não veem que o branco que o branco e preto tão essencial e fortemente *chiaroscurato*, na cela cinza onde Ettore (regata branca e faixa escura) está estendido na cama de contenção, evoca pintores que viveram e operaram muitas décadas antes de Mantegna? Ou que até se poderia falar de uma absurda e esquisita mistura de Masaccio e Caravaggio?

Pasolini descarta a imagem "aurática", a profana, que abre espaço para a distância: a *"distância como choque"*, capaz de atingir e tocar.[14] E é aqui que é possível trazer um pintor tão caro para ele como Caravaggio, com seu inigualável jogo de *chiaroscuro*, que produz, segundo Longhi, não mais jogos de planos prospectivos, mas de planos de luz (uma verdadeira trama de luz) que agem em corpos que vivem na matéria pictórica feita em tonalidades baixas, entre branco e preto. Uma "forma", dirá Pasolini para falar de Caravaggio, que não obedece mais às regras da perspectiva, mas sim as do movimento, a "invenção das formas".[15] É num texto de 1974, inédito até 1999, segundo os organizadores dos ensaios pasolinianos, de título altamente significativo (*La luce di Caravaggio*), que, para Marco Bazzocchi, encontra-se um dos núcleos mais importantes para se entender melhor as escolhas artísticas de Pasolini e sua "posição em relação à realidade". Outro

---

13. Didi-Huberman. *O que vemos, o que nos olha*, p. 29, e ver também a p. 158, quando fala do nome Laura e da "aura" que ele contém.
14. Didi-Huberman. *O que vemos, o que nos olha*, p. 159.
15. Sobre o movimento, afirma Pasolini no ensaio "Le ambigue forme della ritualità narrativa": "O movimento tenderia a criar uma composição fechada, ou seja, parecida com a escultura, mas não é assim. De fato, a tela é chata, e como a perspectiva, também o movimento é chato. Ele consiste, pelo lado da máquina, numa série de mudanças de angulações e de distância da personagem, numa série de gestos e mudanças de posição que tendem a defini-lo interiormente, na sua intimidade e na sua ação". In: Pasolini. *Saggi sulla letteratura e sull'arte*, p. 2.675.

detalhe fundamental está na escolha dos personagens. Pasolini, falando dos personagens de Caravaggio, não deixa de olhar e tratar de seus próprios personagens também.

> Tais figuras eram, por isso, aquelas que o Caravaggio tinha realisticamente escolhido, desleixados ajudantes do verdureiro, mulheres do povo nunca levadas em consideração etc. e ainda essas figuras eram imersas naquela luz real de uma hora cotidiana concreta, com todo o seu sol e toda a sua sombra: entretanto... entretanto dentro do espelho tudo parece como suspenso como por um excesso de verdade, por um excesso de evidência, que o faz parecer morto.[16]

E ainda neste mesmo ensaio lemos os dois seguintes trechos, que não deixam de ser fruto da sua relação com Longhi.[17]

> É verdade que Caravaggio foi um grande inventor e, portanto, um grande realista? Mas o que foi que Caravaggio inventou? Caravaggio inventou: primeiro: um novo modo (...): tipos novos de objetos, tipos novos de paisagens. Segundo: inventou uma nova luz.[18]

O que parece chamar a atenção de Pasolini é a atração de Caravaggio pelo "real":

> (...) os inventou porque os viu na realidade. Deu-se conta de que ao redor dele – excluídos da ideologia cultural vigente há dois séculos – havia homens que nunca tinham aparecido nos retábulos ou nos afrescos (...). Tanto que provavelmente os pintores e, em geral, os homens até Caravaggio, provavelmente, também não os viam.[19]

---

16. Pasolini. "La luce di Caravaggio". In: *Saggi sulla letteratura e sull'arte*, p. 2.672-2.974.
17. Os estudos de R. Longhi dedicados a Caravaggio ficaram emblematizados na famosa exposição no Palazzo Reale, *Mostra del Caravaggio e dei caravaggeschi*, de Milão, em 1951.
18. Pasolini. *La luce di Caravaggio*, p. 2.672.
19. Pasolini. *La luce di Caravaggio*, p. 2.672.

Como dirá Gianfranco Contini, num testemunho sobre Pasolini, o universo do poeta-cineasta é povoado por criaturas indigentes que não interessavam à tradição e, por isso, eram ignoradas.[20] Talvez esteja no caráter excessivo de verdade, dado pelo espelho (desvio) – segundo Longhi, Caravaggio pintava olhando as figuras refletidas num espelho –,[21] a tensão entre os traços populares e realistas e uma representação mortuária. E talvez não seja uma mera coincidência que a expressão utilizada no final do ensaio de 1974 por Pasolini, que traz no título a palavra luz, é "palidez de morte". Uma espécie de contemplação da própria morte que não deixa de estar presente na figura de Ettore. De fato, a "palidez de morte" nos fotogramas finais de Ettore, com braços e pernas amarrados na cama de contenção, tem um contraponto em um momento anterior do filme quando Ettore aparece trabalhando no restaurante Da Meo Pataca, no bairro Trastevere. O movimento do restaurante é marcado por uma vibrante música, fregueses servidos no ritmo dos passos embalantes dos garçons. Nesse momento do filme, é possível reconhecer outro entrecruzamento: Ettore sai de dentro do restaurante para servir uma mesa do lado de fora, carregando na mão direita, no alto, uma cesta de frutas; caminha dançante. A cesta parece acompanhar o ritmo, desce, logo em seguida está no alto, embalada por Ettore, até chegar a seu destino final. Uma fulguração em movimento do quadro *Rapaz com cesta de frutas* (1593) de Caravaggio.

Andrea Cortellessa recentemente chamou, mais uma vez, a atenção para esse encontro-choque, quando, a convite do Istituto Italiano di Cultura de São Paulo, por ocasião dos 100 anos do nascimento de Pasolini, retomando a centralidade da matriz pictórica, sobretudo *caravaggesca*, além da intensa relação com Longhi.[22] Aqui, vitalidade e morte parecem caminhar juntas. E é este "curto-circuito" que a figura de Ettore concentra, nas palavras de Bazzocchi, citadas por Cortellessa: "[Ettore]

---

20. Ver Contini. *Testimonianza per Pier Paolo Pasolini*, p. 392.
21. Um dispositivo usado por Caravaggio, segundo o historiador da arte, para desativar os esquemas preestabelecidos e idealizados.
22. O vídeo de cerca de 20 minutos está disponível no canal do YouTube do Sesc São Paulo. Disponível em: https://youtu.be/LYZb9JMPYBo.

expressa o máximo de erotismo e de vitalidade quando está morrendo amarrado na cama de contenção".[23]

À esquerda, cena do filme *Mamma Roma* (1962), de Pier Paolo Pasolini. À direita, *Rapaz com cesto de frutas*, 1593, óleo sobre tela, 70 x 77 cm, Caravaggio, Galleria Borghese, Roma.

3.

Perseguindo e vasculhando ainda...

Nessa constelação, fica claro como o corpo de Ettore é um corpo-falante. "Decompor quadros, imaginar mundos" é o subtítulo de uma obra significativa na produção literária mais recente italiana como pode ser *La vita dei dettagli* (2009) de Antonella Anedda, em que cada detalhe de uma imagem se situa, como talvez para Pasolini, num ponto de obsessões, vocações e evocações. Diz Anedda:

> Em um texto hoje clássico *O detalhe*, Daniel Arasse constrói para o detalhe um monumento apaixonado, o analisa e o questiona, traça a sua evolução, revela seus riscos e seu encanto, reflete sobre seu duplo diabólico e divino, insiste na intimidade e no delírio. Escreve um grande livro do desassossego. Mais se avança na história mais percebemos que o detalhe deixa vã qualquer pretensão 'de saber tudo'. Seu aceno é arbitrário, as portas que arromba são infinitas.[24]

---

23. Bazzocchi. *Esposizioni. Pasolini, Foucault e l'esercizio della verità*, p. 73.
24. Anedda. *La vita dei dettagli*, IX-X.

Não é uma simples coincidência que Antonella Anedda fixe seu olhar em alguns detalhes-recorte que compõem o mosaico *La vita dei dettagli*. Um corpo se encontra diante de uma tela, de repente um pequeno detalhe chama a atenção, o olho o enquadra enquanto o restante do quadro vai se desfocando. Aos poucos o quadro passa a estar naquele detalhe, que *resiste*. Resistindo, abre mundos. Como afirma Anedda, nas primeiras páginas, a vida dos 32 detalhes reunidos é oferecida para quem os observa.

A imagem recortada de número 32, a última, colocada na conclusão da primeira parte do livro, é justamente um detalhe da tela de Mantegna, *Cristo Morto*. A figura central foi cortada; no quadro-detalhe a visão é dada a partir dos pulsos com as chagas nas mãos e vai até as chagas das solas dos pés. Recorte de chaga a chaga, feridas abertas ("Diante da pergunta por que são 32, respondo que cada olhar sustenta aquilo que pode, naquele particular momento de vida, e que o último detalhe me fez sentir o peso de todos os anteriores. Tive de parar, estabelecer uma trégua (...).").[25]

Detalhe do quadro *Cristo morto*, de Andrea Mantegna, reproduzido no livro *La vita dei dettagli*, de Antonella Anedda.

Anedda se insere, assim, num vórtice de retomadas, modificações, transformações e remontagens. Anedda corta a tela, ela tira-lhe algo, o corpo não está mais inteiro, mas é ainda Mantegna e, ao mesmo tempo, não o é mais; é algo que se encontra num cruzamento anacrônico e numa relação. É algo que, como diz a própria poeta e historiadora

25. Anedda. *La vita dei dettagli*, X.

da arte, é "impossível" e "infinito". Vejamos, então, como o olhar que observa este detalhe o traduz em palavras:

> São os pés de um morto. Às vezes nas câmaras ardentes os amarram com um fio de nylon para que não se afastem. Aqui estão alinhados em cima de um mármore vermelho com veias de mármore branco: a pedra da unção sobre a qual o teriam colocado antes de ungir o corpo. Na origem, o mármore era somente vermelho, as lágrimas – disse um evangelho apócrifo – o sulcaram de branco.
>
> O pintor manteve o quadro consigo até o fim, junto com sua coleção de moedas antigas. Quando o pintou tinha acabado de perder os dois filhos: Federigo e Girolamo.
> Vejo sua vida enrijecer, seca como uma tigela com têmperas. Revejo a mim mesma diante a semelhantes pés.
> Esse não é somente um Cristo morto, mas o retrato da nossa virgem diante de toda morte, a sua vista aérea. O olho percorre um país deserto. Devo parar as forças me abandonam.
>
> Este livro é impossível.
> Este livro é infinito.[26]

A crítica, para retomar as palavras de Anedda, se torna um embate com os limites do conhecimento, uma investigação sobre aquilo que não é possível nem pôr e nem pegar. Por um lado, o despojamento da pretensão de um domínio sobre aquilo que é/foi considerado como "objeto a ser autopsiado", por outro, a sensação de voragem diante de tantos caminhos a serem percorridos. Caminhos produzidos pela negatividade, que engendra e não renuncia ao conhecimento. Nesse sentido, crítica é, sobretudo, pensar sobre os limites do conhecimento e, como tal, ela é um convite a uma aventura, a uma viagem que o "explorador" nunca consegue levar a término, garantindo assim que outras aventuras

---

26. Anedda. *La vita dei dettagli*, p. 67.

e viagens permaneçam na esfera do porvir.[27] Nas palavras de Anedda, "Nenhuma hierarquia, mas uma transgressão que inicia exatamente da necessidade de se aproximar e de desobedecer a distância".[28]

Reconhecemos também os pés nos fotogramas de *Mamma Roma*. Voltemos a Pasolini. Antes de ser colocado e amarrado na cama de contenção, mesmo em delírio, um dos companheiros de cela recita não casualmente os primeiros tercetos do Canto IV do *Inferno*, a saber, a antessala da *selva oscura*, pois esse é, justamente, o canto dedicado ao Limbo. É, portanto, com um olhar oblíquo que necessita do escuro para ver, que se quer pensar, nesses corpos que não são simplesmente uma representação mimética do corpo humano, pois aqui ele – o corpo – já se abriu, é limiar, e também o é da linguagem, convidando o leitor-observador para, sobretudo, experienciar, ou melhor, para que tenha-lugar uma experiência possível.

4.

O encontro com um "corpo artístico" não é nunca "liso", "transparente", é quase sempre um encontro sádico-prazeroso, ou, nas palavras de outro poeta, Valerio Magrelli:

> *Esistono libri che servono*
> *a svelare altri libri,*
> *ma scrivere in genere è nascondere,*
> *sottrarre alla realtà qualcosa*
> *di cui sentirà la mancanza.*
> *Questa maieutica del segno*
> *indicando le cose con il loro dolore*
> *insegna a riconoscerle.*[29]

---

27. Cf. Agamben. *Estâncias*: a palavra e o fantasma na cultura ocidental, p. 9.
28. Anedda. *La vita dei dettagli*, X.
29. Magrelli. *Le cavie – Poesie 1980-2018*, p. 68.

> Existem livros que servem
> pra revelar outros livros,
> mas escrever em geral é esconder,
> subtrair algo à realidade
> que vai sentir falta dela.
> Essa maiêutica do signo
> indicando as coisas com suas dores
> ensina a reconhecê-las.

Estes versos de Magrelli, retirados do livro *Ora serrata retinae* (1980), encenam, na sua metalinguagem, um movimento que não navega em águas saudosistas ou nostálgicas. O poema não busca uma origem, a fixação de algo, mas põe em movimento um determinado olhar, um caminhar que se realiza, sobretudo, na suspensão. Como vive o detalhe no olhar de quem escreve poesia é uma investigação proposta por Antonella Anedda na segunda parte de *La vita dei dettagli*. É de dentro de um museu único e interior que se desdobram os seguintes questionamentos:

> O que nos toca de um detalhe, o que nos comove. O fato de nosso olhar nos salvar da obscuridade? A sua potencial transformação em um outro quadro, em uma outra vida? E em o que se torna o detalhe em quem escreve poesia, em que coisa se traduz? Acredito num espaço novo, numa terra outra, avistada por um olhar desnudado de qualquer hábito.[30]

Ou, nas palavras de Elio Grazioli, num livro que é fundamental, *La polvere dell'arte* [A poeira da arte]:

> No entanto a matéria é o 'sem nome', o não identificável, não definível, o irrepresentável, o amálgama em que são indistinguíveis os componentes, a mistura que se apresenta para nós como é, mais do que como ou do

---

30. Anedda. *La vita dei dettagli*, p. 73.

que é composta: é uma presença no limite que obriga o sujeito a sair de si mesmo e a arriscar, por sua vez, seu próprio limite.[31]

E essa fratura entre tempos, cesura necessariamente anacrônica, também está presente no poema de Magrelli, quando ele afirma a existência e descarta os livros que servem para "revelar" livros. O ponto central, dentro desse percurso que quer "escrutar" e "vasculhar" não pode, portanto, estar atrelado ao "revelar". A revelação não descompõe, não permite abrir mundos; aliás, ela cria/define molduras e segue enquadrando o todo. Na sua contramão, prefere-se o desvio, a possibilidade de "imaginar mundos" e, para isso, é preciso também se deixar levar, se desnudar. E parece ter sido esta operação realizada mais recentemente por Magrelli, ao ser convidado para comentar algumas fotografias de Franco Fontana (1933), selecionadas por Michele Smargiassi.[32] Das sessenta fotografias à disposição, Magrelli, um *amateur* – não um profissional da fotografia, mas um diletante e amante – escolhe dez. Qual o *fil rouge* que guia essa escolha? O que ele irá comentar? Será uma explicação ou descrição da imagem que tem diante de seus olhos? Não há um jogo hermético ou uma direção à diegese, logo no início o poeta[33] expõe, ou seja, dá a ver, o processo por meio do qual se aproximou dessas imagens de Franco Fontana. Diante destas imagens Magrelli esperou, esperou, esperou

> (...) depois esperei. Esperei o quê? Que algumas daquelas imagens pulassem diante dos olhos. Trabalhando com a escrita, além da tradução (atividade às vezes muito subvalorizada), algumas expressões me deixam

---

31. Grazioli. *La polvere nell'arte*, p. 107.
32. Trata-se da coleção *Visionari. I geni della fotografia*, editada pelo jornal La Repubblica e pela revista National Geographic Italia, em colaboração com a editora Contrasto/Roberto Koch Editore. A cada mês uma publicação era dedicada a um fotógrafo. Depois de Robert Capa, Henri Cartier-Bresson, Vivian Maier, Man Ray, Tina Modotti e Martin Parr, é a vez de Franco Fontana, que tem suas fotos acompanhadas do comentário de Valerio Magrelli.
33. Não pode ser uma coincidência que o tema da miopia seja central para esse poeta e que ele também tenha dedicado um importante livro à questão do ver em Paul Valéry (*Vedersi vedersi – modelli e circuiti visivi nell'opera di Paul Valéry*, Einaudi, 2002).

extremamente curioso. Por exemplo, explica o dicionário Treccani, '*saltare all'occhio*' é uma fórmula de emprego comum, mas com uso figurado. Geralmente indica alguma coisa que se manifesta com imediata evidência. No meu caso, o alvo de uma manifestação semelhante, de uma evidência semelhante, era eu mesmo, eu mesmo que, como um São Sebastião da visão, esperava paciente receber sem dor, aliás, com um grande prazer estético, uma dezena de fotos-flecha. Em suma, me expus a tais radiações formais e cromáticas, confiando na eficácia delas e, ao mesmo tempo, à minha sensibilidade. Esperei a chegada delas, o impacto delas no meu olhar. Dito de outra forma, fiz de mim mesmo papel sensível, para ser impresso, ou seja, para receber das imagens as minhas impressões – sendo breve, para ficar 'impressionado' por elas. Somente, então, pude passar ao ato crítico verdadeiro, consistente na explicação de o porquê, entre muitas fotografias, justamente aquelas dez, muito mais do que as outras, tivessem me fisgado. Assim, de fato, cada legenda conta como cada imagem me agrediu, ou, 'pulou' para meus olhos.[34]

O procedimento não se distancia muito daquele explicitado nos versos citados de *Ora serrata retinae*. Não se trata de uma revelação, de uma explicação, mas sim da construção de uma relação, cujo processo não deixa de ser violento, e nem tudo é passível de ser dito, revelado. A própria sedução implica necessariamente uma tensão que se constitui dessa complementariedade: ver-velar, velar-ver. É nesse ponto de tensão, de embates e de encontros que é possível finalizar com a imagem do *limiar*, escolhida por Franco Rella para um de seus livros. É nesse sentido que a arte, para o filósofo italiano, tem uma nova responsabilidade, que pode ser colocada em tensão com o pensamento especulativo a partir de uma relação com a experiência, ou seja, com a "possibilidade de um outro que ainda não existe".[35]

---

34. Magrelli. Franco Fontana, fotografie saltate all'occhio. *Antinomie*, 3 set. 2021. Disponível em: https://antinomie.it/index.php/2021/09/03/franco-fontana-fotografie-saltate-allocchio/.

35. Cf. Rella. *Limiares*.

VII. *"Escrutar* quer dizer *vasculhar"*

Pelle, polvere

A Elio G.

Non esistono nomi, autrici, autori,
volano soltanto le parole, si mischiano
alla pelle che cade sui divani, quella
che ogni giorno perdiamo e offusca
le mensole, le sedie, i davanzali
e contro cui ci ostiniamo, spostandola,
facendola aspirare e che chiamiamo polvere.
Questo resta, la polvere e i suoi atomi sparsi,
cateti e ipotenusa per il teorema che chiamiamo poesia. [36]

Pele, poeira

para Elio G.

Não existem nomes, autoras, autores,
voam somente as palavras, se misturam
à pele que cai nos sofás, aquela
que todos os dias perdemos e ofusca
as prateleiras, as cadeiras, os peitoris
e contra ela persistimos, deslocando-a,
aspirando-a e que chamamos poeira.
Isto fica, a poeira e seus átomos esparsos,
catetos e hipotenusa para o teorema que chamamos poesia.

---

36. Este poema de Antonella Anedda faz parte de seu último livro *Historiae* publicado pela Einaudi em 2018. p. 18.

VIII. Na guerra, a urgência da vibração poética

1.

(Roma) Valmontone 9 de maio 43
Em Caporossi
via Nazionale 16

Meu caro Sereni,

a sua carta de 22 de abril, perto da iminente partida, depois de muitas voltas, me foi enviada de casa até aqui em cima e, agora, chega até mim. Espero que a minha chegue mais rápido e em lugar seguro. Parece-me necessário estar perto de você e iluminar a sua escura hora. Muitas das coisas que se escutam em nosso país não são verdadeiras e não são todas sinceras. O uniforme que você veste, os deveres aos quais é chamado a responder, os riscos na direção dos quais você segue, ou para onde já foi encaminhado, têm sua importância e sua necessidade. O lugar em que nesse momento você está aninhado com seus soldados é caro para mim, e uma parte da nossa bela Itália depende, com certeza, da sua constância, frieza de espírito, do seu saber superar as dúvidas e as hesitações. As dúvidas e hesitações pertencem aos outros, não a você, eu sei, mas talvez você sinta os reflexos: mas não pode ser que um ordenamento de batalha tenha um fim errado. E em primeiro lugar não são os homens que podem dispor das guerras, é certo, e dos destinos: mas há uma outra ordem, muito superior aos juízos humanos, que as dispõe; portanto, o homem que a elas é chamado é legitimamente o soldado da boa causa. Lembro-me destes trajes de tenente cinza-esverdeados quando os usei, quanto me eram caros enquanto a guerra durou. Eles são e serão sempre a nobre farda de um dever que é comandado pelos homens não menos do que pelo elementar dever de viver. Espero que você abra essa carta em lugar seguro e que sinta que a escrevi com sentimento de reconhecimento de um pai diante de seu filho exposto para defendê-lo. Faça você o que eu deveria ter feito, se tivesse a sua idade, e que fiz, e que não foram as ideias dos outros que me fizeram bem ou mal, mas o débito que tem a juventude de pagar um tributo, qualquer que seja, pesado à sagrada herança de uma terra pela qual fomos gerados. Desde que começou a passar por duros agravos, seus versos são mais bonitos, e você será melhor poeta do que aqueles que não se viram com você. Qualquer coisa que precisar pode me pedir, porque a farei com prazer. Qualquer um que negar a importância do que você está fazendo agora, está de má fé ou não o diz pensando seriamente com o coração. Um abraço, te desejo tudo de bom e sou o seu

Betocchi[1]

Essa carta escrita por Carlo Betocchi (1899-1986) e endereçada a Vittorio Sereni (1913-1983), duas personalidades importantes do panorama cultural italiano da segunda metade do século XX, rasga o presente trazendo um momento específico que nos coloca em direto contato com uma parte crucial da história mais recente, a Segunda Guerra Mundial. Dois poetas e escritores, mas também duas gerações, duas guerras que incidem na geografia física e existencial, individual e coletiva.[2] O primeiro não se encontra diretamente envolvido no conflito da década de 40. Carlo Betocchi, de fato, participou da Primeira Guerra, foi enviado ao front antes da retirada de Caporetto[3] e integrou a chamada

---

1. Carta enviada por Carlo Betocchi a Vittorio Sereni. In: Sereni; Betocchi. *Un uomo fratello. Carteggio (1937-1982)*, p. 25.
2. Além da correspondência com Vittorio Sereni, é importante mencionar a intensa correspondência de Betocchi com outros poetas como Mario Luzi e Giorgio Caproni.
3. A Batalha de Caporetto é conhecida como a maior derrota do exército italiano, a ponto de a palavra "Caporetto" passar a ser usada comumente para designar uma

primeira resistência no Piave, na fronteira entre o Trentino e o Veneto, onde se enfrentaram o exército italiano (o *regio esercito italiano*) e as forças do império alemão e do império austro-húngaro. Já o segundo, Vittorio Sereni, destinatário da carta, encontra-se dentro do olho do furacão.

Sereni é recrutado em outubro de 1941 e é enviado para a chamada Divisão Pistoia, que havia sido reestruturada como divisão de infantaria autotransportável. Na primavera europeia de 1942, essa Divisão, via Lubiana-Belgrado, é enviada para a Grécia com o escopo de chegar à África. Porém, depois de quatro meses em Atenas, se vê obrigada a regressar à Itália porque a passagem para a África estava bloqueada pela contraofensiva inglesa premiada pela vitoriosa batalha de El Alamein.[4] Esse retorno de Sereni para a Itália, sem ter alcançado o destino previsto, está registrado na carta de 18 de janeiro de 1943, endereçada a Luciano Anceschi, amigo desde o período universitário, junto com Antonia Pozzi, Remo Cantoni e Enzo Paci. Anceschi, com o qual Sereni mantém uma intensa e frequente troca epistolar, é crítico literário e organizador da importante antologia *Lirici Nuovi* (1943). Na correspondência citada, chama a atenção, na parte final, a expressão "Eu espero",[5] que expressa a condição extrema vivida por ele desde o momento em que é convocado para a guerra. O poeta de *Frontiera* [Fronteira] (1941) diz esperar o fim da guerra, fala da vontade de ler, de escrever, da paixão pela vida, diz ainda que gostaria de ensaiar algo do período transcorrido em Atenas, cidade "contrastante e voluptuosa". Tal vontade é depois realizada em *Diario d'Algeria* (1947), livro publicado no pós-guerra que inclui o poema *Italiano na Grécia*, que traz o

---

grande derrota em outros âmbitos que não o bélico. O texto *L'anno di Caporetto* de Carlo Betocchi, publicado em 1967 pela editora Il Saggiatore e reeditado em 2014 pela Raffaeli, é fruto dessa experiência.

4. A batalha de El Alamein, em outubro-novembro de 1942, conduzida pelo general inglês Montgomery, bloqueou as tropas do Eixo a quase cem quilômetros de Alexandria, no Egito, obrigando-as a se dirigirem para a Líbia, com isso, ficou liberada a chegada no Marrocos e na Argélia das tropas americanas (novembro de 1942), que, em julho de 1943, chegariam ao norte da África e depois na Sicília.

5. Sereni. *Carteggio con Luciano Anceschi 1935-1983*, p. 153.

que ele preanuncia a Anceschi (com quem a correspondência só será retomada no verão de 1946).

Passados alguns meses do retorno de Atenas, Sereni é enviado para a Sicília, onde estava programada outra partida para a África, que não se concretiza por causa do bombardeio do aeroporto de Castelvetrano. A Divisão, portanto, é transferida para Trapani para que, via mar, possa chegar ao destino previsto. O cartão postal enviado a Carlo Betocchi, em 22 de abril de 1943, faz referência a essa transferência para a Sicília: "li seu artigo poucas horas antes da partida para a zona de operações. Agora é possível dizer que estou logo atrás das retaguardas na espera de ir para a linha".[6] E continua Sereni já estabelecendo um limiar entre um antes dessa experiência no front e um depois, sua vivência ali, que não terminará com a captura dele e dos outros companheiros pelo exército Aliado: "A 'outra pessoa' (...) me acompanhou até aqui e talvez nas próximas horas voltará atrás rumo ao doce lago e à minha terra lombarda; não poderia suportar tanto estrondo e horror".[7] A outra pessoa refere-se ao próprio Sereni, mas ao Sereni de antes da guerra, daqui as duas referências que evocam o espaço geográfico da infância e da juventude, o lago Maggiore da cidade de Luino, no norte da região italiana da Lombardia, na fronteira com a Suíça; imagens que marcam sua poesia desde o primeiro livro, cujo título já aponta para uma vivência que se dá, justamente, no limiar, *Frontiera*, em que a matéria aquosa e o vapor áqueo têm uma presença relevante.

A última correspondência trocada entre Betocchi e Sereni antes da prisão consiste em outro cartão postal, de 21 de junho de 1943, quando o batalhão ao qual pertencia Sereni já havia sido destinado à defesa das costas de Trapani, na ponta ocidental da Sicília.[8] Nas poucas linhas

---

6. Sereni; Betocchi. *Un uomo fratello. Carteggio (1937-1982)*, p. 22.
7. Sereni; Betocchi. *Un uomo fratello. Carteggio (1937-1982)*, p. 22.
8. No texto *L'anno Quarantatrè* (1963), Sereni recorda seu percurso desde Atenas, em que relembra do sorriso indefinível no rosto das pessoas da cidade, até a prisão e o campo de Chanzy: "Fui feito prisioneiro na Sicília, em Paceco (Trapani), por um batalhão aéreo-transportado do exército americano. Por volta das 13:30, do dia 24 de junho de 1943, na véspera da queda do regime. Há dois anos ou quase meu batalhão tentava chegar na África do Norte sem sucesso". In: Sereni. *Poesie e prose*, p. 904.

escritas, o poeta afirma não ter mais nem tempo nem possibilidade para escrever, agora está na primeiríssima linha de batalha. Depois da queda de Mussolini no final de julho de 1943, os Aliados desembarcam na ilha italiana, e, depois do armistício, em 8 de setembro de 1943, Sereni é levado para um campo de prisioneiros na África do norte, em Oran, na Argélia, então Marrocos francês. A correspondência entre os dois é suspensa e só é retomada depois da guerra, em junho de 1947. O diálogo com outros amigos e intelectuais também vai diminuindo, como acontece com Mario Luzi, outro importante poeta da chamada Quarta Geração,[9] a quem, já nas vestes de prisioneiro, Sereni envia um postal em outubro de 1944:

> Prisioneiro desde julho de 1943, rogo para que Emilia escreva a Maria Luisa Sereni – Felino di Parma – comunicando-lhe meu endereço e confortando-a sobre meu destino. Estou bem, espero ser seu companheiro em trabalho futuro. Lembranças de mim para todos. Me escreva ou peça para me escreverem. Um abraço. Vittorio Sereni.[10]

O postal traz um selo sem data e, na parte do remetente, as seguintes informações: "Vittorio Sereni tenente 81-I-51461-R.E. nato USA prisioner of war enclousure F/6/126 Oran/Algerie". A preocupação de Sereni, como se lê, é assegurar um apoio à esposa Maria Luisa, que cuidava da filha Maria Teresa, nascida em julho de 1941, e Emilia é o nome da esposa do poeta Mario Luzi. Depois de 25 de abril de 1945,[11] data que marca a Liberação de todo o território italiano e que se torna um símbolo da luta *partigiana*, em 28 de junho, Luzi escreve a Sereni

---

9. *Quarta generazione* também é o título de uma antologia organizada por Luciano D'Erba e Piero Chiara, publicada pela editora Magenta em 1954.
10. Luzi; Sereni. *Le pieghe della vita – carteggio (1940-1982)*, p. 9.
11. Em *L'anno Quarantacinque*, texto que integra o volume póstumo *Gli immediati dintorni primi e secondi*, de 1983, Sereni expressa como foi sua vivência dessa data tão importante para a história italiana mais recente: "Para nós não houve um verdadeiro 25 de abril ou, melhor dizendo, foi diluído ao longo de um período relativamente amplo que vai do final de julho de 1944 a maio de 1945". In: Sereni. *Poesie e prose*, p. 1.065. Ou seja, todo o entusiasmo desse momento que também significava renovação não foi partilhado por Sereni.

contando com o retorno em breve do amigo e afirmando que, apesar de saber que ele se sente mortificado, tem a certeza de que aqueles anos não serão perdidos para ele, para a sua voz de poeta. No verão de 1945, Sereni retorna, enfim, à Itália e vai viver em Milão. A experiência desses fatos, que marcam a história e deixam cicatrizes indeléveis, é realmente incomum e até anômala. Enquanto uma boa parte de seus coetâneos participam de um modo ou de outro da liberação do território italiano, inclusive no papel de *partigiani*, como é o caso de Giorgio Caproni, na Valtrebbia, região da Ligúria, Sereni por uma série de contingências encontra-se distante de seu país, isolado num campo de prisioneiros, e não tem como compartilhar desse evento e dessa atmosfera.

A carta de Carlo Betocchi trazida no início desse ensaio foi escrita e enviada poucos meses antes que o destino de Sereni e sua participação na guerra fossem definidos e, portanto, antes da prisão pelos Aliados. Reler a carta, agora, depois das coordenadas dadas anteriormente, significa refletir também sobre as expectativas individuais e coletivas, as esperanças colocadas no peso da farda, no desafio do dever para o qual se estava sendo chamado. A árdua superação das dúvidas, das hesitações mencionadas por Carlo Betocchi é um compromisso ao qual Sereni *falta*. Betocchi fala, obviamente, a partir da sua experiência, ou seja, do ponto de vista de um ex-combatente, que lutou e sobreviveu, por isso toda a simbologia do uniforme em suas palavras, da comunhão da "bela Itália", enfim, de um dever que se confunde com o viver. É o próprio Betocchi a comparar a forma com a qual ele se reporta a Sereni com a relação de intimidade entre pai e filho, relato, de certa forma, de uma experiência que agora se repete em outro momento e contexto. No final da carta, Betocchi reafirma ainda que é inegável a importância desse dever e, por conseguinte, dessa participação na primeira linha da história. Ora, contudo, pelo que foi exposto até aqui, o que acontece na singular e estranhante experiência de Vittorio Sereni é que esse sentimento de responsabilidade para com a "bela Itália", para com os demais, não se realiza em ações concretas durante a guerra. Não por uma recusa sua, devido às hesitações, aos medos, mas porque a prisão pelos Aliados o impede. É como se esse evento da prisão o suspendesse da história que se encontra em curso.

A peregrinação junto com a Divisão Pistoia, os deslocamentos entre Bolonha, Lubiana, Sicília e Argélia, está registrada nos textos reunidos em *Gli immediati dintorni* [Os arredores imediatos] (1962), publicados na coleção Le Silerchie dirigida por Giacomo Debenedetti, que, após a morte do poeta, é reeditada com alguns acréscimos em 1983, mesmo ano da publicação de *Senza l'onore delle armi* [Sem a honra das armas], volume organizado por Dante Isella, cujo título é paradigmático por colocar em posição central a ausência da honra diante de uma derrota. Num dos textos desse volume, *Le sabbie d'Algeria* [As areias da Argélia], é o próprio Sereni quem acena para esse destino desviante:

> Estranho destino esse do meu ex-batalhão. Éramos gente do norte, na maioria emilianos, que há dois anos tentava chegar até o norte da África e não conseguia. Teríamos chegado lá, quem sabe como, *in extremis* e contanto que se passasse pelo Canal da Sicília, se um grande bombardeamento não tivesse destruído o aeroporto de Castelvetrano, em abril de 1943, na vigília do nosso embarque para a Tunísia. Fomos, então, destinados para a defesa das costas, e o nosso batalhão, equipado e armado para o norte da África, era como um departamento modelo diante das pobres desmoralizadas divisões costeiras.[12]

É com essas palavras que o poeta fala do "estranho destino" que irá marcar toda sua geografia existencial de agora em diante. A condição peculiar de prisioneiro excluído da história tem uma consequência direta no sujeito, no mais íntimo "eu", na forma de se enunciar e se dizer. Tal condição é explicitada em vários textos e também no já citado *L'anno Quarantacinque*, quando Sereni relata as sensações no momento em que soube que a guerra havia acabado. "The war is over" é a frase ouvida que sentencia o fim do conflito, o próximo fim da prisão e acarreta

---

12. Sereni. *Gli immediati d'intorni*, p. 252. Agora também em Sereni. *Poesie e prose*, 2013.

uma reverberação interior, um tumulto de expectativas e apreensões que afloram diante do iminente retorno.

> A realidade infelizmente era mais modesta nas consequências imediatas, mas eu colocaria a esse ponto o início da fase final no que nos diz respeito e o início da nossa inércia morbosa, de uma terrível febre de egoísmo e impaciência, que diabo de imagem do futuro, que diabo de reconstrução da consciência, que diabo de retorno à responsabilidade e à ação (...) espiar no outro os sintomas daquele sofrimento e daquela febre do retorno, como os de um terrível mal que todos tivessem a consciência de terem sido atingidos e que todos queriam esconder diante de olhos alheios, último supérstite, agora única possibilidade, prova de virilidade...[13]

E é, portanto, nesse sentido que podem ser lidas as palavras de Sereni ao dizer que há momentos da existência que, enquanto permanecem informes, não dão paz, e nisso também se encontra o significado da escrita e, sobretudo, dos versos. Não é possível não lembrar, então, do verso de um poema de *Gli strumenti umani* (1965), título emblemático para uma coletânea poética: "Fazem-se versos pra tirar um peso".[14] A escrita como tentativa de um acerto de contas, cicatrizes em palavras que dão uma espécie de pele para a ferida, que continua ali, remarcada pela própria cicatriz.

Diario d'Algeria, publicado em 1947 pela editora Vallecchi, é mais do que um balanço da experiência como prisioneiro, traz o *húmus* de uma tragédia histórica vivida a partir da ausência. Em outras palavras, os poemas desse livro colocam no centro o estado de deriva, um estranhamento e um não saber. A ausência da história é, dessa forma, o tema fulcral diante do qual o poeta não pode escapar e com o qual se sente impelido em fazer as contas.

---

13. Sereni. *Poesie e prose*, p. 927.
14. Sereni. *Poesie e prose*, p. 197.

O núcleo fundamental desse volume é o que pode ser chamado de o sentido de exclusão da história. Sereni basicamente se dá conta do fato de que, diferentemente dos demais coetâneos, não participou nem da guerra nem da *Resistenza*, que foram os dois grandes eventos entre 1940 e 1945. (...) Não participou, portanto, daquele momento, daquela atmosfera que era interpretada como um evento fundamental da história italiana. Excluído, assim, tanto de um fato quanto do outro. A exclusão se torna uma verdadeira chave para interpretar, para além do lado histórico, a própria existência como uma prisão. Nesse sentido, tentando ir um pouco mais adiante, torna-se ainda um modo para interpretar a vida como uma substancial prisão, como uma dimensão que vai bem além do dado histórico. A exclusão é sentida e percebida, enfim, como a característica da própria vida, como o enigma do não pertencimento a todos os movimentos, às realidades, às dinâmicas dos homens: o não se sentir, dito muito simplesmente, em casa na própria vida, na própria vida.[15]

Frontiera, a partir da própria geografia da cidade natal, traz um poema cujo desdobramento é central para se pensar a obra poética de Sereni, que toca a desassossegante presença dos mortos. Trata-se de *Strada di Creva* [Rua de Creva], que é composto por dois fragmentos, sendo que o primeiro foi publicado primeiramente em revista. O título do poema fornece indicações concretas, uma estrada e um lugar chamado Creva, que fica nos arredores de Luino. Essa rua também leva até o cemitério, daqui a abertura real e alegórica do título confirmada pelo segundo tempo do poema, que se abre com uma evocação dos mortos, vistos como inquietantes presenças familiares. "Esse perturbador viver dos mortos"[16] é o verso inicial. De fato, os mortos não são mais apenas as presenças de certa pascoliana memória, mas podem também estar entre os viventes humanos. A propósito desse texto, é relevante lembrar como Sereni, no interior de sua própria obra, composta por

---

15. Testa. *Cinzas do século XX*, p. 54.
16. Sereni. *Poesie e prose*, p. 88.

apenas quatro livros de poemas, além das várias traduções,[17] consegue alinhavar uma urdidura que poderia ser composta pelos seguintes textos que se automencionam: *Strada di Zenna* [Rua de Zenna] e *Strada di Creva*, ambos de *Frontiera*, *Ancora sulla strada di Zenna* [Ainda na rua de Zenna] e *Ancora sulla strada di Creva* [Ainda na rua de Creva], de *Gli strumenti umani*, e *Autostrada della Cisa*, de seu último livro *Stella variabile*.[18]

Um dos nós, portanto, da urdidura de *Diario d'Algeria* é a morte, tanto do ponto de vista físico quanto daquele existencial. Morte que, em outro poema, é trazida por meio da imagem de uma flor, que é sempre imagem de vida e felicidade, porém, alerta o poeta, toda flor traz consigo a própria degeneração, não há flor que não expresse em seu próprio modo de existência a semente inerente a seu desaparecimento, isso é o que está exposto nos versos de *Diario bolognese* [Diário bolonhese]. Esse sentimento aporético, que também pode ser lido a partir da dupla pertencimento e não-pertencimento, da perene e inquietante dúvida,[19] nunca será abandonado pelo poeta: o que se percebe é um desdobramento desse sentimento que inclusive chega a desestabilizar e corroer o "eu" e a própria linguagem, concretizando, nas palavras de Franco Fortini, certo "sentido da própria fugacidade".[20]

É em julho de 1940 que a Itália rompe a neutralidade e entra no conflito bélico ao lado da Alemanha de Hitler. A passagem de uma vida de paz para uma vida incerta, marcada pela guerra, é central para a leitura do poema colocado não casualmente na abertura de *Diario d'Algeria*:

---

17. Vittorio Sereni, como outros escritores de sua geração, tem uma intensa atividade como crítico e tradutor, no caso específico de Julien Green, Paul Valéry, William Carlos Williams, René Char, Guillaume Apollinaire.

18. Sobre essa relação entre os poemas, ver parte do ensaio Peterle. "Vittorio Sereni, poeta do contato". In: *no limite da palavra*, p. 40-43.

19. A dúvida, como já foi colocado por alguns críticos, é inclusive indicada sintaticamente por meio da modalidade da repetição e do uso feito da conjunção adversativa "ma" [mas], cf. Testa. *Cinzas do século XX*, p. 19-48; Ghidinelli. *L'infaticabile 'ma' di Sereni*, p. 157-184.

20. Fortini. *Saggi ed epigrammi*, p. 579.

Periferia 1940

*La giovinezza è tutta nella luce
d'una città al tramonto
dove straziato ed esule ogni suono
si spicca dal brusio.*

*E tu mia vita Salvati se puoi
serba te stessa al futuro
passante e quelle parvenze sui ponti
nel baleno dei fari.*[21]

Periferia 1940

A juventude está toda na luz
de uma cidade ao entardecer
onde lacerado e êxule todo som
se sobressai do ruído.

E tu minha vida podendo te salves
te conserves para o futuro
passante e as aparências nas pontes
no reluzir dos faróis.

    Como diz o primeiro verso, a juventude encontra-se toda na luz da cidade, contudo a hora escolhida pelo poeta não é a potente e crescente da manhã presente nos versos escritos no front da primeira guerra por Giuseppe Ungaretti,[22] mas sim aquela do pôr do sol, momento em que a luz perde sua intensidade, antes de entrar na escuridão da noite. O ruído presente nos últimos dois versos dessa estrofe talvez ecoe um dos motetos de Montale, em que um ruído vindo do aberto,

---

21. Sereni. *Poesie e prose*, p. 107.
22. A referência é aos versos do poema *Manhã*, que foram traduzidos por Haroldo de Campos: "Deslumbro-me/ de imenso". In: Ungaretti. *Daquela estrela à outra*, p. 57.

ou seja do fora, dá a sensação de arranhar como uma unha os vidros. Som, certamente, que expressa uma agonia e que pré-anuncia o verso final do moteto: "E é certo o inferno".[23]

Giorgio Caproni, outro poeta muito ligado a Montale e amigo de Sereni,[24] num poema intitulado *1944*, de *A passagem de Enéas* (1956), também não sente a necessidade de usar o termo inferno, por ser talvez uma redundância da atmosfera infernal por ambos perfilada, já trazida nos versos. Esse poema caproniano, *1944*, coincidentemente, também traz a imagem do sol. Dois poemas, então, de atmosfera bélica, um escrito no início da guerra e outro mais para o final do conflito, que desconstroem o imaginário sublime e acolhedor evocado a partir do termo "sol". Imaginário que carrega consigo toda uma tradição poética e uma relação com a natureza que é, agora, rompida pelo evento devastador.

1944

As carroças do leite ai enquanto o sol
já quase espeta os cães. O que ensaca
a morte sobre o sílex no fragor
das garrafas que balançam? No rosto
já punge a folha do primeiro jornal
com sua acridez de chumbo – imensa água
passa deserta no sangue a quem a um muro
encosta, e já a descarga uma lata
entre os cacos se abala. Oh amor, amor
que desastre é a alvorada! Dos portões

---

23. Montale. *Poesias*, p. 57. Na tradução de Geraldo Holanda Cavalcanti, a escolha para traduzir a indicação de onde vem o ruído, que em italiano é "aperto", foi "espaço". Mantive na análise a referência ao aberto por ser um termo que tem um peso maior tanto no poema quanto para uma reflexão que pode também vir da filosofia.

24. A relação de amizade entre Giorgio Caproni e Vittorio e Sereni é tão intensa que fica, inclusive, registrada nos versos dos dois poetas e também nas dedicatórias dos livros presenteados, cf. Peterle. *O silêncio criativo*: sobre a poesia de Vittorio Sereni.

> onde a primeira chave geme, oh amor
> não fuja com o último tepor
> noturno – não escanda esses sons
> que aos meus dentes seu trêmito impõe.[25]

O poema de Giorgio Caproni marca o tempo no verso inicial por meio da imagem da carroça de leite, ou seja, está-se no amanhecer do dia, quando ainda o leite chegava cedinho nas casas em garrafas de vidro. Outro elemento é a folha do primeiro jornal, caracterizada com a "acridez de chumbo", chumbo que se refere tanto à tinta da impressão do jornal quanto ao chumbo relacionado às armas, como confirmam logo depois os termos "sangue" e "muro". Caproni, nesse poema, fala dos fuzilamentos, escutados e executados pela manhã, o barulho de uma lata que vibrava.[26] Nota-se que o contato com sol não é agradável, ele "espeta", não acaricia ou aquece como seria o esperado, e, da mesma forma, o jornal "punge". É Pier Paolo Pasolini, em *Passione e ideologia* (1960),[27] que chama a atenção para o uso das interjeições que permeiam essa tessitura de *pathos* e que apontam para a complexidade da operação de figuração da realidade, cortada pelos sobressaltos e ruídos também estridentes das garrafas de leite. A imagem final é o bater dos dentes por toda a sensação de ameaça e medo, o falar de dentro do inferno.

Retomando *Periferia 1940* de Sereni, a segunda estrofe pode ser lida como uma espécie de presságio. Mas o que chama mais a atenção é que aqui há um descolamento do "eu" do poeta e da possível vida, a quem ele se dirige com um "tu", como se a vida pudesse escutar seu pedido-prece para se salvar. Escavando, encontram-se talvez outros ecos montalianos, agora de *Ossos de sépia* (1925), nessa segunda parte do texto: "Minha vida, a ti não peço traços/ firmes, ares plausíveis ou de posse./ No teu giro inquieto já o mesmo/ sabor têm o mel e a losna".[28]

---

25. Caproni. *A coisa perdida*: Agamben comenta Caproni, p. 107.
26. Cf. Surdich. *"Era così bello parlare"*. *Conversazioni radiofoniche con Giorgio Caproni*.
27. Volume que reúne vários textos críticos de Pasolini sobre poesia, entre eles a resenha dedicada a Giorgio Caproni que foi publicada primeiramente em 1952, na revista *Paragone*.
28. Montale. *Ossos de sépia*, p. 75.

Mel e absinto. Vida e morte, o amanhã sem estações – sem a ritualidade e a renovação que elas invocam.

O sentimento de inermidade é, de fato, o que está presente em outro emblemático poema em cujos versos essa condição é mais uma vez expressa. *Italiano na Grécia* – datado Pireu, agosto 1942 –, de *Diario d'Algeria*, traz em seus versos: "Europa Europa que me olhas/descer inerme e absorto em um meu/ fraco mito entre as tropas dos vis".[29] Aqui, tem-se uma Europa nas vestes de mãe trágica e o pranto de um "eu" que é acentuado pelos *enjambements*. A descida faz referência à viagem, mencionada no início do ensaio, da Divisão Pistoia até a Grécia, à participação no conflito, o inimigo aqui é o próprio sentimento de tristeza que toma conta do "eu" e que se concretiza no verso final quando é deflagrada a condição infernal, "vou me danar me encalhar por anos".[30] Não há nenhuma perspectiva metafísica, é o *hic et nunc*, é o duro embate com essa realidade que arde, queima, corrói, como aponta Giorgio Caproni ao resenhar a segunda edição de *Diario d'Algeria*,[31] publicada em 1965 pela Mondadori. Na resenha para *La Nazione*, de 16 de novembro, ele faz um balanço sobre a escrita de toda essa geração, e se questiona se, depois de ter "saído do inferno", "teria conseguido do fogo, a nossa fênix árabe ressurgir nova e única na substância?".[32] A resposta oferecida é certeira:

> Sereni que voltou vivo dos padecimentos da guerra e da prisão, sem renegar nada de si mesmo, havia reagido aos 'fatos' do único modo permitido a um homem digno de viver. Havia encontrado no fundo do próprio desespero, e sempre fiel a este, a voz mais propícia para registrar e comunicar os fatos e seus ecos despertados no coração. Um

---

29. Sereni. *Poesie e prose*, p. 111.
30. Sereni. *Poesie e prose*, p. 111.
31. Essa edição de *Diario d'Algeria* não traz relevantes mudanças no que diz respeito a variantes textuais, contudo, no que diz respeito à estrutura do livro, há alterações significativas, como a supressão das duas últimas seções e a inserção de uma intitulada *Il male d'Africa*, composta por poemas intervalados com prosas escritas depois do retorno da guerra.
32. Caproni. *A porta morgana*, p. 228.

coração não preocupado somente consigo, mas sobretudo com toda a Europa e uma inteira civilização, um inteiro patrimônio – doloroso até o espasmo, mas humildemente exaltante – de 'história' comum. (...) E a recuperação não era um impossível ponto e um recomeço, mas um continuar, segundo o continuar dos eventos e o crescer (o somar) da experiência e da própria vida.[33]

A corrosão atinge a filigrana mais sutil do sujeito, que se sente desalojado inclusive de si mesmo, e a dimensão onírica, o alógico, torna-se uma via, ou melhor, uma exigência como se lê em outros versos datados "Campo Hospital 127, junho 1944", que começam com "Não sabe mais nada".[34] A esfera onírica domina a primeira estrofe desse outro texto do *Diario*, em que a voz murmurante (música bizarra provocada pelo vento) de um soldado morto na praia pede para que o "eu" continue rezando pelo destino da Europa, enquanto a Nova Armada desembarca na Normandia (6 de junho de 1944). A resposta dada a esse pedido, se aquela voz é realmente a de um soldado morto na praia da Normandia, é que ele reze, se puder, porque:

(...) eu estou morto
para a paz e para a guerra
Agora essa é música:
das cortinas que batem nos postes.
Não é música dos anjos, é a minha
única e me basta.[35]

A morte em vida é deflagrada nesses versos, condição do "eu" sereniano que passa a ser estendida a todos aqueles que continuam buscando no céu os antigos sinais, os falsos emblemas. Eles, diz Sereni ainda em outro poema, sempre de *Diario d'Algeria*, não sabem que estão mortos, mortos como nós, que não têm paz.

---

33. Caproni. *A porta morgana*, p. 228.
34. Sereni. *Poesie e prose*, p. 124.
35. Sereni. *Poesie e prose*, p. 124.

2.

Vocês mortos não nos dão nunca paz
(*Strada di Zenna*, Vittorio Sereni)

Num determinado momento da visita em Luino, Vittorio nos levou ao cemitério, e ali na sepultura da família, ao lado dos outros espaços já ocupados, nos indicou com um breve gesto o vazio na espera do seu. Não esquecerei aquela tocante prova de amizade, aquele gesto. E hoje, mais do que pensar no corpo encolhido e fechado entre aqueles de seus mortos, quero lembrar o gesto pacato e quase sem tristeza de quem não temeu viver a vida inteira em companhia dos mortos e da morte.
(Lembrança de Vittorio Sereni, Pier Vincenzo Mengaldo)

O estalido já imperceptível da combustão, o tempo farfalhante dos fornos, o sentimento de culpa por ter sobrevivido são imagens que retornam anos depois em outros escritos, como no conto *A opção*,[36] publicado no número 8 da revista *Questo e altro*. A experiência da guerra e o sentimento de exílio e exclusão não são apagados, mesmo depois de algumas décadas, como é corroborado tanto nos escritos em prosa como nas duas últimas coletâneas poéticas, *Gli strumenti umani* (1965) e *Stella variabile* (1975). O que acontece é que outras camadas, outras concreções vão se formando, inclusive com a mudança que a sociedade italiana vai sofrendo. A partir da década de 1950, a modernização e a industrialização aceleradas, que continuam nos anos 60, transformam a sociedade italiana, como mais tarde irá deflagrar a crítica pungente e implacável de Pier Paolo Pasolini. O *boom* econômico, a aceleração e a maciça entrada no capitalismo mudam o modo de ser, a forma de vida, como bem indica a expressão pasoliniana, "mutação antropológica",

---

36. Outro conto importante é *Il sabato tedesco* [O sábado alemão], que é uma espécie de continuação escrita com a distância de vinte anos.

que não deixa de ser uma dolorosa consciência que o poeta, crítico e cineasta vinha elaborando nos últimos anos de sua vida 1974-75.[37]

Transformações operantes a partir da esfera inclusão-exclusão, como aponta Roberto Esposito em *O pensamento vivo* (2013), ao refletir sobre a mudança estratégica do poder capitalista, que passa de uma lógica de exclusão à de inclusão, ou, melhor dizendo, da perfeita sobreposição em um dispositivo de inclusão excludente. Pasolini chegará inclusive a falar de um "genocídio sem sangue". É, portanto, nesse contexto de uma Itália economicamente recuperada do pós-guerra, em plena transformação, que se insere um segundo momento da produção de Sereni, cuja trajetória no mercado de trabalho desses anos é mais um sintoma das mudanças radicais. Em 1958, depois das experiências no ensino escolar e na assessoria de imprensa e propaganda de uma grande fábrica como a Pirelli, Sereni se torna diretor literário da editora Mondadori, cargo que ocupa até 1975, ano de publicação de seu último livro, *Stella variabile*. O conto *A opção*, e também *O sábado alemão*, que pode ser lido como uma continuação do primeiro, é fruto de viagens realizadas pelo poeta-diretor à célebre Feira do Livro, que se realiza todo ano em Frankfurt, para negociar e comprar direitos de livros.

A opção tem como protagonista um personagem formado em Letras que acaba trabalhando no mundo da indústria, mas que, não se reconhecendo nesse ambiente, se sente deslocado, uma espécie de peixe fora da água. A experiência autobiográfica é claramente inevitável, mas esse conto não pode se limitar a essa dimensão, uma vez que faz parte de um amplo debate que marca os primeiros anos da década de 60. Esse conto, de fato, também como *Intermezzo neocapitalista*, insere-se no efervescente debate sobre indústria e literatura, que já havia sido trazido a público em 1961, no quarto número da revista *Menabò*, dirigida por

---

37. A elaboração da reflexão a respeito da "mutação antropológica" pode ser acompanhada nos escritos de Pasolini para os principais jornais da época, textos que mais tarde foram reunidos em *Lettere Luterane* (1976) e *Scritti corsari* (1975), mas que também não deixam de estar presentes em *Salò ou os 120 dias de Sodoma* (1975) e no romance inacabado *Petrolio*, publicado póstumo em 1992.

Elio Vittorini[38] e Italo Calvino, com textos que abordavam essa complexa relação. Esse número da revista contou com uma seleção de poemas de Giovanni Giudici, intitulada *Se é conveniente se mudar para o campo*, com o *Caderno industrial* de Ottiero Ottieri, com *O homem de qualidade* de Lamberto Pignotti, entre outros, e também com a participação do próprio Sereni com o emblemático poema *Uma visita na fábrica*, que ocupa uma posição central em *Gli strumenti umani*. Contudo, não é a primeira vez que os textos publicados na revista *Menabò* tratavam dessa relação: o segundo número da revista, em 1960, de fato, traz na íntegra o famoso poema em polímetro *A garota Carla*, de Elio Pagliarani, cheio de traços realistas e de experimentações linguísticas. É a história de Carla Dondi, de 17 anos, moradora da periferia de Milão (Viale Ripamonti), entre o outono de 1947 e a primavera de 1948, quando ela faz um curso de datilografia e começa a trabalhar numa empresa de *import-export*. Outros nomes importantes que também tocaram nesse tema e contribuíram para esse intenso debate são os de Goffredo Parise, Paolo Volponi e Luciana Bianciardi.

O conto *A opção* de Sereni, então, pode ser inserido nessa reflexão entre literatura e indústria ou literatura e mercado, mas é interessante também destacar outro aspecto que diz respeito a uma reflexão metaliterária que é feita nessas mesmas páginas e que, por sua vez, se relaciona com a problematização acerca da expressão da experiência.

> Todo voltado como era para formar mais do que expressar ou representar, obcecado como era pela circularidade e simultaneidade dos gestos, grandes e pequenos, da existência, devia evitar aqueles pensamentos, aquelas suspensões, aquelas voltas emotivas, aquelas intrusões que, mais espertos do que a caneta ou a tecla typewriting, são depósitos instantâneos produzindo a calosidade do instante e os mofos do presente – o

---

38. O papel intelectual de Elio Vittorini é fundamental nesses anos. Ele também foi diretor da importante revista *Il politecnico* logo depois da guerra, que publicou seus números entre setembro de 1945 e dezembro de 1947. É nessa revista que Sereni, em 1946, publica alguns poemas que depois farão parte de *Diario d'Algeria*. Sobre *Il Politecnico*, ver Pinto. *O sono e o sonho na poética de Franco Fortini*.

qual, como já se sabe universalmente, no momento em que você o sente e o nomeia ele já passou. Ainda mais nos nossos tempos, ainda mais.[39]

De fato, as páginas deste conto podem ser vistas como um "falatório" de diferentes vozes, diversas línguas que fazem parte do contexto e das tratativas de compra-venda da Feira, com algumas pitadas oníricas. O fragmento anterior, retirado da parte final do texto, traz o momento em que o escritor-personagem reflete sobre o elo entre escrita e temporalidade, em que o presente é visto como a dimensão em que as coisas acontecem, como a esfera da experiência: "como já se sabe universalmente, no momento em que você o sente e o nomeia ele já passou". A questão posta por Blanchot em *A literatura e o direito à morte* está posta aqui também por Sereni, o sentimento de exclusão é agora também vivido e sentido por dentro do processo de escrita, da experiência com a linguagem, que, quando tenta nomear, perde a coisa. Nesse sentido, é interessante lembrar as palavras com as quais o próprio Sereni se refere a estas páginas. Para ele, de fato, *A opção* não é visto como um conto, mas também não é uma prosa, nem poesia, nem um policial, é "uma coisa", "um organismo vivo", como ele mesmo escreve ao editor Scheiwiller. A reflexão sobre a linguagem, sobre sua capacidade de representação do real e, por conseguinte, de nomeação é uma questão que atravessa o século XX, de Blanchot a Foucault, a Caproni, a Sereni, a Celati.[40]

Talvez seja também por isso que, na introdução ao volume *A tentação da prosa*, publicado póstumo em 1998, Giovanni Raboni, além de chamar a atenção para a fluidez rítmica e sintática e para os traços metafóricos e alegóricos dessa prosa, afirma que *A opção* é:

> uma compacta pequena, cintilante obra-prima em que o antigo prazer do romance de criar com palavras uma realidade vivível com curiosidade e emoção em todo seu atraso descritivo e em toda sua dobra de sentido é continuamente infiltrado, exaltado e transfigurado por uma

---

39. Sereni. *Poesie e prose*, p. 1.081.
40. Cf. Peterle; Santurbano (orgs.). *Contemporaneidades na/da literatura italiana*, 2020.

tensão espasmódica até a dor e, todavia, sutilmente, deliciosamente exilarante na direção de um significado geral e transcendente, uma misteriosa, contudo, reluzente alegoria.[41]

A incancelável recordação da guerra e das tragédias do século, como aponta Enrico Testa em sua premissa a *Cinzas do século XX*, que traz dois importantes ensaios dedicados a Vittorio Sereni e Giorgio Caproni, se materializam na escrita desses poetas mediante indícios de "desmoronamento geral dos alicerces tradicionais do estar no mundo, que envolve a sistematização da linguagem, o estatuto da identidade, com sua redução a 'passante' ou a 'além-morto', e as fundamentais coordenadas de espaço tempo e experiência".[42] De fato, se, para o primeiro, a problematização da identidade – considerando a condição de morto--vivo-morto – se torna um aspecto central de seu fazer poético, que está relacionado com a questão recém-trazida em *A opção*, ou seja, a "a relação entre as coisas e as palavras, entre a linguagem e os dados da realidade",[43] para o segundo é a problematização e a investigação sobre o mal – a *res amissa* – o vórtice inextricável em que ele se embrenha. É talvez com essas coordenadas que se pode ler outro fragmento da já mencionada resenha de Caproni de 1965:

> Esvaziados no vazio de seus próprios discursos, os primeiros agitados porta-bandeiras vexilários da 'poesia social', uma outra perturbação bem diferente entrou, desta vez com fins demasiados metódicos, recheada de novos humores e de novas descobertas e formulações, na organização de uma nova sociedade e de uma nova cultura que, levadas por uma real necessidade, mas talvez mais narcisisticamente apaixonadas pelas próprias buscas do que verdadeiramente aterrorizadas, iam e ainda vão procurando interpretar e resolver a nova tragédia que se juntou àquela da arbitrariedade e da guerra. A tragédia, enfim, da incapacidade de reencontrar uma humanidade concreta e profunda no próprio bem-estar

---

41. Raboni. "Introduzione". In: Sereni. *La tentazione della prosa*, XVII.
42. Testa. *Cinzas do século XX*, p. 20.
43. Testa. *Cinzas do século XX*, p. 31.

e na mordaça da industrialização que a produziu, e de poder chegar a uma escolha definitiva entre os supérstites sobreviventes alternativos do passado e os já também gastos do presente.[44]

Tragédia que se lê também em *Retorno da noite*, escrito em 1964, que não deixa de remeter ao tríptico *Da Holanda* presente em *Gli strumenti umani* – que evoca a história de Ana Frank – e ao já mencionado *A opção*. É possível lembrar, nesse sentido, a relação com Paul Celan, lembrada por Sereni em outros textos, inclusive citando Claudio Magris, que traz a tensão presente na relação com a língua. Celan, que se suicida jogando-se no rio Sena em 16 de abril de 1970, nasce como Paul Antschel, em Cernovitz, de pais judeus de língua alemã, ou seja, a mesma língua dos assassinos de sua mãe, os nazistas. Sereni, nessas incursões e em seus gestos poéticos, aponta para seu olhar antropológico, inerente à escrita, evidenciando que a origem do monstruoso não está distante, mas está no fato de que foram homens, e nada mais do que homens, os sujeitos e os objetos de todo evento, não foi uma mente fora desta terra, deste mundo, foi uma mente indiscutivelmente humana. E continua Sereni,

> Uma análise mais fria leva a considerar a organização, a regra com a qual se colocava a mão na construção de um mundo uniforme, atemporal, sub-humano: uma espécie de hipótese atroz de uma 'nova' forma de vida sem indivíduos, quase uma paródia antecipada – e, por sua vez, atroz – de uma sociedade sem classes.[45]

Palavras estas que podem remeter a um contexto muito diferente e à leitura de um dos poemas mais famosos de Vittorio Sereni, publicado em *Gli strumenti umani*, em que são estabelecidas correlações entre o espaço da fábrica e o do campo de concentração, *Uma visita na* fábrica. Ele toca, sem dúvida alguma, no tema do trabalho na fábrica de forma muito original. Uma vez que ele não se limita a descrever de fora os

---

44. Caproni. *A porta morgana*, p. 229.
45. Sereni. *Poesie e prose*, p. 1.499.

sofrimentos ou a vida dos operários, mas dá voz àqueles que ocupam esse espaço, fazendo com que o ponto de vista deles apareça. O poema é formado por 95 versos, divididos em cinco partes, e é o segundo texto mais longo de todo o livro. Logo abaixo do título há uma data, 1952-1958, mas se sabe que ela não se refere à escrita do texto, que parece ter sido terminado em 16 de abril de 1961, como aponta Dante Isella. Nas primeiras duas partes do poema, é apresentada a situação inicial, isto é, um grupo de pessoas, entre as quais está o próprio Sereni, que chega para, justamente, visitar uma fábrica.[46] Na terceira parte, Sereni se dirige e faz perguntas diretamente aos operários. Na quarta, é a vez de um operário tomar a palavra e falar do seu ponto de vista. Enfim, chega-se na quinta e última parte. A fábrica, nesse emblemático poema, é um lugar de infortúnios de sofrimento, de morte. A dor contida e sentida nesse espaço chega a lembrar a dor da guerra, até o ponto de a fábrica parecer um campo que não deixa nenhuma esperança a suas vítimas, impedindo-as de ter consciência das próprias condições. Os ritmos neuróticos do trabalho ameaçam as próprias relações humanas, tratando-se de um poder disciplinar, como bem apontou Foucault em seus estudos sobre a progressiva utilização dos dispositivos disciplinares, que atuam diretamente no corpo. Os operários são mão de obra economicamente útil e politicamente dócil: "É dócil um corpo que pode ser submetido, que pode ser utilizado, que pode ser transformado e aperfeiçoado".[47] A relação entre docilidade-utilidade é a que move esse espaço, uma espécie de *cidadela* fechada, com guardiões que abrem e fecham os portões e gerenciam as demandas. Ou, como aponta Hannah Arendt em *A condição humana*,

> A era moderna trouxe a glorificação técnica do trabalho, e resultou na transformação efetiva de toda a sociedade em uma sociedade operária.

---

46. Visita que realmente aconteceu como Sereni descreve em *Angelo in fabbrica* [Anjo na fábrica], datado de 1958. Nesse texto, ele fala de uma pessoa combativa, L., conhecida no passado, que havia participado da *Resistenza*, uma mulher com um sobretudo e uma metralhadora na mão, mas que agora aparece "docilizada", "domesticada", obedecendo às ordens de seu chefe dentro da fábrica.
47. Foucault. *Vigiar e punir*: nascimento da prisão, p. 118.

Assim, a realização do desejo, como sucede nos contos de fadas, chega num instante em que só pode ser contraproducente. A sociedade que está para ser libertada dos grilhões do trabalho é uma sociedade de trabalhadores, uma sociedade que já não conhece aquelas outras atividades superiores e mais importantes em benefício das quais valeria a pena conquistar a liberdade.[48]

Os dispositivos e as formas disciplinares existentes no interior de uma fábrica, a quantidade de produtos a serem acabados, o toque infernal das sirenes que penetra no corpo e que passa a marcar a cadência do tempo, de *chronos*, do progresso são os elementos lidos por Sereni nesse poema. Não é, então, uma coincidência que o poema traga logo nos primeiros versos os termos "grito", "sirene" e "fábrica": "Alegremente no ar de setembro mais sibilo que grito/ muito longe uma sirene de fábrica".[49] Porém, no final da primeira parte, tem-se sintomas de mudança, uma vez que o ar já não é mais perfilado pelo advérbio "alegremente", mas passa a ser acompanhado pelos adjetivos "amargo" e "vazio".[50] Tal mudança segue corroborada pelo som da sirene que não é mais trazido como um sibilo, mas aparece agora por meio da imagem de uma "larva do som/ das sirenes desligadas". Memória individual, coletiva e histórica se entrecruzam nesse poema, além de uma densa rede intertextual que perpassa pela tradição literária, de Dante a Montale.[51]

---

48. Arendt. *A condição humana*, p. 12.
49. Sereni. *Poesie e prose*, p. 288.
50. Os versos são os seguintes: "No amargo e vazio uma larva do som/ das sirenes desligadas, não mais uma voz/ mas os breves frêmitos em ondas sempre mais lentas/ um aroma de mistura num cheiro de sangue e cansaço". Nota-se como, pouco a pouco, a atmosfera da fábrica vai se entrecruzando com aquela da guerra. O cheiro de sangue é um elemento em comum entre elas. Os textos literários e críticos sobre esse argumento são inúmeros, mas gostaria de registrar aqui o poema *Zona Vermelha* de Maria Grazia Calandrone, escrito em março de 2020, em meio à primeira onda da pandemia, que traz para o primeiro plano a figura de uma operária nomeada com "N." numa fábrica da região da Lombardia. O poema foi lido pela poeta no vídeo para o projeto *Krisis - Tempos de Covid-19*, disponível em: https://youtu.be/jUnYCLUqB_8. E depois foi publicado em Peterle; Santurbano; Degani; Salvador. *Krisis - Tempos de Covid-19*, 2021.
51. Cf. Kutufà. "Raffrontando e/ rammemorando", memoria e alegoria in *Una visita in fabbrica* di Vittorio Sereni, 2020.

Rumor... rumor de maquinários que se sobrepõem às vozes trabalhadoras silenciadas pela sirene, relegadas a um 'filo di benessere'. Um movimento estranho para o olhar do poeta, uma sensação de estranhamento perturbadora, que ao mesmo tempo em que se sente distante é 'atraído' e captado pelo ritmo da atmosfera desoladora. O estranhamento dominante das primeiras imagens faz com que o poeta saiba que ele não conhece aquele '*sotto terra*' e, por isso, é necessário prestar atenção na '*voce degli altri*' e no '*suono del buio della mente*'.[52]

Ou, nas palavras de Foucault, lentamente uma coação calculada percorre cada parte do corpo, se assenhoreia dele. Dobra o conjunto, torna-o perpetuamente disponível, e se prolonga, em silêncio, no automatismo dos hábitos; em resumo, "foi expulso o camponês" e lhe foi dada a "fisionomia de soldado".[53] Esses operários não seriam também mortos-vivos? Há ainda nesse espaço moderno uma exclusão da vida, da vida social e, sobretudo, de si. A reflexão e a experiência do presente exigem e recorrem à memória em Sereni. A lembrança nessa escrita possui tanto uma natureza individual, particular, quanto uma mais coletiva, e é essa tensão que se abre no presente anacrônico e permite ao poeta falar sobre o trauma vivido, inclusive a partir de figuras como Ana Frank, Primo Levi e Paul Celan, que Sereni traz em diferentes momentos de seus textos, tanto os poéticos, em prosa e os de caráter ensaístico. Presenças que se unem àquela dos outros tantos mortos que povoam sua escrita e que, por isso mesmo, ainda vivem. Os mortos são, como se lê em outro significativo poema, *A praia*, não aquilo que é desperdiçado, mas "remendos de existências", ruínas, para falar benjaminiamente, "cinzas" que podem a qualquer momento jogar uma luz. A poesia se torna, portanto, a possibilidade de sair de uma asfixia,[54] de

---

52. Peterle. *no limite da palavra*, p. 48.
53. Foucault. *Vigiar e punir*: nascimento da prisão, p. 118.
54. Cf. Berardi. *Asfixia*. "Só a mobilização consciente do corpo erótico do intelecto geral e a revitalização poética da linguagem poderão abrir caminho para o surgimento de uma nova forma de autonomia social".

um contato, de uma relação e de um encontro com o passado e com o fluxo inexorável do presente.

> A arte e, especialmente, a poesia são um meio – um gesto – que, mesmo transformando, conseguem acenar e, de algum modo, manter relações. É, se quisermos, uma relação a partir da própria impossibilidade de relação que é dada pelo acontecimento da morte, que passa a ser revisitado e refigurado. Nesse sentido, a palavra mais do que ressuscitar, tenta atrasar a força avassaladora do tempo, que empurra rumo ao esquecimento. As palavras em suas combinações trazem ecos longínquos, tesselas de um mosaico que por sua natureza será sempre incompleto, o tranquilo desespero kierkegaardiano. O emudecimento é necessário, da mesma forma que a linguagem também o é, se tornando um espaço de exposição da relação, de suas singularidades. A falta se torna voz, talvez balbuciante e trêmula, pois expõe nesse processo seus próprios limites.[55]

Post Scriptum

Enquanto estava sendo finalizada a escrita desse ensaio, numa pequena cidade balneária da Ligúria, Camogli, no dia 24 de fevereiro, uma parte do cemitério, edificado em cima de um penhasco, como acontece com muitas das construções dessa região – paisagens e atmosferas delineadas no *Cemitério Marinho* de Valéry –, desmoronou, misturando terra, rocha, caixões, restos mortais nas águas do mar lígure. Alguns dos restos mortais foram repescados junto com pedaços de caixões, mas os trabalhos de resgate continuam enquanto as gaivotas, seguindo seu instinto, aproveitam da "fartura" nas águas. Foram os operários que estavam trabalhando nas obras de reforma do cemitério que ouviram, viram e inclusive chegaram a gravar alguns vídeos amadores. Para além da discussão da manutenção dos espaços públicos e dos inúmeros descasos dos governos, gostaria, então, de finalizar com uma reflexão que toca a

---

55. Peterle. *Contatos necessários*: uma reflexão sobre a tradução de "A toalha" de Giovanni Pascoli, p. 182-183.

nossa contemporaneidade, a partir também do percurso sugerido pela poesia de Sereni. Os restos das construções do cemitério, humanos, agora também falam. Falam por meio de um desastre também natural. Falam uma outra língua, como a da natureza que nada desperdiça, que se autorregula; os restos mortais no mar lígure se transformam em vida nesse ataque predatório das gaivotas. Por caminhos muito diversos, chega-se, assim, ao embate com uma questão que atravessou o ano de 2020, com as milhares de mortes causadas pela pandemia de Covid-19. Gostaria de concluir, portanto, com os emblemáticos últimos versos de *A praia*, que encerra *Gli strumenti umani*:

> Não
> duvide, – me dá um pouco da sua força o mar –
> falarão [os mortos].[56]

---

56. Sereni. *Poesie e prose*, p. 430.

IX. A experiência bélica: entre paisagem e linguagem

"1944: FAIER. Quis que assim fosse escrito, o velho camponês, na fachada da casa reconstruída depois da guerra; que fosse detido o grito como havia saído da garganta do incendiário: 'faier'".[1] Este é o início do famoso texto em prosa de 1954, de Andrea Zanzotto, primeiramente publicado em *Popolo di Milano* sob o título de *Os inermes* e depois republicado no volume *Sull'Altopiano* [No Planalto]. Esta prosa é um grito. "Faier" é um termo inventado que procura imitar o som da palavra alemã *feuer*, cujo significado é incêndio. Um grito, então, que é também a explosão da violência e das atrocidades humanas sobre o humano. Nestas linhas iniciais, o eco do passado invade o presente, de fato, "na fachada da casa reconstruída" é colocada uma inscrição-cicatriz daquele grito, cujo eco ainda se escuta. É este o "som inarticulado, sobrenatural e bestial" dos inermes que já pertencem à terra, a nutrem por estarem mortos, com a decomposição de seus corpos. Uma experiência cujas marcas são inapagáveis e penetram nos corpos, nos ossos – para lembrar um verso caproniano –, nas águas dos córregos e nas raízes da terra.[2] Ou

---

1. Zanzotto. "1944: FAIER". In: *Le poesie e prose scelte*, p. 995.
2. "E mesmo se não possui mais força para chamar ajuda, Gino está em agonia, se perdendo em jorros e lamentos dentro da terra, há duas horas sem fim naquele pôr-do-sol. Ele está lá, absorvido no verde muito profundo do campo da sua infância, não pode crer ainda que tudo o que lhe era caro e está ao seu redor seja assim tão surdo e duro e inerte, que a sua terra lhe esteja sugando, esteja lhe tirando todas as forças. E mesmo que não estejam lá os que continuam atirar nele, e que se divertem deixando-o invocar a mãe, mesmo que ele não grite mais, a sua voz eternamente faz mal aos ouvidos, impede que se respire na paz. (Agora, passando perto casa dele, na direção do campo aberto, da janela se entrevê na sombra do seu escritório, desde então deserto, aquele lume a óleo

seja, estas cicatrizes não podem ser facilmente apagadas como aconteceu com a mesma escrita da fachada, como indica Zanzotto numa nota à edição de 1995 de seu livro: "Devido a um trabalho de reforma do edifício, muitos anos depois, a escrita entrou no nada".[3]

Os sons e os cheiros, sinais do terror, se instauram na paisagem (as fornalhas, os campos pisoteados, a neve ensanguentada),[4] aliás, invadem os diversificados elementos que o delineiam e o compõem, como fica registrado em todo o percurso do laboratório zanzottiano. Um trauma que nunca se atenuará, como pode-se ler no emblemático ensaio-testemunho de 1963, *Premissas para habitar*, em que a experiência perceptiva e sensitiva daqueles momentos não tem como não afetar e deixar marcas no corpo daquele de quem a viveu. A realidade anacronisticamente se apresenta como estilhaços que espetam/ferem o presente. E foi assim que o primeiro lote comprado para a construção da futura casa, que dava para os mesmos campos que haviam absorvido o sangue do amigo Gino, foi descartado por Zanzotto: "Teria percebido, entre o meu lote e as sombras do século XVII do fundo, o vão imenso daqueles campos agora sem nenhum abrigo". Neste texto de 1963, lê-se:

> às dezessete e trinta do dia 10 de agosto tinha começado o pente fino e Gino tinha escolhido o caminho para se abrigar: naquele milharal os alemães o tinham visto enquanto ele corria para chegar até o milho e bom e muito alto um pouco mais abaixo, e ele logo caiu sob os projéteis. Não tinham acabado com ele, não ousavam se aproximar porque acreditavam que ele estava armado; a sua voz vivia, cada vez mais fraca, por mais de uma hora. Alguns camponeses, queriam socorrê-lo, mas

que queima diante do seu retrato: como palpita com humilde inextinguível obstinada pergunta o teu lume, Gino! Faça chuva faça sol, dias e dias de gelo e secura, e espaços imensos de silêncio se interpuseram entre você e nós: qual selva vai tirar do nosso olhar...)". In: Zanzotto. *Le poesie e prose scelte*, p. 998.

3. Zanzotto. *Le poesie e prose scelte*, p. 1.703.
4. Ver a recente publicação de poemas dispersos e inéditos, *Erratici*, publicada pela Mondadori, em 2021, organizada por Francesco Carbognin.

os alemães atiravam a vista, do tornilho em que tinham fechado tudo. Gino tinha perdido todo o seu sangue, não se escutava mais ele (...).[5]

Como construir uma casa, local de proteção, num espaço marcado pela destruição? De fato, continua Zanzotto: "Lá não teria podido construir, entendi que devia mudar e naquela noite voltei para casa, como se tivesse sido devolvido, por uma onda ruim, ao ponto de partida".[6] A lembrança evoca um momento histórico, o período da Resistenza italiana e a luta dos *partigiani*. Nestes campos, diferentemente da sorte de Gino, Zanzotto encontra abrigo um pouco mais no alto da sua rua natal, a Cal Santa: "a Cal Santa nos havia protegido, as grandes folhas cortantes que amo desde sempre tinham me tirado da mira direta da morte e feito uma espécie de colo, no qual a sorte sinistra havia sido paralisada".[7] Dois termos desta citação são fundamentais: "colo" e "paralisada", ou seja, a terra e, por conseguinte, a vegetação se transformam num "colo" protetor, "paralisando" o encontro definitivo, aquele com a morte. As feridas históricas, então, aqui se inscrevem em uma paisagem que não tem nada de passiva. Na verdade, dada sua valência anacrônica, ela [a paisagem] "nos olha" e "fala". De todo modo, "é preciso levantar a casa", é preciso começá-la mesmo tendo queimaduras e sabendo que outras estações estão por vir.

Construir um espaço, um espaço-poético, também significa encontrar um possível abrigo. Como dirá Zanzotto na conclusão de um texto de 1966, dedicado à poesia: "Retorna a suspeita de uma poesia (...) que não vá para lugar nenhum e que e que não venha de nenhum lugar, porque ela é 'o lugar', a condição, o início".[8] Ou ainda num texto

---

5. Zanzotto. *Premessa all'abitazione e altre prospezioni*, p. 1.045.
6. Zanzotto. *Premessa all'abitazione...*, p. 1.045.
7. Zanzotto. *Premessa all'abitazione...*, p. 1.045. Como enfatiza Andrea Cortellessa (2021, p. 82): "Estas imagens marcam realmente a fogo a memória de Zanzotto: o qual aludirá a elas, às vezes cripticamente, toda vez que a memória traumática da guerra voltará, sempre mais frequentemente, a visitá-lo no futuro".
8. Zanzotto. "Alcune prospettive sulla poesia oggi". In: *Le poesie e prose scelte*, p. 1.142. Em relação a esta questão, é fundamental a leitura do ensaio introdutório de Andrea Cortellessa, "Abitare Zanzotto", em Zanzotto. *Premessa all'abitazione...*, 2021.

anterior, de 1949, *Idea dell'autunno* [Ideia do outono], que é anterior ao seu primeiro livro de poemas, *Por trás da paisagem* (1951),[9] lemos o seguinte: "Tudo nos escapava: a vida, a terra que se fazia linda demais para não esconder os horrores (...) o mundo descia sempre mais no poço de sombra dos ínferos, e parecia desesperadamente gritar a sua beleza condenada".[10] *Por trás da paisagem* é, então, o início, em outras palavras, aquele "místico relicário que me teria defendido de todo o ódio dos homens";[11] espaço-casulo, delicado e frágil, em que a escrita se apresenta como secreção-excreção. Ou, ainda, retomando mais um fragmento de *Premissas para habitar*: "melhor autofilar-se em casulo, reduzir-se à realidade filada mas compacta, sem mais nada no centro, que seria de um nada 'infinitamente definido'".[12] Tal necessidade de abrigo, de proteção, é deflagrada pela dor, pelo se sentir perdido, pela devastação físico-existencial provocada pela guerra e por suas consequências vivenciadas no primeiro plano.

Andrea Zanzotto recebe a convocação às armas em fevereiro de 1943, leva consigo alguns livros, dentre eles *Fronteira* (1941), de Vittorio Sereni (que mais tarde será um grande amigo), mas, por problemas de saúde no aparelho respiratório, não termina o adestramento e passa ao serviço não armado, trabalhando no depósito da 49° Fantaria na cidade de Ascoli Piceno. Depois do armistício de 8 de setembro, ele vai aderir à Resistenza, operando sobretudo na parte da propaganda do movimento. Entre os anos de 1943 a 1945, perde uma série de amigos e conhecidos, inclusive o já mencionado Gino.[13]

---

9. Os três primeiros livros de poesia de Andrea Zanzotto – *Por trás da paisagem* (1951), *Elegia e outros versos* (1954) e *Vocativo* (1957) – estão reunidos no volume *Primeiras Paisagens* (7Letras, 2021), que será usado como referência para os poemas mais adiante.
10. Zanzotto, Andrea. "Idea dell'autunno". In: *Le poesie e prose scelte*, p. 991-992.
11. Zanzotto. "Pagine sepolte". In: *Le poesie e prose scelte*, p. 1.020. Ou nas palavras de Nicolò Scafai (2017, p. 176): "Em seu primeiro livro, *Por trás da paisagem* (1951), Zanzotto escondia um 'eu' ameaçado pela neurose e pelas cisões atrás do escudo de uma natureza de platônica perfeição".
12. Zanzotto. *Premessa all'abitazione...*, p. 1.028. A imagem evocada nestas palavras é a do casulo do bicho da seda, um cultivo importante e significativo na região do Veneto.
13. *Companheiros que correram na frente* é um poema do livro *Vocativo* (1957) e que não deixa de ser um estilhaço que corta o presente anos depois.

A poesia, como dirá quase vinte anos depois da publicação de seu primeiro livro: "nos vemos não digo escrevendo, mas 'traçando', arranhando a folha, mais do que com a plena consciência do que se está fazendo, com a sensação de não poder fugir a uma necessidade".[14] É, então, talvez o fato de *Por trás da paisagem* não olhar cara a cara para a medusa bélica que faz do evento histórico, nestas páginas, um elemento inerente e constitutivo delas. A poesia que abre esse livro pode ser considerada emblemática nesse sentido, se lembrarmos do dístico final: "viajei sozinho num punho, num germe/ de morte, atingido por um deus".[15] E, ainda, a imagem inicial do poema, ligada ao campo semântico do fogo, por meio do verbo "arder", já presente no título do poema, é também, aqui, significativa. O motor ardendo, objeto da modernidade – também um eco das explosões e do cheiro de guerra, aterroriza as crianças presentes no terceiro verso.

Arde o motor

Ardeu o motor longamente na via
seu sangue selvagem e apavorou
crianças. Ora treme baixo na agonia
do rio rumo a molhes e mares.

Com sede de poeira e de chama
cavalo arisco se ergueu na noite;
em signos falsos, em curvas de aldeias
jazeu e tentou as fissuras do abismo.

Figura não sentida de estações
de barro, de pretos trovões precoces,
de pores do sol penetrados por fendas
em casas e quartos com vento que espanta,

---

14. Zanzotto. "Poesia?". In: *Le poesie e prose scelte*, p. 1.200.
15. Zanzotto. *Primeiras paisagens*, p. 29.

esperei sozinho na longa parada;
janelas e praças invisíveis ousei;
afiados gelos murchados de febre
algas e fontes desceram comigo

pro fundo do meu giro:
e ampulhetas quadrantes me exaltaram
o abandono do mundo em suas pontes
nos montes talados nos lumes das fronteiras.

Oh rodas e carros altos como lua
lua prata de subterrâneos cinzéis
vozes obscuras como as minhas cinzas
e ruas que eu vi precipícios,

viajei sozinho num punho, num germe
de morte, atingido por um deus.[16]

De maneira análoga, o olhar começa a se mover a partir de uma viagem de ônibus, ou seja, o contato com o fora é mediado por um meio de transporte, por seus vidros, por uma janela que, justamente, se abre para a paisagem de pequenas aldeias. O deslocamento do ônibus está implícito ("esperei sozinho na longa parada", se lê no primeiro verso da quarta estrofe) e a parada devido ao motor danificado corresponde a um momento de solidão e de uma descida "pro fundo da minha viagem", uma viagem na viagem. Se é verdade que o ritmo das estações marca o tempo cíclico em *Por trás da paisagem*, também é verdade que esse poema "inaugural e programático", como o define Stefano Dal Bianco, tem realmente uma função, que é a de introduzir este olhar oblíquo que atravessa o livro, que, de agora em diante, seguirá um andamento sazonal, encerrando-se com o poema *No vale* (31 de dezembro). Se, em *Arde o motor*, pode se entrever um movimento indo na direção de casa, atravessando curvas e cidadezinhas, diferentes topônimos verdadeiros

16. Zanzotto. *Primeiras paisagens*, p. 29.

ou fictícios, tradições populares e uma geografia muito peculiar, neste último poema do livro, já se está em casa: "Além da minha porta as últimas colinas".[17] E aqui é possível ouvir o ranger de portas e alçapões e a hospitalidade do vale é reforçada pela "cara refeição".

O "abandono do mundo" e os "montes devastados" presentes no poema inaugural de *Por trás da paisagem* são um eco também da palavra "guerra", que aparece no segundo verso de *No vale*, mas já estava presente no título de *Noite de guerra, de tramontana*, cujos versos se referem ao pente-fino alemão de agosto de 1944, ou ainda um título como *Reunião*, termo militar num texto de profunda desolação.

A janela[18] do ônibus é, então, um espaço limiar necessário – para lembrar de Vittorio Sereni – para a "invenção da paisagem", na qual irônica e tragicamente o homem não está presente. É exatamente a invenção que caracteriza, desde o início, esta perspectiva dentro-fora inerente a este laboratório poético. Num texto em prosa, *Ônibus na noite*, que dialoga com *Arde o motor*, o leitor se depara com o seguinte fragmento: "A cidade se perde nas minhas costas, o ônibus atravessava a planície e uma única luz fica ligada, exatamente em cima da minha cabeça, enquanto os outros viajantes conversam ou cochilam na sombra".[19] Desta descrição, os outros passageiros se distraem conversando ou passam o tempo do percurso tirando uma soneca, enquanto a única luz ligada é a de quem continuamente olha para dentro e para fora: "Só sou uma conjectura grotesca que está sofrendo a desintegração

---

17. Zanzotto. *Primeiras paisagens*, p. 149.
18. A propósito deste espaço dialético, lembro da recente leitura transversal de Andrea Cortellessa: "Na habitação o sincategorema, para chamar filosoficamente, que compõe em uma imagem dialética a antinomia entre *demorar-se num lugar* e *ir até*, é a Janela. Não se fala muito, na verdade, na *Premessa all'abitazione*, mas 'cenas-janela' constelam obsessivas um pouco todo o corpus em versos e em prosa de Zanzotto: da prosa mais antiga de *No Planalto, Feira distante*, e da janela do ônibus nesse mesmo livro evocada em *Ônibus na noite*, dos primeiros gemidos em versos publicados aos dezessete anos na coletânea *Poetas contemporâneos 1938* ('Olhei tanto no dia,/ Desta janela longe') (...)". In: "Abitare Zanzotto". In: *Premessa all'abitazione...*, p. 24-25. Ver também Cortellessa. *Zanzotto: il canto della terra*, p. 110.
19. Zanzotto. "Autobus nella sera". In: *Le poesie e prose scelte*, p. 964.

de si mesma, que se envolve na autocombustão".[20] O olhar oblíquo zanzottiano, expulsando o homem, privilegia uma via diferente da do mimético – apesar da precisão dos detalhes – e revela, paradoxalmente, nesta estreia, uma poesia empenhada.[21] O que se vê é, portanto, uma máxima disposição à escuta de uma paisagem ofendida, de uma ideia de homem em crise, enfim, de uma resistência e de uma "necessidade de lutar contra um caos que já arrebatava as mesmas condições cotidianas da vida, foi a necessidade de uma resistência em nível biológico".[22] A poesia, como irá admitir anos depois, se tornava uma "autodefesa"[23] ou, numa fala de 1981 retomada por Andrea Cortellessa[24] no prefácio de *Primeiras paisagens*:

> Em meus primeiros livros, eu tinha até cancelado a presença humana, por uma forma de 'incômodo' causado pelos eventos históricos; queria somente falar de paisagens, retornar a uma natureza em que o homem não tivesse operado. Era um reflexo psicológico das devastações da guerra. Não teria podido mais olhar para as colinas que me eram familiares como algo de belo e doce, sabendo que nelas muito garotos inocentes tinham sido massacrados.[25]

---

20. Zanzotto. "Autobus nella sera". In: *Le poesie e prose scelte*, p. 965.
21. "Na verdade, a poesia nunca foi salvadora na forma entendida pelos teóricos dos mais diversos funcionalismos, apesar de em determinados períodos, e em determinados poetas, ter se aproximado da história de modo mais evidente (ou melhor de uma ideia mais comum e convencional de história). Ela era por si só, em todos os casos, saúde, sempre foi a aparição mais provável da verdade, da liberdade, e, portanto, da história: inclusive a poesia selada como *engagée*, que pode tirar vantagem para sua honra de ter sido desprezada pelos hierarcas de ontem e de hoje", Zanzotto. "Situazione della letteratura". In: *Le poesie e prose scelte*, p. 1.097.
22. Zanzotto. "Situazione della letteratura". In: *Le poesie e prose scelte*, p. 1.096.
23. Ver Carbognin. *Intervista ad Andrea Zanzotto su poesia, scrittura, società*, p. 7.
24. O livro *Il canto della terra* (Il Mulino, 2021) de Andrea Cortellessa, lançado no ano do centenário de nascimento do poeta, e já citado antes, é uma referência bibliográfica indispensável hoje para quem se aproxima desta poesia.
25. Zanzotto. *Primeiras paisagens*, p. 16. A referência em italiano é ao texto "Intervento". In: *Le poesie e prose scelte*, p. 1.277. Palavras que, obviamente, ecoam outros livros de poemas, como os ossários do *Galateo in Bosco* (1978).

IX. A experiência bélica: entre paisagem e linguagem

Pode-se pensar que do mesmo modo que a presença humana é cancelada, os lugares da afetividade também ressentem da necessidade de um gesto, a saber, a inscrição nos topônimos fictícios – doces nomes os de "Lorna" (Arafanta), "Dolle" (Rolle) –, que, por sua vez, servem como uma proteção a mais, escudos verbais diante da devastação.

Como olhar, então, para essa paisagem que desde sempre o acolheu e que em um duro momento o havia mais do que protegido? Como operar dentro dessa paisagem sabendo e tendo testemunhado os cruéis massacres a ela infligidos? Diante da crise da noção do sentido de humano – que é, sem dúvida, uma herança das experiências bélicas –, como poder falar de algo tão violento que queima todos, cuja intensidade é "paralisada" quando entra em cena aquela língua comum que usamos em nosso cotidiano? O grito de FAIER mencionado no início deste ensaio expressa, ao arrebatá-la, o que a própria língua tem dificuldade de dizer; o grito a contorce em um som talvez gutural, paralisando, assim, as suas habituais articulações. O *como* de Zanzotto se apresenta, então, numa espécie de *corpo a corpo* tanto no que diz respeito à paisagem quanto diante daquele material que ele tem a seu dispor, ou seja, a própria linguagem. Nesse sentido, a escrita se apresenta, desde a estreia em 1951, como um espaço de envolvimento, de partilhas, no qual é possível encontrar uma *habitabilidade*; talvez, justamente por isso, "a poesia parece devagar e turva, mas no fim elucida o que há de mais grumado na história".[26]

A sensação de ameaça ao lado do sentido de precariedade está presente em vários momentos deste livro, cujas fundações se encontram talvez naquele caráter compacto que pode ser identificado na hiperliterariedade da linguagem usada. A língua, desde o início, se torna mais do que um *collage* de leituras feitas, necessário para reger os estilhaços e as fraturas, uma tela-protetora (também ela) para olhar devastações e

---

26. Zanzotto. "Qualcosa ad di fuori e al di là dello scrivere". In: *Le poesie e prose scelte*, p. 1.228. *Conglomerati* faz parte da trilogia da maturidade do poeta, é seu último livro publicado em 2009, reúne textos escritos entre 2000 e 2009. Os temas aqui tratados também estão em algumas entrevistas dadas por Zanzotto neste período (Breda. *In questo progresso scorsoio*, 2009; Barile; Bompiani. *Eterna riabilitazione da un trauma di cui s'ignora la natura*, 2007).

destruições. Tela que se concretiza, em outro momento, no uso do termo "vidro", mais um elemento de limiar, que recorre ao menos cinco vezes em *Por trás da paisagem*, e depois retorna tanto em *Vocativo* quanto em outros livros, chegando até ao uso do neologismo "mãevidro" de *Conglomerati* [Conglomerados], publicado décadas depois.[27]

Linguagem e vidro, materiais a um só tempo plasmáveis e duros (compacto) que já se apresentam mediante deformações necessárias diante dos "detritos físicos", dos resíduos, dos restos. Nessa linha, não é uma mera coincidência a aproximação ou o espelhamento de "vidro"--"verei" ("vetro"-"vedrò"), nos versos de *Poeira*. De fato, no território restam aquelas presenças residuais e ruinosas: a mão dos mortos, a colheita que não será mais aquela que protegerá, o frio ocidente, o temor.[28] "Mas, então", se pergunta Zanzotto, "o que será dos mortos, daqueles ofendidos para sempre? Permanecem nas ruas, assim, e não pedem nada, mas nenhuma paz, nenhum céu, nenhum descanso os tira da nossa cabeça".[29] A ausência-presença deles ecoa no elemento ruinoso, naquilo que resta de uma dissolução. O verde da grama, como sublinhou Stefano Dal Bianco, é um exemplo, por ser permeado de sangue, de matéria humana que agora se torna também resíduo-cinza, nutrição e adubo.

É necessário, como aponta Walter Benjamin nas *Passagens*, "içar as velas", é decisivo o modo como elas são posicionadas e este mesmo modo (*como*) as transforma. Não basta ter as velas, o que importa é o uso que se faz delas.[30] Ou, ainda, nas palavras de Zanzotto: "Uma imagem-cifra que exorcizasse, sem nomear diretamente as verdades necessariamente sinistras".[31] Não está em questão, aqui, uma lista da destruição, uma sequência de descrições que só pode perder sua potência significante. De fato, o gesto do poeta no emaranhado que tem ao seu

---

27. Ou, ainda, o "velenvetrovento" (venenvidrovento) de "Sovrimpressioni". In: *Tutte le poesie*, p. 876.
28. Elementos de "Noite de guerra, de tramontana". In: *Primeiras paisagens*, p. 71.
29. Zanzotto. *1944:FAIER*, p. 997.
30. Benjamin. *Passagens*, p. 515.
31. Zanzotto. "Situazione della letteratura". In: *Le poesie e prose scelte*, p. 1.089.

redor não deixa de lado o uso político das ruínas nem nas perguntas do texto em prosa *1944: FAIER* e nem nos versos. Não interessa a Zanzotto, então, uma (re)construção legível, mas sim uma montagem que lhe permita furar e tocar formas-de-vida. A nua fragilidade da existência, os corpos sem vida, o cenário arcádico – Dolle e Lorna – que vira de ponta-cabeça são todos aspectos de um grande desmoronamento que atinge o solo habitado-habitável da língua, que, neste momento, reage tecendo e enredando uma incrível rede citacional imbricada de nós visíveis-invisíveis (Eluard, Hölderlin, Lorca). Na paisagem geográfica, incide inevitavelmente, então, uma paisagem literária, que nada mais é do que uma trama e uma montagem de companhias também caras, leituras que foram sendo apropriadas, que marcam um percurso e deixam suas pegadas, é suficiente, aqui, lembrar do nome do amado poeta alemão Hölderlin. Uma língua, portanto, que incide sobre ela própria, formando concreções. É um pouco longa, mas também é muito significativa a citação reproduzida abaixo:

> A língua tem indicado inequivocadamente que a memória não é um instrumento para a exploração do passado; é, antes, o meio. É o meio onde se deu a vivência, assim como o solo é o meio no qual as antigas cidades estão soterradas. Quem pretende se aproximar do próprio passado soterrado deve agir como um homem que escava. Antes de tudo, não deve temer voltar sempre ao mesmo fato, espalhá-lo como se espalha a terra, revolvê-lo como se revolve o solo. Pois 'fatos' nada são além de camadas que apenas à exploração mais cuidadosa entregam aquilo que recompensa a escavação. Ou seja, as imagens que, desprendidas de todas as conexões mais primitivas, ficam como preciosidades nos sóbrios aposentos de nosso entendimento tardio, igual a torsos na galeria do colecionador. E certamente é útil avançar em escavações segundo planos. Mas é igualmente indispensável a enxadada cautelosa e tateante na terra escura. E se ilude, privando-se do melhor, quem só faz o inventário dos achados e não sabe assinalar no terreno de hoje o lugar no qual é conservado o velho. Assim, verdadeiras lembranças devem proceder informativamente muito menos do que indicar o

lugar exato onde o investigador se apoderou delas. A rigor, épica e rapsodicamente, uma verdadeira lembrança deve, portanto, ao mesmo tempo, fornecer uma imagem daquele que se lembra, assim como um bom relatório arqueológico deve não apenas indicar as camadas das quais se originam seus achados, mas também, antes de tudo, aquelas outras que foram atravessadas anteriormente.[32]

Benjamin, neste fragmento do início da década de 1930, coloca a memória ao lado da terra, um procedimento que é recorrente e operado também por Zanzotto, basta pensar no ensaio de 1953, dedicado a Eugenio Montale.[33] O estado das coisas é, nessa perspectiva, um conjunto de estratos – a língua-terra –, por isso o discurso das lembranças não pode ser referencial e linear, mas se configura sobretudo como um movimento em espiral, ou melhor, cheio de espirais. Eis, agora, dois elementos constitutivos da poética de Andrea Zanzotto: paisagem e linguagem. Duas janelas, ou aberturas, que lhe permitem este *medium* propício para seus gestos arqueológicos e para suas escavações linguísticas. Retomando a citação do poeta de Pieve di Soligo, operar poeticamente numa natureza em que o homem não tivesse operado requer, então, por conseguinte, um outro olhar caracterizado pelo desvio.

Um retorno, aliás, é melhor usar o plural *retornos*, que escavam e escavam tentando uma aproximação da origem, entendida não como uma reconstrução, não há nenhum tipo de sentimento nostálgico. Um exemplo disso é a produção inédita de Andrea Zanzotto com os haicais,

---

32. Benjamin. "Escavando e recordando". In: *Rua de mão única*, p. 239-240. Neste trecho, Benjamin faz uma autorreferência, quando fala em "torsos na galeria do colecionador". No mesmo livro, sob o título de *Antiguidades*, encontramos sete fragmentos dedicados a sete objetos. *Torso* é o último da série: "Torso – somente quem soubesse considerar o próprio passado como fruto da coação e da necessidade seria capaz de fazê-lo, em cada presente, valioso ao máximo para si. Pois aquilo que alguém viveu é, no melhor dos casos, comparável à bela figura à qual, em transportes foram quebrados todos os membros, e que agora nada mais a oferecer a não ser o bloco precioso a partir do qual ele tem de esculpir a imagem de seu futuro" (p. 41-42).
33. Este ensaio, "O hino na lama", mais que emblemático para entender melhor o último Montale e também o próprio Zanzotto, faz parte do volume *Primeiras Paisagens*, p. 309-314.

escritos entre a primavera e o verão de 1984 e publicados póstumos em 2012. Uma experiência, talvez única no panorama poético italiano, em que o poeta usa os dispositivos de uma língua estrangeira – o inglês – que não domina bem. E é exatamente nesse meio "pantanoso" que ele escava um lugar e uma possibilidade de *fazer com* o inglês. É saindo da própria língua, indo em direção a uma não amada e distante, que Zanzotto, com seus "pseudo-haicais", volta a olhar para o seu território, para aquelas "primeiras paisagens" que marcaram sua escrita poética.

No que concerne à origem, o tempo nunca deixou de trabalhar, e voltando a Benjamin: "a origem insere-se no fluxo do devir como um redemoinho que arrasta no seu movimento o material produzido no processo de gênese".[34] Em outras palavras, ela não pode ser representada por um ponto, é difícil circunscrevê-la, por isso a imagem do vórtice, que traz consigo uma dinamicidade temporal, é inerente a ela. Não se trata, então, de um simples fluxo, de um progresso ou de um desenvolvimento, mas sim de um campo de forças em que conflui muita matéria em tensão; por isso mesmo a origem não pode se limitar aos dados de fato, mas está relacionada à sua pré e pós-história.[35]

O vermelho do sangue absorvido pelo solo, explicitado em algumas prosas e versos, como já foi visto, retorna aqui com toda a sua força na imagem delicada e resistente de uma flor, a papoula, que não deixa de ser um outro grito:

> Papoulas, não gotas de sangue inocente
> sem diversão nos clarões de trigo:
> o mundo me beija selvagem e doce.

*

> Desenhando uma papoula colhida
> num campo de batalha vivo demais para suportar
> desenhos, sombras de si mesmo

---

34. Benjamim. *Origem do drama trágico alemão*, p. 34
35. Ver ainda Agamben. "Vórtices". In: *O fogo e o relato*, p. 83-88.

*

Felizes velas de veleiros
naufragados no mar de trigo?
papoulas: por toda parte iniciam resgates

*

Papoulas, boas companheiras,
em buques aparecem de repente –
para confirmar as trilhas, para confirmar
os lassos veios nas colinas[36]

---

36. Esta seleção de haicais faz parte de Zanzotto. *Haicais for a season* (Trad. Patricia Peterle, Rio de Janeiro: 7Letras, 2023).

X. Um fio, uma voz lançada

> Ora só a linguagem pode redizer os gestos
> escrevê-los devagar repetindo o ardor com cautela
> fixando para que ainda fiquem nesta estância
> as grandes sombras de então.
> (Antonella Anedda, *Noites de paz ocidental*)

1.

"Mundo", "linguagem" e "detalhe" são palavras-chave: a apreensão, ou a vontade de apreender totalmente algo, é colocada em xeque pelo último termo, "detalhe". O detalhe evoca o residual, o rastro, inclusive o impuro, as concreções e seus vestígios que vão sendo acumulados e misturados. O cuidado com o detalhe teve sempre um papel de destaque no pensamento de Walter Benjamin, para quem este não pode não estar relacionado à memória. Desde a observação de um torço, que no transporte ficou sem os membros, passando pela escuta de uma língua estranha – o italiano –, que mesmo sem entender parece envolver quem a escuta e provoca inclusive certo alívio físico diante das fortes dores, até o olhar para uma coluna. A Coluna da Vitória, cujos detalhes remetem a outras evocações para além do que é observado, os fragmentos que ecoam de *Rua de mão única* comprovam, portanto, essa atenção para as particularidades, para aquilo que muitas vezes permanece na esfera, no limiar, do não-visível.

A base da coluna era envolvida por um deambulatório que permitia dar a volta completa. Eu nunca entrei nesse espaço, cheio de uma luz mortiça, refletida pelo dourado dos frescos. Tinha medo de encontrar aí quadros que me lembrassem as imagens que encontrei num livro com que me deparei no salão de uma velha tia. Era uma edição de luxo do *Inferno* de Dante. Achava que os heróis cujos feitos bruxuleavam na galeria da Coluna deviam ser tão suspeitos quanto as multidões sujeitas à penitência, fustigadas por ventos em turbilhão, enxertadas em troncos de árvores sangrentos, congeladas em glaciares. Por isso esse deambulatório era o inferno, a antítese do círculo da graça que envolvia a resplandecente Vitória lá no alto. Em certos dias havia pessoas lá em cima. Contra o céu, pareciam-me ter contornos negros como as figurinhas dos álbuns de recortar e colar. Não lançava eu mão da tesoura e cola para, depois de terminada a construção, distribuir bonecos semelhantes pelos portais, nichos e parapeitos de janelas?[1]

A Coluna da Vitória é uma coluna celebrativa, um monumento inaugurado em Berlim no dia 2 de setembro de 1873, símbolo da derrota das tropas de Napoleão III. Contudo, para além do registro histórico destacado pela sua imponência na grande praça, o detalhe que chama a atenção do olhar benjaminiano faz com que o pensamento do observador não se limite à grande História, que não deixa de estar ali presente. Na verdade, esse olhar a perpassa e a atravessa, provocando um cruzamento de tempos. O espaço do deambulatório, característico dessa coluna, impõe a Benjamin outras sensações que o levam distante, para além daquele monumento: as imagens vistas numa edição luxuosa do *Inferno* na casa de uma tia e o gesto de recortar e colar que faz parte de toda infância são relembrados a partir do contato com coluna. É essa sobreposição de tempos que a atenção dada ao detalhe e à sua impureza podem oferecer. Há todo um mundo que se torna possível por meio da trama memorial tecida pela linguagem a partir da coluna. É justamente ela – a linguagem – que permite essas incursões pela memória, que irrompe a partir de um pequeno detalhe da Coluna, e que vai tecendo

1. Benjamin. *Rua de mão única*, p. 74-75.

e tramando as outras considerações que também se distanciam do salão da tia e da luxuosa edição do *Inferno*. O detalhe da Coluna é, portanto, uma espécie de imagem dialética que abre uma fissura – esse limiar – no tempo, nas temporalidades que ali e agora se entrecruzam.

O passado irrompe no presente, causando um curto-circuito numa visão de tipo cronológica. É para esse movimento que a epígrafe de Antonella Anedda parece, então, apontar. O que acontece nos momentos em que o detalhe é percebido? Quais surpresas esses momentos conservam? O que faz quem olha um pouco mais de perto? Estas são algumas questões presentes no livro de Daniel Arasse dedicado ao *detalhe*, visto como um desvio, uma vez que desloca a própria obra – mesmo permanecendo paradoxalmente ali –, no qual os particulares passam a receber, na medida em que são percebidos, um outro tratamento.[2]

É a propósito do corpo geográfico da Madalena, esse arquipélago localizado na Sardenha e que faz parte da história de sua família, espaço também da infância, que a poeta, com o auxílio de um binóculo (uma prótese), fala de uma observação desinteressada e exercitada desde pequena, que não está muito distante daquela de Walter Benjamin, recém-citada:

> O binóculo aumenta os detalhes. Eu me detinha num chapéu, num casaco, numa bengala. Não inventava histórias, compunha quadros mentais e daquelas particularidades se escancaravam visões surreais, aproximações impensáveis. Olhava as bocas que se abriam, sem ouvir os discursos e imaginava os diálogos, as uniões, os abandonos. Aquelas observações solitárias se transformaram com o passar do tempo em um dos prazeres mais duradouros, em ilhas do pensamento com uma louca *callida iunctura*.[3]

---

2. Arasse. *Il dettaglio*: la pittura vista da vicino. Em *La vita dei dettagli*, Anedda cita Arasse, numa urdidura interessante: Anedda cita Arasse, que fala de Rilke, que fala de um quadro de Jan van Eyck. E segundo Anedda (2009, p. 77) é também a partir do fragmento de Rilke que Arasse sublinha o "triunfo do detalhe" como um "aceno" subjetivo, cujo efeito se dá por meio do deslocamento e do delirante.
3. Anedda. *Isolatria*: viaggio nell'arcipelago della Maddalena, p. 45.

Nessa observação que beira o desvario do olhar, Anedda se detém num detalhe, pula de um para outro num movimento contínuo. Um fio que vai pespontando coisas distantes e, a princípio, estranhas e desconectadas. Um anacronismo, uma quebra nas relações de tempo, que fica explicitado a partir de outra suspensão, agora, vinda de Horácio: "*callida iunctura*". Ou seja, a aproximação de dois termos de forma engenhosa, cuja soma lhes dá um terceiro significado – mais uma sobreposição. Quem já possui certa familiaridade com a escrita de Antonella Anedda sabe que o detalhe não é um adereço, não é um mero acabamento, mas é um coração pulsante. O deslocamento e a decomposição de uma imagem, os recortes dos detalhes, por exemplo, estão presentes em *A vida dos detalhes* (2009), cuja última seção tem como título *Colecionar perdas*. Chama a atenção, aqui, o uso do verbo "colecionar" no infinitivo por dar a ideia de uma ação que ainda se faz, além da refinada impureza encontradas nessas páginas. Pegar uma fotografia e cortar as partes mais adoradas é o gesto proposto por Anedda para dar forma a uma realidade à qual não se tem acesso de outro modo. Recortes que também se fazem presentes em sua escrita, em alguns momentos feita também de corte/recortes, farrapos de uma língua comum, do sardo, da *limba*,[4] de um diálogo intermitente com a tradição. O corpo da escrita se inscreve no corpo de uma experiência, que é inapreensível.

Além da *Vida dos detalhes*, é a quinta coletânea de poemas, *Salva con nome* (2012), que expõe na poesia esse gesto hibridizante de formas: letra, palavra, imagens, fotografias. O termo "salva" no título indica a tentativa dessa operação, que evoca uma ação mais do que comum com quem trabalha com o computador: o comando de indicar o nome de um documento quando este está sendo, justamente, salvo na memória da máquina ou numa outra memória, inclusive na nuvem. Como os arquivos salvos e esquecidos que quando recuperados não são mais os mesmos, as fotografias desse livro são espectrais porque falam de algo que não mais *existe*, mas que de alguma forma ainda *resiste*: "são eles, mas não exatamente eles".[5] O que é exposto, portanto, nessa operação é

---

4. A *limba* é uma espécie de koiné dos muitos falares sardos.
5. Anedda. *Salva con nome*, p. 95.

aquela dimensão do insalvável, cujo centro é a instabilidade, a sensação de fragilidade e de completa exposição.⁶ Salvar – para retomar as imagens das agulhas e fios, presentes nas fotografias enxertos de *Salva com nome* –, é, portanto, uma tentativa de tecer, coser, selecionar, excluir e remendar os fragmentos. Gesto que deixa sua marca no percurso-cicatriz deixado pela linha (linha da costura, linha da escrita), que, mesmo parecendo invisível, está ali: ela é o detalhe.

> Pode acontecer que as formas do nosso mundo, o que acompanha com os pássaros a manhã: a xícara, o leite, a chama, os sons confusos para além das plantas e das paredes, sejam iluminados realmente somente pela distância e tornados concretos somente pelo eco de uma voz. Há versos que só se podem imaginar escritos na pobreza de uma cozinha, ao lado de uma sopa que ferve, de uma cadeira morna pelo fogo. Entendemos que até o fim os objetos serão misturados à linguagem: barro e luz, peso da matéria e a graça do conhecimento.⁷

A linguagem, como o fio na costura – que ora aparece, ora some –, é o que permite perscrutar o ínfimo e, a partir dele, prospectar. Nesse sentido, é possível trazer o nome de uma autora mais do que apreciada por Anedda, Marina Tsvetaeva, para quem a arte não tem um fim em si mesma, mas é, sobretudo, uma espécie de forma porosa – eis aqui o papel da linguagem. De fato, a escrita desloca a todo momento o sujeito, o questiona a partir dessa experiência que deixa uma inscrição(ões) (a própria experiência, por exemplo, com a *limba*). Nas palavras de Simone Moschen Rickes, "a escrita funciona como uma cicatriz, produzindo junção aí onde a cisão é irremediável. É inapagável".⁸

Essa operação de "junção aí onde a cisão é irremediável" é agenciada por Anedda em um livro inusitado como *Nomi distanti* [Nomes distantes], cuja primeira edição é de 1998 e a mais recente é de 2020, na coleção *i domani* da editora Aragno. É a busca de uma resposta,

---

6. Ver também Pinto. *A opacidade de nós mesmos no poema "Spettri de Antonella Anedda"*.
7. Anedda. *Cosa sono gli anni*: saggi e racconti, p. 95.
8. Rickes. *A escritura como cicatriz*, p. 67.

respostas, diante daquilo que parece inexprimível. Anedda escolhe, seleciona, textos e autores que lhe são caros, leituras que a acompanharam e continuam a acompanhá-la, relações que extrapolam a fisicidade da página de papel, mas que é nela que a poeta italiana também as inscreve. Uma peregrinação pela língua, pelo verso, pela poeticidade do outro, ou melhor dizendo, uma imersão total a partir do gesto tradutório.[9] A operação contida nesse livro é também a da sobrevivência do outro. Um livro estranhante, de composição complexa que se dá a partir de uma constelação de vozes, Tjutčev, Mandel'štam, Pound que formam esse "mar de línguas", sem dúvida, espaço de encontro até então impensável. Rostos e corpos no escuro, chamados e respostas, diz a própria Anedda, que remam rumo ao essencial daquilo que parece inexprimível. Uma pequena coleção de textos e autores com os quais a poeta concretiza e registra a intensa relação já existente, que pode se tornar uma "terceira via" para lembrar das palavras de Giorgio Caproni, ou uma terceira voz e um terceiro espaço. Além dos nomes já citados, são também convocados para essas operações em que as línguas se interpenetram Marina Tsvetaeva, Emily Brontë, Giacomo Noventa, Zbigniew Herbert, Fabio Doplicher, Ezra Pound, Franco Loi e Philippe Jaccottet. Um ritual que vai se repetindo nas páginas, sempre ele, mas sempre outro, que começa com o texto revisitado por Anedda, em seguida se tem o texto fonte em língua estrangeira e, por fim, uma tradução que circulou e circula feita por um outro tradutor, cujo nome também é indicado. A própria tradução se torna o estopim de um texto outro, um outro destino, abre um espaço para que ela seja um espaço de *performance*, uma sobrevida que produz inevitavelmente uma outra vida.[10] Uma

---

9. Não poderia deixar de lembrar aqui do último livro de poemas, *Isto não é um documentário* (7Letras, 2020), de Marcos Siscar, cuja última seção ensaia esse movimento do intruso e de revisitação do outro. *Tradução impenitente* é emblematicamente o título da seção, cuja marca é chegar a si pela revisitação do outro, reunindo poemas que assumem "erros" e/ou supostos pecados. Curioso, aqui, é que o primeiro poema, *Impostura*, retoma os versos mais famosos de Giacomo Leopardi, *O infinito*.

10. Esse texto foi escrito em 2020, mas estas colocações encontram ecos no recente livro de Marcos Siscar, Marcelo Jacques de Moraes e Mauricio Mendonça Cardozo, *Vida poesia tradução*, publicado em 2021, pela 7Letras. Em especial, as reflexões de

terceira voz e um terceiro espaço, como ela mesma coloca nas páginas introdutórias.[11] Uma trajetória de sons e palavras por meio da trama do processo tradutório, da qual ela vai se apropriando e expondo os fios daquilo que sacodem, estremecem. A presença do intruso ajuda a forjar essa língua que é sempre inexprimível, sempre outra: uma língua "um ser que sobrevive a si próprio".[12] De fato, a peregrinação nessas operações não significa uma viagem rumo a qualquer tipo de descoberta, mas é uma viagem-processo em busca do próprio "existir". Com efeito, como Anedda faz questão de ressaltar, viaja-se para ver a própria viagem refletida no corpo e no pensamento; e poderíamos acrescentar que este corpo é também o da língua, que é conhecimento, erro e silêncio.[13] O jogo explorado por Anedda, mesmo com a exposição a partir da publicação do livro, traz em si algo que continua no âmbito do enigmático, em que os movimentos de aproximação e distanciamento são colocados à prova e necessários para essa partida infinita. Há uma ética diante desse outro, há uma demanda pelo outro que não o elimina, mas o reconhece e o acolhe, sacudindo e abalando as bases da língua que oferece muito mais que a própria mão. A cada vez é preciso abrir o caminho, cavar o espaço, observar a peregrinação que cada leitura/tradução/reescrita exige como uma urgência. É aqui que o sentido, para lembrar o Benjamin da "tarefa do tradutor", precipita de abismo em abismo, arriscando se perder nas profundezas da língua. Ou para continuar com as palavras de Anedda em seu mais recente *Geografie* (2021): "Desmantelar-se significa putrefação, mas também mudança" e, ainda, "o sono chegou pouco depois, no quarto, junto com o vozerio de uma língua estrangeira que é normalmente um dos melhores soníferos".[14]

Siscar sobre as duas versões propostas por Gabriela Llansol do célebre poema "À une passante" de Charles Baudelaire.
11. Cf. Anedda. *Nomi distanti*, p. 7.
12. Heller-Roazen. *Ecolalias*: sobre o esquecimento das línguas, p. 135.
13. Cf. Anedda. *Nomi distanti*, p. 8.
14. Anedda. *Geografie*, p. 21 e 19.

2.

Romana de origens sardas, desde seu primeiro livro, *Residenze invernali* [Residências invernais] (1992), Antonella Anedda traz uma pluralidade de linguagens que, pouco a pouco, com as demais publicações, vai se intensificando. A paisagem essencial e atemporal, presente desde as memórias da infância, parece calibrar sua própria voz poética ("os rochedos sem flores"), que corrói o canto para encontrar seu verso descarnado em sua essencialidade. Na prosa de 2013, dedicada ao arquipélago da Maddalena,[15] algumas reflexões feitas a partir da geografia e desse espaço tão peculiar podem ser indícios que retornam em sua relação com a linguagem. Logo no primeiro capítulo, *Aproximação*, são dadas algumas coordenadas: 1) "Conhece a proteção, mas também o máximo de exposição" e ainda:

> A constrição do espaço dilata, o escancara para todos os quatro pontos cardeais, não para de nos fazer sonhar com o que existe para além do mar. De uma ilha se imaginam os continentes, as extensões de terras, percorríeis. A constrição aumenta o desejo de distância.[16]

Tais reflexões aparecem logo na primeira página e se referem, obviamente, à sensação de estar numa ilha, sua limitação e as possibilidades que essa mesma limitação pode vir a oferecer (uma espécie de sebe leopardiana). Contudo, essas mesmas considerações feitas a partir da visão da ilha não poderiam ser deslocadas para se pensar a relação com a língua? Se, por um lado, língua é partilha, proteção, por outro, é também exposição (como vimos no ponto anterior, a partir da operação ensaiada em *Nomi distanti*). A língua, seja ela italiano, português, francês, russo, inglês ou qualquer outra, é um "espaço" limitado, com suas demarcações, constrições (normas e regras) e limites, mas é justamente aí que reside o sonhar (peregrinar) para além dela mesma,

---

15. Grupo de ilhas ao norte da costa leste da Sardenha. É o primeiro livro dedicado a esse território, mas ele já se fazia presente em publicações anteriores.
16. Anedda. *Isolatria*, p. 3.

as potencialidades silenciadas: a voz que desconcerta a língua, a língua que vive em sua própria outridade. A escrita é também fruto de uma impotência, em que a relação com a morte só pode estar latente nesse gesto.[17] Tal experiência, a da precariedade, de uma potência-de-não, também é tratada por Anedda no livro dedicado ao arquipélago da Maddalena.

> A língua não minha, pelo menos no início, me embala. Ser estrangeiros deixa a nossa linguagem precária. Viver num vilarejo não nosso obrigada à pobreza, mas evita as frases prontas. Contemplar o alerta quase contínuo do corpo e da mente. Falar uma outra língua nos despela vivo e nos expulsa para o canto aonde pensávamos que não mais tornaríamos e onde – conhecemos o terreno – há areias movediças, desmoronamento, lama e nossa voz que morre. Existem pontos de nossa vida em que afundamos metade engolidos e agitamos braços e pernas para voltar à superfície, mas quando finalmente voltamos com aquele punhado de palavras começamos a sobreviver, sobrevivemos.[18]

É na inoperância, na precariedade, por meio do sentimento de estranheza dado pela estrangeiridade, nesse mergulho que despela, que é então possível retornar não com uma língua, mas com um "punhado de palavras". A linguagem, retomando Foucault, não traduz as coisas, são estas que são envolvidas "na linguagem como um tesouro afogado e silencioso no tumulto do mar".[19] Em *Notti di pace occidentale* [Noites de paz ocidental] (1999), são retomados alguns poemas de *Nomi distanti* [Nomes distantes] (Zbigniew Herbert e Franco Loi), outros textos são dedicados a poetas, como é o caso de um dos poemas ao final do livro que traz a seguinte dedicatória: "na morte de A.R.", em que as maiúsculas se referem a Amelia Rosselli. Este poema dedicado à poeta italiana Amelia

---

17. A esse respeito, são relevantes as pontuações de Agamben ao reler um dos ensaios mais famosos de Giovanni Pascoli, em Agamben. "Pascoli e il pensiero della voce". In: Pascoli. *Il fanciullino*, p. 7-27.
18. Anedda. *Isolatria*, p. 49.
19. Foucault. *A grande estrangeira*: Sobre literatura, p. 57. Ver também Peterle. *Limites e perigos*.

Rosselli, *Per un nuovo inverno* [Para um novo inverno], é composto de quatro estrofes irregulares e versos de diferentes medidas. A unidade do texto encontra-se na responsabilidade que a poeta sente de ter em relação à amiga-poeta que se suicidou. É, certamente, um canto de luto, como fica registrado na dedicatória, mas há aqui uma diferença, que é a tentativa de encontrar e reconhecer um presente, uma "casa", enfim, uma sobrevivência, registrada no título, o novo inverno.[20]

> *Non ho voce, né canto*
> *ma una lingua intrecciata di paglia*
> *una lingua di corda e sale chiuso nel pugno*
> *e fitto in ogni fessura*
> *nel cancello di casa che batte sul tumulo duro dell'alba*
> *dal buio al buio*
> *per chi resta*
> *per chi ruota.*[21]

> Não tenho voz, nem canto
> mas uma língua trançada de palha
> uma língua de corda e sal cerrado no punho
> e denso em cada fissura
> no portão de casa que bate no túmulo duro da aurora
> de breu em breu
> para quem fica
> para quem roda.

Com qual voz se fala da/sobre a morte? Qual língua? Quem já teve a ocasião de ouvir uma leitura de Antonella Anedda pode perceber

---

20. Talvez aqui haja ecos do poema de Franco Fortini, poeta central para Anedda, dedicado a Andrea Zanzotto, *Per l'ultimo dell'anno 1975 ad Andrea Zanzotto*, um soneto do livro *Paesaggio con serpente* (1984).
21. Anedda. *Notti di pace occidentale*, p. 68. Na entrevista publicada em *Vozes*: "Este é o fim de uma longa poesia escrita para o suicídio de uma das vozes mais importantes da poesia italiana do século XX: Amelia Rosselli. Era um canto de luto, mas também um diálogo com Amelia e com a poesia, com a pessoa e com a morte, com a ausência e

sua carga de sussurro, talvez também temor, mas isso não significa fraqueza. É um traço de sua voz que, nos versos, vai sendo perfilado a partir de alguns sintagmas como "língua anônima" ou, na estrofe anterior, com a nua essencialidade "língua trançada de palha". Talvez também essa dimensão de exposição possa ser colocada ao lado do questionamento trazido por Agamben em *Studiolo*, quando ele aponta que uma esfera pré-histórica está sempre presente em toda obra de arte. E, nesse sentido, continua Agamben, a tarefa do pensamento é arrancar os fenômenos de sua situação cronológica para restituí-los a essa outra dimensão. Não é, então, estranho que um verso de Anedda diga: "Se escrevi foi por apreensão/ porque estava em apreensão pela vida".[22] E num outro momento ensaístico como é o livro *La luce delle cose* [A luz das coisas]:

> Pode-se unir tudo no espaço do pensamento, se o pensamento é um quintal sonoro que não barra, mas cerca: a história da verdadeira madeira e a madeira das camas, a água do rio dos afrescos e a água marinha do porto. Pensamento não distinto dos gestos. Os gestos como ramos, o pensamento como água. O que se sonha e o que já existe, o que se vê e o que se lembra sem mentira da invenção, porque nada é mais terreno do que o invisível. São suficientes os versos de um homem que lê os versos de um homem traduzidos por um outro homem e uma criatura que lê e salda a lembrança daquela página com uma imagem. É a trama de uma vida apaixonada, horas de onde a noite aflora para consolar o dia. E também neste caso basta muito pouco: uma mão que acaricia a

com a linguagem que tenta dizer dessa ausência". Cf. Peterle; Santi. *Vozes cinco décadas de poesia italiana*, p. 270. E sobre Rosselli, em *Cosa sono gli anni*, p. 17, Anedda, na abertura do capítulo intitulado *Diário*, diz: "Li *Diario ottuso* [Diário obtuso] de Amelia Rosselli, em poucas horas noturnas. De manhã, enquanto o leite fervia, preguei as páginas rasgadas na parede da cozinha, na altura dos olhos. Dever-se-ia ter a força para pensar na morte, para falar da morte sem nunca pronunciar essa palavra eu. Quem escreve deveria distanciar-se de tudo, deixar a morte sozinha, tirar-se toda voz".
22. Anedda. *Notti di pace occidentale*, p. 33.

cabeça até placar a dor afastada nos anos, um espaço que graças àquele gesto é o lugar que tínhamos procurado.²³

O gesto da poeta, então, mais do que uma janela escancarada que tudo enquadra, capta uma brecha dessa janela – um punhado –, espaço de suspensão da própria língua.²⁴ Nesse sentido, o uso da palavra expõe o contato com as coisas mudas: "só o homem consegue interromper, na palavra, a língua infinita da natureza e colocar-se por um instante diante das coisas mudas".²⁵ Diz Anedda ainda em *Cosa sono gli anni* [O que são os anos]: "um fogo arde distante", a chama que ilumina é a mesma que acolhe ao seu redor, sem deixar também de ser aquela que ameaça e queima. O contar tem a ver com o fogo, aliás, com toda a literatura, pois "todo relato" é "memória da perda do fogo".²⁶

> Há, porém, um fio, uma espécie de sonda lançada em direção ao mistério, que lhe permite medir a cada vez a distância do fogo. Essa sonda é a língua, e é na língua que os intervalos e as rupturas que separam o relato e o fogo mostram-se implacáveis como feridas (...) Escrever significa: contemplar a língua, e quem não vê e não ama sua língua, quem não sabe soletrar sua tênue elegia seu hino flébil, não é escritor.²⁷

É talvez nesse silêncio e nessa contemplação – num gesto em que a linguagem volta para si e que o olho vê seu ponto cego – que a

---

23. Anedda. *La luce delle cose*, p. 133.
24. Como aponta Giorgio Agamben em *Studiolo*, p. 19, a grande poesia não diz somente o que diz, mas também o que está dizendo, a potência e a impotência de dizer, ou seja, poesia é suspensão.
25. Agamben. *Ideia de linguagem I*, p. 113. A esse propósito, uma passagem de Leopardi, nas *Operette morali*, o *Cântico do galo silvestre*, p. 418, citado por Anedda em *Cosa sono gli anni*, pode ser lembrado: "Chegará o tempo em que ele e a própria natureza se apagarão. Do mesmo modo que os grandes reinos e impérios humanos, com seus movimentos maravilhosos, famosíssimos em outros tempos, nada resta hoje, indício ou fama; a mesma coisa, do mundo inteiro, dos acontecimentos infinitos e das calamidades das coisas criadas, não restará um vestígio sequer".
26. Agamben. *O fogo e o relato*, p. 29.
27. Agamben. *O fogo e o relato*, p. 33-34.

língua se expõe, livre do fingimento e amarras normativas, comunicacionais. Tal condição talvez possa ser encontrada em alguns poetas que acompanham a trajetória de Anedda, Paul Celan (os rastros de nossa respiração na linguagem), Osip Mandel'štam, Marina Tsvetaeva, Anna Achmatova e Zbigniew Herbert. A este último é dedicado um poema de *Notti di pace occidentale*, vejamos a segunda estrofe:

> *Dormirà per sempre*
> *perciò sospendi tu la quiete*
> *prova a rovesciare il dorso della mano*
> *a raggiungermi nel nome di una lingua sconosciuta*
> *perché parlo da un'isola*
> *il cui latino ha tristezza di scimmia.*
> *Un mare una pianura nuvole di tempesta contro i fiumi*
> *uccelli nel cui becco gli steli annunciano alfabeti.*[28]

> Dormirá para sempre
> por isso a calma você suspende
> tente virar o dorso da mão
> para me alcançar no nome de uma língua desconhecida
> porque falo de uma ilha
> cujo latim tem tristeza de macaco.
> Um mar uma planície nuvens de temporal contra os rios
> nos bicos dos pássaros os talos anunciam alfabetos.

Herbert, poeta polonês mais do que caro a Anedda, chama a atenção por seus versos de adjetivos calibrados, palavras enxutas e pacientes, sintéticas no desespero. Num livro com tanta sensibilidade como é *Notti di pace occidentale*, Anedda trata da dramática guerra do Golfo e tangencia o conflito do Kosovo, apontando para uma paz enganosa, superficialmente construída, uma trégua no limite – como já visto. Herbert, que relê Mandel'štam em seu *Epílogo*, atravessando

---

28. Anedda. *Notti di pace occidentale*, p. 20.

a tempestade do século, opta por ser sintético no desespero,[29] evita lamentos e autocomiseração, descarta os tons confessionais e aposta num grande rigor da linguagem. Não é à toa que, num livro de "gratidões e furtos" – como é dito na primeira linha de *Cosa sono gli anni* –, Herbert seja o primeiro escritor citado, e talvez uma das lições que Anedda acolha desse grande poeta seja a de permanecer fiel àquela clareza incerta.[30]

O que está em jogo é, portanto, um modo de perscrutar as coisas, tentativas de "ver o que há por de trás", porém, sem ter a pretensão de conseguir. É a nua humanidade, a nua terra, a nua realidade ("até a passagem mais nua")[31] que lhe interessa e que se presentifica na leitura-embate de seus versos ou fragmentos de prosa: "a poesia, este dom que torna alguns arrogantes, devolve *para a terra*".[32] Há um movimento silencioso e contínuo do questionar-se em relação ao mundo, ao que se vê, se escuta e se sente, que exige um distanciamento do eu, de uma escrita narcisista. O "eu" aqui está nu, da mesma forma que essa língua se apresenta seca, cortante, que chama e interroga o leitor, porque fala, justamente, das coisas que foram feridas, de uma história – da qual fazemos parte – que não para de repetir os erros e produzir vítimas. A palavra de Antonella Anedda ao falar da dolorosa condição humana (do 11 de setembro de 2011 à guerra do Golfo, à guerra do Kosovo, às questões mais recentes relativas à imigração) se abre num vórtice, pensa o outro, quer o outro, necessita dele, dada sua condição existencial num mundo marcado pela precariedade e pelos conflitos.[33] Talvez por isso, alguns críticos sublinharam o tema do mal como chave para entender

---

29. Anedda. *Zbigniew Herbert, la pianura fredda tra le parole*.
30. Para os estudos de Herbert no Brasil, ver a tese de doutorado Kilanowski. *"Queria permanecer fiel à clareza incerta..."*: sobre a poesia de Zbigniew Herbert.
31. Anedda. *Notti di pace occidentale*, p. 11.
32. Anedda. *La luce delle cose*, p. 109-110.
33. O último capítulo de *As pessoas e as coisas* é dedicado ao corpo. Aqui, Roberto Esposito (2016, p. 95), recupera Spinoza "contra a solidão de um *cogito* concentrado em torno de seu princípio interior, o saber do corpo revela-se instrumento de conexão, meio de sociabilidade, potência agregadora 'O corpo humano tem necessidade, para conservar-se, de muitos outros corpos'".

sua poética, alegoria da existência de todo um século, que se alinha com o diálogo estabelecido com os textos de Paul Celan, Osip Mandel'štam, Marina Tsvetaeva que permeiam sua escrita.

Anedda, em entrevista publicada em *Vozes: cinco décadas de poesia italiana*, afirma: "Comecei a escrever *Notti di pace occidentale* (...) logo após a primeira guerra do Golfo e, depois, durante a guerra na ex-Iugoslávia. O título é sarcástico: que tipo de paz vivia, vive o ocidente? Na realidade, vivia e vive uma trégua, um tempo precário em um espaço precário".[34] Essa coletânea é dedicada ao Ocidente, uma terra de conflitos, que está em trégua não em paz, alerta Anedda, por isso "Versos para uma trégua". Desde os versos iniciais, há a vontade de falar das inúmeras mortes anônimas, mas para isso se coloca uma questão: com qual língua?

> *Non volevo nomi per morti sconosciuti*
> *eppure volevo che esistessero*
> *volevo che una lingua anonima*
> *– la mia –*
> *parlasse di molte morti anonime.*
> *Ciò che chiamiamo pace*
> *ha solo il breve sollievo della tregua.*
> *Se nome è anche raggiungere se stessi*
> *nessuno di questi morti ha raggiunto il suo destino.*[35]

> Não queria nomes para mortos desconhecidos
> mas queria que existissem
> queria que uma língua anônima
> – a minha –
> falasse de muitas mortes anônimas.
> O que chamamos paz
> só tem o breve alívio da trégua.

---

34. Peterle; Santi. *Vozes*: cinco décadas de poesia italiana, p. 270.
35. Anedda. *Notti di pace occidentale*, p. 12.

> Se nome também é encontrar a si mesmo
> nenhum desses mortos encontrou seu destino.

É, portanto, com uma "língua anônima" que Anedda segue, advertindo que não se trata de uma elegia. A exigência de falar arde e urge, como são ardentes aqui os espaços, os corpos e o silêncio (entendido como uma disposição, lugar em que o sentido se abre). Em *Notti di pace occidentale*, portanto, segundo Enrico Testa, a palavra lírico retoma e renova exigências antropológicas,[36] como se observa num dos 16 poemas da segunda seção intitulada *Numa mesma terra*, que não deixa de ser uma declaração de poética.

> *Se ho scritto è per pensiero*
> *perché ero in pensiero per la vita*
> *per gli esseri felici*
> *stretti nell'ombra della sera*
> *per la sera che di colpo crollava sulle nuche.*
> *Scrivevo per la pietà del buio*
> *per ogni creatura che indietreggia*
> *con la schiena premuta a una ringhiera*
> *per l'attesa marina – senza grido – infinita.*
>
> *Scrivi, dico a me stessa*
> *e scrivo io per avanzare più sola nell'enigma*
> *perché gli occhi mi allarmano*
> *e mio è il silenzio dei passi, mia la luce deserta*
> *– da brughiera –*
> *sulla terra del viale*
>
> *Scrivi perché nulla è difeso e la parola bosco*
> *trema più fragile del bosco, senza rami né uccelli*
> *perché solo il coraggio può scavare*

---

36. Cf. Testa. *Dopo la lirica*, p. 403-404.

in alto la pazienza
fino a togliere peso
al peso nero del prato.[37]

Se escrevi foi por apreensão
porque estava em apreensão pela vida
pelos seres felizes
espremidos na sombra da noite
pela noite que de chofre caía nas nucas.
Escrevia pela piedade do escuro
por qualquer criatura que retrocede
com as costas contra um parapeito
pela espera marinha – sem grito – infinita.

Escreva, digo a mim mesma
e escrevo eu para avançar mais só no enigma
porque os olhos me põem em alerta
e meu é o silêncio dos passos, minha a luz deserta
– de estepe –
no chão da avenida.

Escreva porque nada está defendido e a palavra *bosque*
treme mais frágil que o bosque, sem galhos nem pássaros
porque só a coragem pode escavar
no alto a paciência
até tirar o peso
do peso negro do prado.

37. Anedda. *Notti di pace occidentale*, p. 33.

3.

Se a voz fala de uma ilha, como aponta um dos versos da estrofe do poema dedicado ao poeta polonês, essa ilha se metamorfoseia e é também alegoria de tantas outras ilhas, inclusive a da própria linguagem.[38] Se é possível, por um lado, entrever ecos tacitianos – que mais tarde retornam com mais intensidade em seu último livro de poesia, *Historiae* (2018) –, mantendo uma forte relação com certa tradição, por outro, se evidencia uma língua peculiar, a *limba*, que provém do arquipélago. Pode-se dizer que o que Anedda coloca em cena é também um idioleto autoral, como aponta Riccardo Donati, que se apresenta íntimo, familiar e "estrangeiro", orgulhosamente minoritário para retomar a alusão polêmica que ela faz em seus versos a Dante.[39]

Ilha da linguagem por outras trilhas faz-se também presente no trabalho da artista plástica sarda Maria Lai, outra referência relevante para Anedda. De fato, o catálogo da exposição *Maria Lai tenendo per mano il sole* [Maria Lai segurando com a mão o sol], realizada entre junho de 2019 e janeiro de 2020, cuja curadoria ficou a cargo de Bartolomei Pietromarchi e de Luigia Lonardelli, traz um texto de Anedda, recentemente revisto e publicado na revista *Antinomie*.

> O fio é o relato, pode-se enrolá-lo ou estendê-lo. É o fiar com o fuso da linguagem. Andrea Zanzotto quase naqueles mesmos anos intitula *Filò* a poesia em dialeto veneto nascida da memória dos intermináveis relatos dos camponeses nas estalas. O dialeto ultrapassa a repressão da linguagem oficial porque se confronta com o jogo, com o balbucio das crianças.[40]

---

38. A relação talvez com um outro poeta italiano, Andrea Zanzotto, também é importante, por seu trabalho com a língua, que constantemente escapa, a questão do bilinguismo, a necessária relação do dialeto e, sobretudo, a relação entre linguagem e paisagem. Não é uma mera coincidência que na recente publicação *Poesia come ossigeno. Per un'ecologia della parola* (Chiarelettere, 2021), escrita com Elisa Biagini e organizada por Riccardo Donati, justamente Zanzotto seja o autor que encerre essa antologia.
39. Donati. *Apri gli occhi*, p. 87.
40. Anedda. *Mara Lai, un'Alice preistorica*.

X. Um fio, uma voz lançada

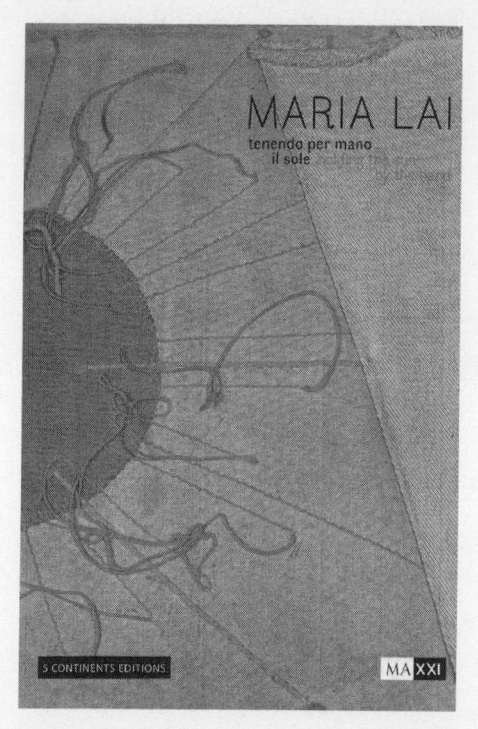

Capa do catálogo da exposição *Maria Lai – Tenendo per mano il sole*, realizada no MAXXI (Roma) em 2020.

O que é interessante é prestar atenção nesse outro elemento que é a *limba*, uma filatura essencial e constituinte desta tessitura poética, ao lado da experiência com as artes plásticas.

Na página de *Salva con nome* que se vê a seguir, a imagem se entrelaça com as palavras, palavra e imagem formam um único texto. A questão do tempo, tão intrínseca a essa poética, se faz aqui presente: na folha costurada ao lado das palavras, a folha que voa e é levada para longe, assim como as palavras no vento do tempo, de um suporte a outro, um suporte no outro. O que é descartado aqui tem um abrigo, da mesma forma que o cotidiano, sobretudo o tempo-agora, é o espaço das irrupções, das imagens dialéticas. O gesto de costurar se sobrepõe, se mistura e se amalgama, vai se configurando, assim, como uma inscrição, uma escrita que segue no tempo e delineia abrigos. A indagação da artista plástica Maria Lai, "pergunto-me o que é coser", poderia ser, nessas páginas de *Salva con nome*, redirecionada e colocada para Anedda: um movimento de entrar e sair que vai deixando atrás de si o rastro de um fio, que não esconde sua sombra. O fio que liga, costura, tece, inscreve e escreve: uma estética que põe em evidência a relação: "Chamo de língua esse destino da forma".[41]

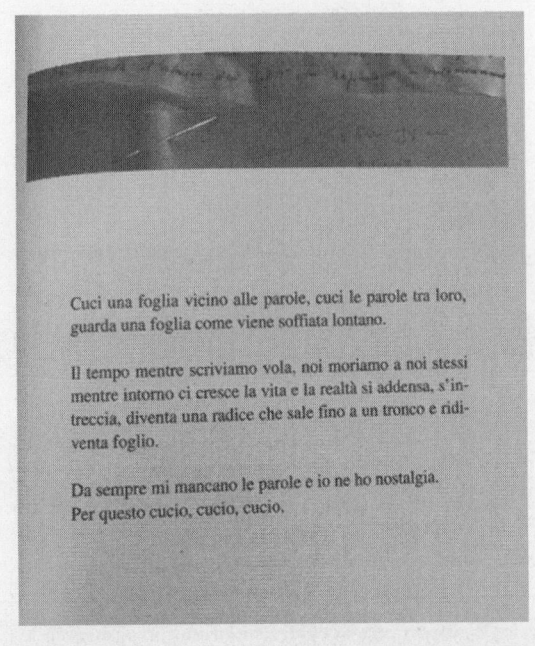

> Cuci una foglia vicino alle parole, cuci le parole tra loro, guarda una foglia come viene soffiata lontano.
>
> Il tempo mentre scriviamo vola, noi moriamo a noi stessi mentre intorno ci cresce la vita e la realtà si addensa, s'intreccia, diventa una radice che sale fino a un tronco e ridiventa foglio.
>
> Da sempre mi mancano le parole e io ne ho nostalgia. Per questo cucio, cucio, cucio.

Reprodução de página do livro *Salva con nome* (2012), de Antonella Anedda.

Retomemos, agora, a epígrafe. Só a linguagem pode dizer novamente aqueles gestos (reminiscências, algo da esfera do irrecuperável) – ela abre, (re)cria mundos – constrói abrigo para aquilo que é residual. Aqui, o termo linguagem retorna com toda sua intensidade nesses versos, da seção *Notturni*" [Noturnos], de *Notti di pace occidentale*, que se abre com o título *setembro, noite*. Esses versos beirando a prosa, embalados por um ritmo próprio, parecem acolher e, ao mesmo tempo, expor

---

41. Anedda. *Notti di pace occidentale*, p. 37.

uma demanda, a saber, a fragilidade das experiências e a necessidade de recordação. A linguagem, nesse sentido, é o solo para manter de algum modo vivo o ardor das reminiscências, é um registro mesmo que parcial da relação(ões) e da sobrevivência daquelas "grandes sombras de então".

settembre, notte

Ora solo il linguaggio può ridire quei gesti
scriverne piano ripetendo l'ardore con cautela
fissando perché restino ancora in questa stanza
le grandi ombre di allora.

Schianta ancora il tuo petto contro il mio
perché questa è l'unica orma dell'amore
l'autunno che replicava stelle
quasi da un mondo uguale
la finestra, la cornice di abete
l'addolorato trattenersi delle schiene.[42]

setembro, de noite

Agora só a linguagem pode redizer aqueles gestos
escrever devagar repetindo seu ardor com cautela
fixando para que ainda permaneçam nessa estância
as grandes sombras de então.

Impacta uma vez mais o teu peito contra o meu
porque esta é a única pegada do amor
o outono que replicava estrelas
quase de um mundo igual
a janela, a moldura de abetes
o dolorido deter-se das espinhas.

42. Anedda. *Notti di pace occidentale*, p. 59.

O termo "*stanza*", em um dos versos, acentua ainda mais esse papel da linguagem e, sobretudo, daquela poética. De fato, "*stanza*" indica tanto uma estância, uma estrofe de uma canção ou uma oitava numa composição poética, quanto um cadinho, uma morada. A estância da poesia, como a morada da língua, regaço que abre um espaço para a partilha na intimidade de um ser estranho, expondo-o e acolhendo-o. Um fio que segue em direção ao mistério.

Será então que essas estâncias podem ser lidas como pegadas ou rastros de eventos idos, uma espécie de concreção arqueológica de "pensamentos petrificados", que encontram um abrigo na escrita?[43] Uma linguagem pré e pós-gramatical na urdidura dessa poesia, que não deixa de expor a própria linguagem e, com ela, a singularidade das relações; mas também sua precariedade e a experiência de impotência.[44] Tudo isso comporta a suspensão dos significados usuais e desbotados e das palavras para que se conserve algo que o tempo cisma em apagar. Nessa linha, fazendo uma espécie de retrospectiva, é preciso retomar o importante papel da *limba* e de tudo o que esse termo evoca com ele. De fato, chama a atenção essa escolha de Anedda, que não deixa de ser calibrada. O termo "limba" aparece como título de uma seção em *Dal balcone del corpo* [Da sacada do corpo] (2007), depois em *Isolatria*. Aqui, há um trecho sobre transmissão e contágio e, enfim, em seu último livro de poesia, *Historiae*, no qual a primeira seção intitulada *Observatório* abre o livro com um poema intitulado, justamente, *Limba*. Uma presença que é constante, talvez uma busca pela sobrevivência do arcaico que sobrevive em certas lembranças e experiências. A propósito dessa relação, é interessante lembrar que Anedda, como ela mesma já teve a oportunidade de dizer, escreve da Sardenha coisas que possui na sua parte mais íntima, a memória. Ela se considera uma sarda que vive em outro lugar, mas que talvez não poderia viver na Sardenha, além disso "não falo sardo, o entendo e o escuto".[45] Sua "limba", diz a poeta, não é inata e não é pura; é na incerteza, na solidão e porque não na

---

43. Cf. Anedda. *Isolatria*, p. 40.
44. Anedda. *Cosa sono gli anni*, p. 51-52.
45. Anedda. *A memoria*, p. 31.

estranheza da língua (língua que não deixa de ser estrangeira) que está seu modo de fazer poesia: atravessar "uma terra estrangeira como uma língua não completamente minha".[46] Talvez essa "limba" possa ser mais um aspecto daquele sintoma da distância que Antonella Anedda toma para si: "Este não é um poema da separação só porque desde sempre/ a vida nos impôs a distância", é uma releitura, uma reescrita de versos outrem, de Marina Tsvetaeva. Uma diferença entre intimidade e distância, um abrigo ao longe, inclusive para a própria dicção do "eu"; ou, nas palavras de Agamben, trazidas por Andrea Cortellessa no posfácio à mais recente edição de *Nomi Distanti*, tudo gira ao redor entre distância e aproximação: uma distância necessária à aproximação, como retorna e fica registrado nos versos de abertura de seu último livro *Historiae*.

Limbas

Onzi tandu naro una limba mia
da inbentu in impastu a su passato
da dongu solamenti in traduzione.

Ogni tanto uso una lingua mia
la invento impastandola al passato
non la consegno se non in traduzione[47]

Às vezes uso uma *limba* minha
a invento amalgamando-a ao passado
não a entrego senão em tradução

---

46. Anedda. *A memoria*, p. 32.
47. Anedda. *Historiae*, p. 5. A tradução para o italiano é da própria Antonella Anedda.

XI. Espaços públicos: o direito à poesia

As idiossincrasias do cotidiano, os encontros e as rupturas, a paisagem urbana, o âmbito erótico, a verve teatral das relações humanas são aspectos importantes da variada e ritmada escritura de Patrizia Cavalli. Voz inconfundível pelo uso que faz da linguagem e da língua italiana, Cavalli, desde o primeiro livro, *Meus poemas não mudarão o mundo* (1974), já traduzido em português por Cláudia Alves, até o mais recente *Vita Meravigliosa* [Vida Maravilhosa] (2020), é definitivamente um nome do qual não se pode prescindir quando se pensa no panorama da poesia contemporânea na Itália.

Há anos vinha lutando contra um tumor, que a impediu de participar da antologia *Vozes: cinco décadas de poesia italiana*,[1] e nunca escondeu o fato de ser hipocondríaca. Cavalli nos deixou em 21 de junho de 2022, primeiro dia de verão e o dia mais longo do ano. Numa entrevista, ela afirmou "Sempre fui hipocondríaca, sentindo em mim algo de secreto e de extremo. Depois, quando veio o mal verdadeiro, a hipocondria passou: a imaginação não tinha mais lugar para ir. O terror ligado à hipocondria vinha do vazio corporal. O tumor preencheu o pânico. (...) a verdade é que, descobrindo a doença, eu não estava mais deprimida".[2] Essa poeta, que não gostava ser chamada de *poetessa*,

---

1. Peterle; Santi. *Vozes*: cinco décadas de poesia italiana. Na parte final deste ensaio, trago um pequeno registro das trocas de e-mails com Cavalli, feitas durante a elaboração desse livro.
2. Entrevista disponível em: http://www.avvenire.it/Cultura/Pagine/cavali-scrivo-poesie-con-il-silenzio.aspx.

que não tinha nenhum problema em assumir uma voz lírica e pura sem descartar os detalhes minutos do quotidiano, deixará saudades. Caminhar pela região de Campo dei Fiori, no coração de Roma, e saber que agora ela não está mais por lá será uma sensação estranha. Porém, essa mesma praça que abriga a estátua de Giordano Bruno e as vielas nos arredores estão mais do que presentes em seus poemas; fazendo com que ela, de algum modo, perviva numa outra forma de vida.

Desde o primeiro volume de 1974, Patrizia Cavalli se apresenta com uma dicção firme, trazendo para o centro de sua poética os sentidos, as sensações do eu em meio às inúmeras e fugazes situações do dia a dia e em meio aos vários objetos ao seu redor. Mas, atenção, o quotidiano, como ela mesma afirma, está relacionado a uma revelação/percepção única, cuja fagulha pode estar inclusive num par de sapatos. Não se trata, então, de um quotidiano pelo quotidiano.[3] O poema que abre *Meus poemas não mudarão o mundo* pode ser considerado bastante emblemático:

> Alguém me disse
> é claro que meus poemas
> não mudarão o mundo.
>
> Eu respondo claro que sim
> os meus poemas
> não mudarão o mundo.[4]

A poesia não salva nada, nada muda, como a própria Cavalli declara friamente, contudo, isso não impede que se façam e se leiam poemas. Seus poemas são um rasgo, uma fissura que atravessa a frenesia da vida contemporânea, rouba a quotidianidade à própria quotidianidade (basta pensar nas meias, poltronas, o barulho dos dedos no corrimão...), sem perder em nada o rigor no estilo que, por sua vez, provoca revoluções no interior do verso e da palavra.

---

3. Valletti. *Il tempo della valigia, intervista a Patrizia Cavalli*, p. 24.
4. Cavalli. *Meus poemas não mudarão o mundo*, p. 8.

Nesse poema de abertura, entre "alguém" e "eu" há um jogo, uma afirmação e uma confirmação enredada pelo embaralhar e pela repetição espelhada das palavras nas duas estrofes que compõem o poema. Um afastar-se de uma literatura engajada, comprometida. Estamos em meados dos anos 70, de uma funcionalidade imediata que pode ter sido reservada não só ao poético, mas a uma parte considerável da produção artística no período do pós-guerra e em algumas manifestações da década de 60. A década de 70 é, certamente, um momento marcante para a história italiana e para a sensação de urgência sentida por alguns intelectuais, principalmente por Pier Paolo Pasolini. Inserida numa atmosfera de grandes embates, a escolha é a via da ironia ou a tragicômica, uma simplicidade traiçoeira, que canta num ritmo próprio e conciso. A aparente limpidez e clareza é, então, cheia de dramaticidade e é também enganosa. A predileção pelo "eu", pela sua exposição, coloca em primeiro plano o que se poderia chamar de "física das paixões", do *pathos*. Nesse sentido, talvez seja possível dizer que o princípio organizador de *Meus poemas não mudarão o mundo* é, justamente, o sujeito, humoral e instável, que traz, em novas e reelaboradas vestes, algumas problemáticas do "eu" dentro do espaço da casa, cheio de detalhes, junto com outras formas-de-vida, como o gato, a andorinha, a águia. Outro detalhe não menos importante é a escolha lexical, que traz um posicionamento claro diante de uma ideia de cultura que recusa hierarquias e distinções entre alto e baixo, humilde e sublime, elevado e rotineiro. Termos como "astuta", "clave de violino" ou "perjúrio" partilham o espaço da página com "privada", "febre", "luvas", "calças novas", "calcinhas".

Se o último livro *Vita Meravigliosa* traz um poema dedicado a Elsa Morante, *Con Elsa in Paradiso* [Com Elsa no Paraíso], o primeiro é dedicado a esse grande nome da literatura italiana da segunda metade do século XX, amiga de longa data da jovem Patrizia Cavalli, que a incentivou a continuar e publicar seus poemas. Na verdade, Morante, mais do que incentivar, teve um papel determinante, pedia, cobrava os poemas e, além disso, atuou em primeiro plano na organização dessa primeira coletânea, tendo sido inclusive ela quem escolheu o título, como declara a própria Cavalli numa entrevista:

> O máximo da ameaça! Seguiram-se meses de tortura. Dava desculpas para não ir almoçar desviava, escapava, achando que com o tempo tudo seria esquecido. Mas sempre Elsa me perguntava: 'E os poemas?' 'Eh, estou recopiando' respondia. Mas a verdade é que não tinha quase nada para ser recopiado, porque os poemas que eu tinha para mim não serviam para nada: literários, imitações, inexistentes. Eu, por mim, teria até enrolado, mas pensar em enrolar Elsa era uma ideia ridícula. (...) Pus-me a escrever novos poemas, enquanto tentava entender quais dos que já tinha escrito eram ou não eram poemas, o que era meu e o que não o era, onde estava o verdadeiro e onde o falso. Foi o meu primeiro exercício para tomar consciência. Coloquei-me à escuta, como em oração, sim, foi um exercício, num certo sentido, moral. Consegui no final entregar para ela um pequeno grupo de poemas breves (na brevidade havia menos riscos, eu dava o mínimo de informações). Me ligou, nem uma hora depois, para me dizer: 'Estou feliz, Patrizia, você é uma poeta'.[5]

Repete-se duas vezes no poema recém-citado, como um pequeno refrão, a espécie de sentença: *meus poemas não muda*rão *o mundo*. Um sentido talvez de impotência diante das barbáries que atravessaram o século e implodiram o valor atribuído a algumas categorias, como a de história, pulverizando-as em micropartículas. Termo que está na capa do sintomático romance de Elsa Morante, *A História*, publicado também pela Einaudi no mesmo ano de 1974. Estilhaços nos quais a história oficial se desfaz em pequeninos cacos. O que resta, portanto, é um sentir-se deslocado num mundo onde as relações com as coisas, com o outro, com a própria linguagem e com a palavra tinham de ser ou, pelo menos, aparentar serem lineares. "Cara é a história, detê-la não pode"[6] é um verso de *Pigre divinità e pigra sorte* [Preguiçosa divindade

---

5. Ginzburg. *Le parole che suonano. Intervista a Patrizia Cavalli*, p. 26.
6. Cavalli. *Pigre divinità e pigra sorte*, p. 28.

e preguiçosa sorte], que evidencia a centralidade do fluir, não a corrente de acontecimentos em série e organizados; "*storia*", então, que está para histórias, e não para a prepotente História.

Nesse sentido, o que realmente resta é a capacidade de sentir, na qual entram em ação todos os sentidos (paladar, tato, visão, olfato, audição) que possibilitam experiências singulares-plurais. É nesse caminhar de uma poética do sensível que se lê em *L'io singolare proprio mio* [O eu singular mesmo meu] (1992): "Todos os meus sentidos num só/ que era todos e não era nenhum".[7] Ou numa outra composição desse mesmo volume, é possível pensar no diálogo com os objetos que não são simples objetos de um possível cenário que rodeia o eu; de fato, nesses versos é feito um pedido para que as palavras mais comuns parem de designar o que designam. Ou melhor, para que os objetos rompam com a sua funcionalidade e pragmaticidade rotineira: "Ah pare cadeira de ser tão cadeira!/ E vocês, livros, não sejam tão livros".[8] Nos últimos versos desse poema, parece que Cavalli eleva a tensão, colocando em xeque o retorno a uma pressuposta origem (ventre), e a vontade de confundir as formas é o que sobrevive como possibilidade das singularidades. Ao lembrar da amiga com quem partilhou alguns momentos importantes, Giorgio Agamben se refere a ela como uma poeta alexandrina relegada à presença dos objetos, à cadeira que não para de ser cadeira, à cansativa trajetória do quarto para a cozinha, aos cemitérios de echarpes e camisas espalhadas pelos cômodos. Aquele seu "eu singular mesmo meu" não remete à consciência e a nenhum projeto, é muito mais seu ser curioso e exigente.[9]

> *Ci vuole molta ariosa tenerezza,*
> *una fretta pietosa che muova e che confonda*
> *queste forme padrone sempre uguali, perché*

---

7. Cavalli. *Poesie (1974-1992)*, p. 244.
8. Cavalli. *Poesie (1974-1992)*, p. 193.
9. Cf. Agamben. *Autoritratto nello studio*, 2017.

> *non è vero che si torna, non si ritorna*
> *al ventre, si parte solamente,*
> *si diventa singolari.*[10]

> É preciso de muita ternura aerada,
> uma pressa piedosa que mova e confunda
> estas formas patroas sempre iguais, porque
> não é verdade que se volta, não se retorna
> para o ventre, parte-se somente,
> torna-se singulares.

O embate nesse poema não se limita à decifração desses objetos, mas se volta para a vida; ela que, a todo momento, nos oferece encontros e desencontros, fluxos e pausas. Sem sementes para espalhar pelo mundo, para recuperar outro verso, seu pensamento tem um andamento incerto, é submetido tanto ao vento africano, o siroco, quanto àquele não programável do viver. Nesse processo, um elemento indispensável são os sentidos, a interação mediada por eles que estabelece uma relação entre o dentro e o fora. Transitando pela tradição literária e métrica da poesia, essa urdidura se dá no espaço aberto por ocasiões que permitem desmontá-la e remontá-la. Com isso, a maioria dos versos de Cavalli pertence a uma estrutura fixa e clássica da poesia italiana, como o hendecassílabo[11] ou o setenário, versos por excelência dessa tradição, e, por outro lado, estas mesmas estruturas passam a sofrer infiltrações e contaminações.

Para pensar a questão da singularidade, central nessa poética, dois poemas de caráter ético podem ser pinçados do leque de sua produção:

---

10. Cavalli. *Poesie (1974-1992)*, p. 193.
11. "'Hendecassílabos e demais companheiros chegam infelizmente até mim sozinhos. Digo infelizmente porque às vezes me incomoda essa pulsação natural dos versos canônicos, sinto-me numa jaula'. Patrizia Cavalli procura um poema no qual, segundo ela, eles não estejam, depois conta com os dedos e se dá conta de que, ao contrário, eles estão ali. 'Meu deus, este também é um hendecassílabo... todos são... Ah, este aqui não, finalmente!'. Ela ri e levanta a cabeça. 'Além do mais, que sentido tem, eu não acredito nos versos livres com seus sons arbitrários e capengas, os acentos mantêm

Aria pubblica [Ar público], que faz parte de *Pigre divinità e pigra sorte* (2006) e *La patria* [A pátria], de *Datura* [Datura] (2013). Em ambos, a figura do corpo que deambula por cenários urbanos é uma constante, e não se deve esquecer que o corpo do eu e o corpo urbano são dois elementos essenciais mais do que recorrentes em seus textos. Nesses dois poemas que, já na estrutura, apresentam uma convergência por serem longos, cada um com mais de 10 estrofes irregulares. O eu poético se apresenta em movimento, através de deslocamentos que podem se dar tanto no espaço físico de uma cidade – Roma é sempre uma referência importante – quanto no espaço de uma historicidade que não dá mais conta de uma realidade, sempre mais plural e múltipla. A necessidade de caminhar pelas ruas ou por uma determinada tradição traz, portanto, à tona um eu dolente e irônico, atento no transitar, em observar e em contar as idiossincrasias do que vê e sente, enfim, das relações humanas.

"O ar é de todos, não é de todos o ar?/ Assim uma praça, espaço de cidade. Público espaço ou seja público ar/ que se é de todos não pode ser ocupado/ porque se tornaria ar particular".[12] Nesses versos está centrada e posta a questão de como o espaço público é ocupado, não deixando de problematizar inclusive o que se considera "público":

> *Cos 'è una piazza, cos'è quel dolce agio*
> *che raccoglieva i sensi di chiunque*
> *abiti a Roma o fosse di passaggio?*
> *É un vuoto costruito a onor del vuoto*
> *nell'artificio urbano del suo limite.*
> *Se si riempie è per tornare al vuoto*
> *perché a costituirla è proprio il vuoto,*
> *non fosse vuota infatti non potrebbe*
> *accogliere chi passa e se ne va.*[13]

a memória e a compreensão, de outro modo não é possível entender por que se deve escrever poesia'", entrevista para C. Bonvini publicada no jornal *Il Fatto Quotidiano*, em 24 de junho de 2013.
12. Cavalli. *Pigre divinità e pigra sorte*, p. 25.
13. Cavalli. *Pigre divinità e pigra sorte*, p. 25.

> O que é uma praça, o que é o doce bem-estar
> que recolhia os sentidos de qualquer um
> que more em Roma ou estivesse de passagem?
> É um vazio construído em honra do vazio
> no artifício urbano do seu limite.
> Se encher é para voltar ao vazio
> porque o que a constitui é mesmo o vazio,
> de fato se não estivesse vazia não poderia
> acolher quem passa e vai embora.

O vazio generoso desses espaços urbanos, normalmente vazios por natureza, muitas vezes se transforma em gigantes jaulas a serem preenchidas com promoções, shows, barracas, vendas e diversões que acabam por esconder o próprio espaço, feito para abrigar o todo. O olhar de Cavalli, aqui, é cortante, ácido e muito crítico, chegando a comparar, num tom trágico-irônico, tal situação com as artificiais atmosferas de lugares como o Méditerranée, que não permitem de forma alguma um tempo no tempo ou, em outras palavras, não deixam espaço para sentir o vazio (que ecoa em seu poema). A advertência é clara: "Então uma praça deixa-se em paz,/ não é mercadoria pra propaganda".[14] A ocupação, ou melhor dizendo, a invasão e transformação desses espaços de socialização em espaços de simples trânsito e, sobretudo, de comercialização de mercadorias, pode ser vista como um lado negativo da nossa atualidade que tende a mercantilizar tudo, inclusive o ar: "esta não é mais praça e seu ar/ não é senão mercantil ar particular".[15] O poema *Aria pubblica* – o título é muito bem pensado – é, portanto, um texto que, desde os primeiros versos, aponta para uma questão ética: a da convivência com o urbano, o espaço exposto da cidade que a todos pertence, sendo ele justamente público.

O segundo poema longo a ser tratado, para pensar essa complexa urdidura poética de Cavalli, é *La patria*, escrito em 2008 por ocasião do *Festival dei Due Mondi* da cidade de Spoleto, para o momento de

---

14. Cavalli. *Pigre divinità e pigra sorte*, p. 27.
15. Cavalli. *Pigre divinità e pigra sorte*, p. 25.

leituras dedicado à "Patria mia". A primeira publicação é de 2010, pela editora nottetempo de Roma. Sem dúvida, é um momento de celebrações oficiais que enfatizam e fazem "repensar" os significados de pátria e de nação (problemáticos por si só). Como escrever sobre "a pátria" e que tipo de pátria propõe Patrizia Cavalli no final da primeira década do século XXI? É na coletânea *Datura* de 2013, que este poema é inserido, e acabou encontrando uma "morada". Talvez não seja uma simples coincidência que esse livro traga uma outra seção intitulada significativamente "Tecer é humano", que oferece outras pistas da imbricada tessitura cavalliana, como vemos nos versos abaixo:

> *Così schiava. Che roba!*
> *Così barbaramente schiava. E dai!*
> *Così ridicolamente schiava. Ma, insomma!*
> *Che cosa sono io?*
> *Meccanica, legata, ubbidiente,*
> *in schiavitù biologica e credente. Basta,*
> *scivolo nel sonno, qui comincia*
> *il mio libero arbitrio, qui tocca a me*
> *decidere che cosa mi accadrà,*
> *come sarò, quali parole dire*
> *nel sogno che mi assegno.*[16]

> Tão escrava. Que coisa!
> Tão barbaramente escrava. Vai!
> Tão ridiculamente escrava. Mas, então!
> O que eu sou?
> Mecânica, amarrada, obediente,
> em escravidão biológica e crente. Chega,
> escorrego no sono, aqui começa
> o meu livre arbítrio, aqui é a minha vez
> de decidir o que vai ser de mim,
> como serei, que palavras dizer
> no sonho que me dou

16. Cavalli. *Datura*, p. 100.

Escrava, livre arbítrio, a pergunta "o que sou eu?" são expressões também presentes nos fios da trama tecida de *La patria*. A indagação é a mesma e se reverbera ao longo do poema que, aos poucos, se revela como uma possível escultura-totem-textual, uma escultura-mosaico--musaica, que ganha corpo, forma e som por meio da singularidade e do rearranjo das variadas texturas aqui convergentes. Uma tentativa talvez de dar forma a essa ideia abstrata de "pátria": substantivo comum que todos conhecem, possuem uma referência, contudo, sua explicação é escorregadia e de difícil apreensão. Por isso, o que se tem são tentativas que vão se desenvolvendo nas estrofes, tentativas que perfilam diferentes imagens. Cavalli expõe um núcleo de problematicidade, em nada simples e muito complexo, inclusive em relação a um imaginário da figura feminina, que é, aqui, central. Esses versos conseguem colocar a nu, desnudar, ao mesmo tempo, a força e a fragilidade inerentes à ideia de pátria e à sua própria construção.

A primeira estrofe fornece indicações sobre quem começa a pensar na ideia de pátria: "hostil e perdida" são adjetivos que delineiam o estado de espírito de quem fala, que depois, na continuação, são corroborados pela afirmação de que quem diz "eu" se vê obrigado a pensar naquilo que talvez não tenha: "(...) eis-me aqui obrigada/ a pensar na pátria. Pois se eu a tivesse/ não teria de pensar nela".[17] A pátria seria o que talvez se perdeu? Aqui é colocada uma pulga atrás da orelha: pátria, que pátria? Como conceber, na primeira década do chamado "anno zero", *uma* ou *a* pátria? O *incipit* do poema retrata a situação originária da escrita deste poema, ou seja, o evento concreto já mencionado do Festival, que pede essa aproximação entre *eu* e *pátria*. Contudo, atenção!!!, pois não se trata de *Eu* e *Pátria*! Há, com efeito, uma relação a ser construída, que não é dada a priori, como é apontado nos versos finais dessa primeira estrofe, quando é dito que se houvesse uma pátria não se deveria pensá-la para tê-la. Ela existiria, estaria ali, de alguma forma.

Andar no escuro dentro de um espaço conhecido, como o de uma casa, onde tudo é familiar, onde inclusive um degrau traiçoeiro pode

---

17. Cavalli. *Datura*, p. 18.

se configurar como uma segurança, por fazer parte daquela topografia íntima memorial que o breu não abala, seria uma possibilidade. Porém, não parece ser esta a sensação. De fato, mantendo a imagem anterior, a segurança não parece ser tão abrangente. Talvez, então, se pudesse pensar num espaço escuro conhecido em que algumas coisas foram trocadas de lugar, por isso é preciso manter a constante a atenção para não cair, tropeçar e se ferir. É no limiar entre essas duas situações não opostas, mas sim complementares, que se coloca o poema de Cavalli. Pois a ideia de pátria, usada e conhecida por todos, que aparentemente parece estar próxima e fornecer uma mínima identidade, por mais frágil que seja, é muitas vezes um invólucro de uma matéria não reconhecível. Pensar nas camadas, nas concreções deste invólucro, é a proposta da poeta, que a permite percorrer uma trilha mais do que singular e peculiar, que passa a ter faces figurativas e vultos humanos.

O ponto de partida é um dado concreto, ligado à gramática, ao gênero da palavra: pátria substantivo feminino, tanto na língua italiana quanto no português (duas línguas neolatinas). A escavação e a reflexão *na* e *sobre a* pátria não tem como não perpassar por essa flexão e ser acompanhada por perfis de figuras femininas, que, no poema, são introduzidas por uma espécie de verso-refrão ("Fosse assim (...)"), que segue sofrendo pequenas variações. A busca pela pátria tem início: mãe, viúva, mulher jovem e austera, cortesã devota a seu ofício e louca são algumas notas das figuras femininas que compõem as variações de Patrizia Cavalli. É, portanto, também jogando com imagens e descrições do feminino, construídas por uma cultura universal e paternalista, que não deixam de ser estereotipadas, que a poeta vai tecendo uma ideia singular-plural. Para cada uma dessas imagens é dedicada toda uma estrofe, até se chegar à figura do pai (estrofe 12), que se apresenta como um tronco sem folhas, um grande tronco retorcido em nós de potência. Um pai de ferro que bate e esmigalha (há toda uma crítica a uma visão de mundo universalista e binária, que é construída e colocada em crise a partir do poético encenado neste poema).

Pedacinhos, tesselas de um mosaico, ideias de pátria que povoaram e fizeram parte de nossa imaginação ao longo dos séculos e de uma cultura universalizante. Tentativas de fechar num único ponto uma pluralidade, que ali não cabe e não é possível cerrar. Traçar a linha certeira e nítida do contorno da pátria, com papel e lápis, é tarefa árdua – talvez fadada ao naufrágio, a ponta do lápis que se quebra, o decalque que não se realiza. À Patrizia Cavalli não interessa a nitidez, e sim a exploração de todas essas imagens, que não deixam de ser heranças de tempos e de visões de mundo, que se mostram, por sua vez, insuficientes, são estereótipos mais do que banais, como diz um verso do poema. Tarefa difícil, que se mostra impossível e artificial quando se percorre uma trajetória totalizante e definidora. Dessa forma, as tentativas iniciadas com a figura materna, com todas as variações, não se mostram eficazes por evocar imagens já conhecidas, que carregam toda uma visão do *pater* e não dão conta de pensar o termo pátria em 2008.

O raio de visão nessas tentativas-incursões apresenta-se, de fato, demasiadamente amplo. Uma opção é, então, diminuir, desviar da esfera do universal, olhar ao redor, voltar-se para o comum (na diferença), para o que é compartilhado, para o que está próximo, mesmo na distância. Nesse sentido, a forma minúscula da letra "p" vai tomando e conquistando um lugar privilegiado no poema e nas letras que compõem a palavra *p á t r i a*. Palavra que, ganhando outras espacialidades menos abstratas, começa a ser perfilada e percebida pelas concreções dos *detalhes*, a saber, pelos fragmentos que dela fazem parte, que a constituem, mas que são incapazes de dar uma visão total ou totalizante. Da inteireza do corpo monumental da Pátria, construção artificiosa com seus arcontes e mecenas, agora, nesse processo de desconstrução inscrito no poema, só se vê partes: um cotovelo, uma parte das costas, dos pés, no máximo, um sapato. Enfim, fragmentos do corpo pátrio, ou o do que dele resta. De todas as imagens que vão sendo costuradas pelos arranjos dos versos, há uma estrofe que pode chamar a atenção por não corresponder a um perfil em nada idealizado. Diante da impossibilidade da ação construtora e monumental, o que resta é a figura da melancolia e certa inquietude, que, por sua vez, oferece a possibilidade de novas aberturas do pensar e do sentir; encerrando, com isso, o desfile decadente e grotesco das figuras femininas idealizadas.

É una figura, rara, malinconica,
che ruba in parodia l'aspetto e l'attitudine
a quel corrusco angelo di nordiche
ascendenze che siede con lo sguardo
diretto chissà dove, così svogliato e stanco
da sostenersi il viso con la mano,
la sinistra, perché la destra è occupata
a gingillarsi in qualche vaga incompassata
azione, mentre ai suoi piedi tutt'intorno
stanno, sparsi e fuori uso, vari strumenti
pratici e morali. Poterla mai vedere
questa incarnazione, qui, subito,
da noi! Anche se poi la mostra
nient'altro avrebbe intorno
che un umile pallone mezzo sgonfio.
Ma almeno resta buona, in penitenza.
Così restando tace, forse pensa.[18]

É uma figura, rara, melancólica
que rouba pela paródia o aspecto e a postura
daquele cintilante anjo de nórdicas
ascendências que senta com o olhar
dirigido quiçá pra onde, tão entediado e cansado
a ponto de sustentar com a mão o rosto,
a esquerda, porque a direita está ocupada
em perder tempo com uma vaga despreocupada
ação, enquanto ao redor de seus pés
estão, espalhados e fora de uso, vários instrumentos
práticos e morais. Poder ver alguma vez
essa encarnação, aqui, de repente,
conosco! Apesar de depois a exposição
só ter no seu entorno
uma humilde bola meio vazia.

18. Cavalli. *Datura*, p. 21.

Mas pelo menos fica boazinha, em penitência.
Ficando assim se cala, talvez pense.

Na busca quase incessante, nessa reflexão, por uma *Pátria* que só é possível na *pátria*, ou melhor, nas *pátrias*, uma possível imagem é a descrita nos versos anteriores. Figura melancólica que se apresenta sentada e com um olhar perdido, ao invés de em pé, mostrando seu vigoroso corpo e evocando sua força e pressuposta potência. Ao seu redor, as coisas, objetos e instrumentos se misturam e parecem estar fora de lugar. Qual imagem está contida nesses versos de Cavalli?

É provavelmente a *Melancolia I* do renascentista Albrecht Dürer, cujo caráter enigmático pode gerar uma série de leituras. A sensação de impossibilidade de representar numa única e limitante figura a ideia de pátria e o fato de recorrer à gravura de Dürer colocam em evidência a complexidade do gesto interpretativo: "uma sensação de *falência* interpretativa, típica da crise da modernidade, cada vez mais consciente da parcialidade de todo gesto interpretativo".[19] Não é à toa que, de um lado, o último verso traga os verbos *calar* e *pensar* e, de outro, que Aby Warburb tenha sido um dos primeiros a notar, nessa gravura de 1514, um singular sentimento de interiorização e distanciamento. A necessidade de representar a pátria, para Cavalli, não encontra outra possibilidade a não ser perpassando por uma via melancólica, que, por sua vez, leva à pergunta colocada nos demais versos: o que devo fazer para sentir, quem sabe, um respiro, para que realmente a sinta?

---

19. Ver Lages. *Walter Benjamin*: Tradução e Melancolia, p. 44.

Melancolia I (1514), Albrecht Dürer.

Na trajetória de se pensar essa "entidade", ao diminuir o ângulo de visão e, por conseguinte, sua Monumentalidade ofuscante e, por vezes, confusa, Cavalli observa a cidade em que habita, Roma, espaço de belezas e feiuras: "(...) Não confio/ em quem não vê como é feia Roma".[20] Uma Roma, vista de longe e de bem pertinho, um movimento que a faz captar detalhes imperceptíveis na imbricada trama cegante do dia a dia. Espaços entre si muito diversos, Pequim, Índia, Tunísia, México, uma geografia outra capaz de provocar embates, nos quais

20. Cavalli. *Datura*, p. 23.

uma possível e pequena pátria se faz presente. De fora para dentro, um movimento do possível. Ou, ainda, dos macroespaços para os micros, é nos íntimos detalhes que a pátria no texto de Cavalli toma corpo, se faz e se refaz continuamente.

Agora, não mais em espaços distantes, mas entre as barracas da feira, provavelmente a da praça de Campo dei Fiori. Voltar, neste segundo poema, então à discussão que já estava presente no anterior e um espaço fundamental para a vida pública: a praça. De fato, a feira acontece na praça pública, lugar de trânsito de pessoas, lugar de passagem do corpo: "Agora, antes de ontem uma mulher/ que limpava os brócolis na feira:/ descartando toda a parte dura e as folhas/ perdendo seu ganho/ com que perfeição limpava!".[21] Cena comum nas feiras de bairro, percebida por meio de detalhes primorosos que ficam registrados, e cuja percepção minuciosa só é possível por meio desse elemento "mínimo/íntimo", que comove o olhar de quem observa e depois relembra e escreve como um sintoma, pois "o meu coração me avisava/ que aquela era a minha pátria".[22] É a batida do coração que adverte sobre a existência da pátria, e não uma construção que é imposta, a partir de uma visão, seja qual for, de mundo. É, exatamente, a experiência *com* o espaço e *com* aqueles que o vivenciam que produz aquela chama necessária para um reconhecimento. A imagem da mulher que limpava os brócolis não é a única, é talvez uma imagem preparatória para as outras que a seguem no poema, trazendo assim outros personagens (alguns com a identificação de seus nomes) que ajudam, pouco a pouco, a traçar aquela linha sutil e precisa capaz de delinear o contorno de uma possível *pátria*. É nesse momento que entra em cena Djamel, um desses personagens, feirante e ajudante da barraca de frutas, provavelmente imigrante, que, no momento de cobrar o total de uma comprã, diminui o tom de voz e abaixa o olhar, ensaia um desconto, provavelmente porque se sente envergonhado em comunicar o valor, certo pudor pelo preço alto que é cobrado. Outro personagem em cena é Leandro, o açougueiro, que, mais do que pátria, é patriota, porque grita com toda a sua espontaneidade

---

21. Cavalli. *Datura*, p. 24.
22. Cavalli. *Datura*, p. 24.

"Oi Patrì", diminutivo de Patrizia, colocando em evidência as relações e contatos atuantes nesse espaço. Todas essas tesselas falam daquelas "coisas mais insignificantes [que] aparecem como chaves de uma sabedoria enigmática",[23] para lembrar de Walter Benjamin em seu *Origem do drama trágico alemão*. Ou, ainda, como apontou Agamben num texto dedicado a Cavalli, em *Categorias italianas*, a celebração se liquidifica em lamento e o lamento se transforma, imediatamente, em hinódia.[24]

O que importa, então, são essas cenas efêmeras do cotidiano (esse hino à partilha), que colocam o sujeito numa trama de relações. O que está em jogo é um olhar para o fora, uma alteridade, um perceber e se relacionar com o espaço e com as presenças que dele fazem parte. Tudo isso, enfim, exige a urgência de pensar o outro, os outros, e não o apagamento de diferenças e singularidades. Não é uma coincidência que a imagem da praça, espaço protagonista no primeiro poema *Aria pubblica*, retorne em *La patria*, para justamente pensar esse lugar do vazio que pode ser momentaneamente preenchido. Todavia, não por uma homologação, "mutação antropológica" como já alertava Pasolini na década de 60, mas sim pelas camadas de variedade de vozes e cores que fazem parte de uma feira, cuja vivacidade está no fato de ela ser um ponto de encontro genuíno, como com a vendedora que limpa os brócolis ou com o açougueiro.

> *Pur non volendo insistere con queste*
> *troppo facili agnizioni, bisogna,*
> *riconoscerlo, la patria ama le piazze,*
> *ma solo se a animarle c'è il mercato,*
> *non certo se le invade l'ululato*
> *dell'orrido bestiame, che allora scappa*[25]

---

23. Benjamin. *Origem do drama trágico alemão*, p. XXX.
24. Cf. Agamben. *Categorias italianas*, p. 41.
25. Cavalli. *Datura*, p. 24.

Mesmo não querendo insistir com estes
reconhecimentos fáceis, é preciso,
admitir, a pátria ama as praças
mas só se são animadas pelas feiras,
com certeza não se são invadidas por uivos
do horrível rebanho, que então escapa

É, portanto, nessas urdiduras poéticas que a língua se torna um campo complexo de tensões e forças, com rumores e murmúrios, um campo no qual arte e pensamento se entrelaçam, se chocam e oferecem ao leitor um leque de imagens, vozes e ruídos. O ar público faz parte da pátria, é necessário à sua existência, que não é congelada pela linearidade da história, mas, na verdade, está sempre em movimento e em contínua transformação. É a possibilidade do encontro com o outro e a sensibilidade dos sentidos do corpo que são colocados no centro do debate da complexa urdidura poética de Patrizia Cavalli. Delineamentos de relações e afetos que acenam para uma alternativa, a problematização da relação com o outro (eu-outro; outro-eu), um campo aberto que não deixa de apontar para uma ética e uma estética. Uma lírica espontânea, cadenciada pelo ritmo de certa tradição literária sem excluir a espontaneidade, as contaminações e contágios, que também não deixa de lado o combate, a dureza do viver, e, justamente por isso, consegue escrever de uma perda, de amores, de céus estrelados, de cadeiras e camisas, de uma garrafa de whisky, enfim, do ar, de formas-de-vida, como é magistralmente sintetizado numa página de *Vita meravigliosa*:

> *Posso essere l'angelo che arriva*
> *e ferma la mano di chi colpisce e offende,*
> *ma non potrei in nessun modo mai pretendere*
> *che non esista chi colpisce e offende*[26]

Posso até ser o anjo que chega
e para a mão de quem golpeia e ofende,

---

26. Cavalli. *Vita Meravigliosa*, p. 51.

mas não poderia de forma alguma pretender
que não exista quem golpeia e ofende

* Não poderia aqui deixar de registrar dois e-mails da troca mantida com Patrizia Cavalli entre 2015 e 2016, durante a organização do volume *Vozes: cinco décadas de poesia italiana*.

1 de abril de 2016

Cara e gentil Patricia,
infelizmente uma doença grave, descoberta em outubro, me vê comprometida com duros tratamentos que seguirão até maio. Apesar de o prognóstico ser positivo, estou muito cansada e atordoada para escrever, mesmo que sejam poucas linhas. Sinto muito por não ter escrito antes, mas também estes últimos dez meses foram realmente horríveis. Agradeço por sua estima que me deixou mais leve e espero que possa fazer um belo livro.

Patrizia Cavalli

13 de abril de 2016

Cara Patricia,
Agradeço muito pela sua afetuosa resposta. Olhei com prazer o ensaio que você escreveu sobre mim, mas infelizmente entendo pouco o português.
Espero me curar e poder conhecer um dia seu lindo país, onde nunca estive, ou quem sabe encontrá-la aqui, em Roma, quando você passar de novo pela Itália.
Obrigada por tudo mais uma vez e muitas felicidades

Patrizia Cavalli

XII. Termômetros do habitar

1.

Me dê as provas da tua alegria/ na carcaça do cotidiano
(Maria Grazia Calandrone, *La macchina responsabile*)

As novas tecnologias, ao mesmo tempo em que tendem a aproximar o que está distante no tempo e no espaço, também parecem fazer com que alguns elementos se tornem mais remotos. Da mesma forma que quanto mais o sentimento de uma necessária recomposição de um sentido comum de humanidade se faz presente, mais se percebe o quão frágeis são os elos entre os humanos, mais profundas são as fraturas entre humano e não-humano. As consequências da globalização, que não deixa de ser mais uma perversa tentativa de apagamento do diferente e dos saberes localizados,[1] e o regime político da pós-verdade, alimentado por paixões negativas como o ressentimento e as fake news, apontam o quão urgente se configura, hoje, ter a consciência de certo cinismo em diferentes cenários políticos; uma vez que a verdade não é um dado de fato, mas o resultado de uma construção.[2] Rosi Braidotti

---

1. Cf. Haraway. *Saberes localizados*: a questão da ciência para o feminismo e o privilégio da perspectiva parcial, p. 7-41.
2. Em um recente volume dedicado ao "cinismo", fruto de sua participação em 2018 no Festival de Filosofia de Modena (Itália), Peter Sloterdijk afirma que o "populismo" representa o estado atual de certa insatisfação da civilização. Ao tratar do "político do entretenimento", diz que Donald Trump não é somente um mentiroso que define mentirosos, quantos não criticam suas decisões ou desmascaram suas mentiras, mas

chama a atenção para o clima de paranoia em que vivemos, desde uma esfera macro como pode ser a econômica, a social a outras de cunho mais micro. O que atravessa esse clima transversalmente é, muitas vezes, o sentimento de melancolia, que parece ter se tornado, por sua vez, uma modalidade mais do que presente nas diferentes relações que vão sendo estabelecidas. Segundo Braidotti, torna-se necessário se perguntar e, sobretudo, questionar o que se entende por "humano", e é justamente com essas palavras que ela abre seu livro *Il postumano. La vita oltre l'individuo, la specie, oltre la morte*:

> Nem todos nós podemos sustentar, com um alto grau de segurança, que sempre fomos humanos, ou que não somos nada mais fora disso. Alguns de nós não são considerados completamente humanos agora, pensemos então nas épocas passadas da história ocidental social, política e científica. Não se por 'humano' entendemos aquela criatura que se tornou para nós tão familiar a partir do iluminismo e da sua herança: o sujeito Cartesiano do cogito, a kantiana comunidade de seres racionais ou, em termos mais sociológicos, o sujeito-cidadão, titular de direitos, proprietário etc. E, mesmo assim, esse termo goza de amplo consenso e conserva a tranquilizadora familiaridade do lugar comum. Afirmamos o nosso apego à espécie como se fosse um dado de fato, um pressuposto. Até o ponto de construir ao redor do humano a noção fundamental de direito. Mas as coisas estão realmente assim?[3]

Uma das questões da problematização colocada no fragmento acima é a ideia de humano vista pelo viés da universalização, do "Uno" que é por si só excludente. A construção de um modelo que se torne uma lente voraz a partir da qual os demais passam a ser vistos e balizados.

---

ele demonstra como a mentira já tenha entrado na época da irrefutabilidade artificial. Sloterdijk chama a atenção ainda para a incapacidade de se aceitar a derrota e a ira dos perdedores entre os anos 1918 e 1933 que retornam, depois do 11 de setembro de 2001 e, de algum modo, depois da crise financeira de 2008 em numerosos movimentos políticos do mundo ocidental, incluindo também Brasil e Índia. Ver Sloterdijk. *Falsa cosciencia*: forme del cinismo moderno, 2019.

3. Braidotti. *Il postumano. La vita, oltre l'individuo, la specie, oltre la morte*, p. 6.

Outro ponto a ser tratado é aquele referente ao corpo que é, sem dúvida alguma, outro elemento fundamental, mas que quase sempre foi colocado à parte – sendo ele uma esfera de ilegibilidade repetidamente apagada ao longo da história justamente por seu domínio ser muito complexo, por ele se apresentar como uma contínua zona de conflitos, de negociação. Do panóptico de Foucault aos cyborgs, do biopoder à necropolítica de Mbembe à vida nua de Giorgio Agamben, da categoria de pessoa à de coisa em Roberto Esposito, o controle dos corpos na modernidade e com ele a distinção e limiares entre vida e morte é uma questão que irrompe a todo momento em nossa contemporaneidade. E isso se torna mais concreto quando se pensa numa cartografia que pode apresentar como alguns de seus pontos nodais a disparidade do acesso às novas tecnologias, o trabalho forçado das crianças, a criança-soldado, os campos de refugiados, os naufrágios do Mediterrâneo, as diferentes pandemias (gripe aviária causada pelo vírus Influenza H5N1, Ebola, SARS, HIV) incluindo a mais recente, SARS-CoV.2, que marcou definitivamente o ano de 2020.

A propósito da pandemia de Coronavírus que atingiu todas as latitudes e as geografias mais distantes do planeta sem fazer escolhas ou restrições às tipologias de corpos e organismos humanos, que abalou os hábitos mais costumeiros e o cotidiano de muitos trabalhadores, mudando também a paisagem de algumas cidades, parece-me importante trazer o testemunho dado pela poeta, escritora, jornalista, dramaturga e artista visual Maria Grazia Calandrone (Milão, 1964) no volume *Krisis Tempos de Covid-19*.[4]

> Um segundo tema sobre o qual gostaria de fazer uma pequena nota é a contagem dos mortos; a contagem dos mortos que impacta muito todos nós, mas, na realidade, não é uma novidade, porque, na Itália, nas águas do Mediterrâneo, há anos que estamos habituados com esse número contínuo de imigrantes que morrem. Porém, esses mortos estão muito mais perto de nós, e, com isso, nos fazem acordar, nos fazem ficar alertas e nos fazem sofrer mais do que nos fazem sofrer,

---

4. Cf. Peterle. *Metà cattiveria, metà indifferenza*, 2020.

pelo menos em nível social, os outros mortos, quando os mortos são outros, quando é sempre um outro que morre. Agora somos nós. Então, eu gostaria muito que esse sentimento da unanimidade da morte nos levasse a um sentimento de equanimidade e de compaixão. Contudo, na realidade, o que estou vendo é que cresce o rancor social, porque a crise econômica é e será muito forte. Algumas pessoas correm o risco de serem devastadas, arrastadas por esses eventos e, assim, os trabalhadores temporários odiarão os funcionários públicos, os inquilinos odiarão os proprietários e vice-versa. Tenho medo de que haja um momento de grande e duro conflito social.[5]

Como Calandrone aponta, a contagem dos mortos é algo que impacta e impactou em todos. O anúncio diário da divulgação dos números de mortos e contagiados pela SARS-CoV.2 se tornou um momento de expectativa junto às inúmeras coletivas de imprensa. Contudo, como bem aponta a poeta e escritora, a mídia italiana e os próprios italianos já lidavam com números parecidos num outro campo, que, até os primeiros meses de 2020, dominava as manchetes dos jornais, a saber, aquele relativo à imigração. Corpos deixados morrer, corpos outros não "nossos".[6] Nesse sentido, é relevante registrar como uma questão tão central não somente para a Itália, mas para a Comunidade Europeia como um todo, foi saindo de cena das manchetes e dos jornais, para dar lugar aos mortos, que, como bem enfatizou Calandrone, "estão muito mais perto de nós". Agora não são os outros que morrem, "somos nós". Há nessa fala, por um lado, uma crítica a esse tratamento, mas a sensação contínua de ameaça de morte – que não foi uma simples ameaça – poderia fazer com que se ficasse mais atento, mais alerta. A morte daqui e dali, de um lado e de outro, a ideia de uma *unanimitas*, "unanimidade da morte", poderia ser uma abertura, através da dolorosa

---

5. Peterle; Santurbano; Degani; Salvador (orgs.). *Krisis-Tempos de Covid-19*, p. 17.
6. Ver também, sobre essa questão, o conceito de "espoliação" teorizado por Goffman trabalhado em Butler; Athanasiou. *Spoliazione. I senza casa, senza patria, senza cittadinanza*. Ou, ainda, as questões: quais seres humanos contam como humanos? Quais seres humanos podem ambicionar ao reconhecimento? Porque são reconhecidos somente os sujeitos humanos e não os seres vivos não-humanos, que ecoam em Butler. *L'alleanza dei corpi*.

experiência do *pathos*, para "um sentimento de equanimidade e de compaixão", para se repensar e voltar às questões apontadas há pouco por Braidotti.

Na verdade, a ideia de que todos somos seres humanos e que somente alguns parecem mais mortais do que outros[7] não ficou em segundo plano nem nos debates e nem no comportamento em geral. O medo, o rancor e as diferentes sensações de insegurança desencadeadas pela conjuntura provocada pela pandemia também foram um exemplo disso. A região perto de Milão onde se detectou o principal foco da pandemia na chamada primeira onda, que logo foi isolada, recebeu o nome *Zona vermelha*. Esta é uma das regiões mais ricas da Itália, onde as fábricas e a cadeia produtiva não poderiam parar. Como lidar com a complexidade de uma situação como a que se apresentava que exigia o distanciamento social para a própria proteção da população, mas que uma parte dessa mesma população precisava continuar trabalhando e se arriscando (entram aqui também todos os profissionais de saúde)? Risco que sempre esteve ali, mas que, como tantos outros, era talvez silenciado pelo ritmo frenético. *Zona Rossa* não por uma simples coincidência é o título de um poema de Maria Grazia Calandrone, dedicado à poeta Nadia Agustoni, publicado em 15 de março de 2020, na revista eletrônica *Antinomie* e posteriormente traduzido e publicado no *Jornal Rascunho* e no volume *Krisis Tempos de Covid-19*, com *Zona Vermelha*, que trata dessa paradoxal situação.[8]

Zona Vermelha
para N.

Tenho uma amiga que continua a trabalhar na fábrica na Zona Vermelha.
Na prensa
o contato forçado com os colegas

---

7. Braidotti. *Il postumano. La vita, oltre l'individuo, la specie, oltre la morte*, p. 69.
8. Calandrone. *Zona Rossa*, 2020. A tradução desse poema foi publicada primeiramente em Peterle, Patricia. Duas poetas italianas. *Jornal Rascunho*, 2020 e depois em Peterle; Santurbano; Degani; Salvador. *Krisis - Tempos de Covid-19*, p. 18.

é estreito. Diz: 'Nós operários
somos carnes de abate. Ninguém fala
dos mortos no trabalho', todo ano uma contagem
de produtos estocados e de moscas
mortas na região da neve, onde a horta é cortada pelos portões
e divide em porções desiguais
a terra. Tudo
acaba, pra todos, em dois metros quadrados
de terra, revirada por uma pá mecânica
manuseada por um homem emudecido
pelo trabalho com os mortos. Tudo
é silenciado
sob uma camada de viridescentes mofos nobres
congelados pelo sopro da primeira noite. Diz: 'Não tenho medo
por mim'. Não acrescenta: 'Seria quase uma liberação'. Aliás, emite
um lampejo
de pura alegria
se lhe pergunto, em pensamento: 'Você comeu?'.

Roma, 12 de março de 2020[9]

O olhar de Calandrone é preciso, cirúrgico, traz um empenho ativo na política da vida cotidiana; vida, seguindo o debate de Rosi Braidotti no intuito de uma política afirmativa, é uma práxis ético--política de luta, de embate que permite a possibilidade de uma crítica que caminhe lado a lado com a criatividade. A escrita desse poema, então, se configura como uma operação dentro do tecido das relações éticas. O espaço da fábrica é, como se sabe, outro espaço de controle, de poder, nele também ocorrem mortes, que muitas vezes permanecem silenciadas: "Nós operários/ somos carnes de abate. Ninguém fala/ dos mortos no trabalho". Para muitos, com efeito, essas mortes "subterrâneas" e invisíveis passam despercebidas, pois fazem parte daquele grupo que parece, enganosamente, estar distante. Distante ou não, tudo acaba

9. Calandrone. *A vida inteira*, p. 146-147.

debaixo da terra, como alertam os versos seguintes, ou seja, todos temos o mesmo fim. A morte do corpo físico, para alguns, apresenta-se como uma via de liberação da morte em vida ("Seria quase uma liberação"), causada por uma série de situações e condições que não deixam de estar implícitas nesses versos. O questionamento trazido por Butler no discurso por ocasião do Prêmio Adorno, em 2012, é urgente, quando ela problematiza se é possível viver uma vida boa numa vida ruim, sinalizando como as formas do poder contemporâneo organizam as vidas humanas, dando-lhes valores variáveis e institucionalizando desigualdades. O que significa ter uma vida boa quando se vive no limiar da vulnerabilidade e da precariedade.[10] A pergunta que encerra o poema de Calandrone, "Você comeu?", feita em pensamento, é um soco no estômago do leitor, vai direto na ferida exposta e, por fim, propõe um outro gesto de lidar com o fora e com o outro, expõe uma preocupação e uma responsabilidade diante do outro/a. Pensar significa criar novas formas de se relacionar, de interagir, ao mesmo tempo que cria novos instrumentos conceituais. A irrefreável vitalidade do pensamento é parte constitutiva da escrita poética de Maria Grazia Calandrone, para quem a poesia não deixa de ser uma potência afirmativa.

> A sustentabilidade do futuro está baseada na nossa capacidade de mobilizar, atualizar e desenvolver forças cognitivas, afetivas e éticas não ativadas até agora. Tais forças motrizes se concretizam em relações atuais e materiais que podem construir uma rede, uma tessitura, um rizoma de interconexões com a alteridade. Devemos aprender a pensar diferentemente de nós mesmas/os. (...) A ação ética é a atualização da nossa maior capacidade de agir e interagir no mundo. Liberar o processo de formação do sujeito da negatividade para reconduzi-lo à alteridade afirmativa significa entender a reciprocidade não somente

---

10. Cf. Butler. É possível viver uma vida boa em uma vida ruim?; onde se lê que a noção de "precariedade" designa aquela condição politicamente induzida que determina pessoas que sofrem mais do outras por questões econômicas e sociais, tornando-se expostas à ofensa, à violência e à morte.

como reconhecimento recíproco, mas também como definição recíproca ou específica...[11]

Resistência, então, se torna mais uma palavra-chave para adentrar no laboratório poético de Maria Grazia Calandrone, que é, sem dúvida, uma presença mais do que significativa no panorama cultural italiano contemporâneo. Suas atividades são tentaculares e corroboram a amplitude de sua interação e atuação diante do mundo ao seu redor, dos programas de rádio para Rai3 à escrita de textos para o teatro – como os monólogos para Sonia Bergamasco, com quem colaborou em algumas ocasiões –, a seus desenhos que, vira e mexe, acompanham a escrita em versos.[12] Em relação à sua atuação na Rai3, além do programa dedicado à "Poesia sulla guerra civile spagnola", chamo a atenção para o recente programa "Esercizi di poesia", composto de seis encontros realizados no período de 5 a 20 de dezembro de 2020, definido da seguinte forma: cinco finais de semana brincando com a poesia junto aos ouvintes, numa inédita "escola" de escrita criativa, nenhuma aula acadêmica, muitos exemplos e o convite para participar do jogo.[13] Jogo de ouvir e de estar à escuta, jogo em nada individual, mas com os/as ouvintes, *modus operandi* que, de certa forma, desauratiriza tanto a figura do poeta quanto a do próprio poema. Exposição, portanto, é algo que se faz presente nesse programa, mas é, ao mesmo tempo, algo inevitável e que une todos os homens, padecer juntos, a partilha é um elemento central do laboratório poético de Calandrone que não poderia deixar de se fazer presente também nessa outra esfera, que é a condução do programa. Nesse programa de rádio, é enfatizado em diferentes momentos o papel fundamental da poesia, que é o de deixar visível os elos que unem os homens aos homens e à toda criação (do homem ao mineral).

---

11. Braidotti. *Per una politica affermativa*, p. 111.
12. Alguns desses desenhos estão disponíveis no site da própria poeta: http://www.mariagraziacalandrone.it.
13. Os programas estão disponíveis no seguinte endereço eletrônico: https://www.raiplayradio.it/playlist/2020/12/Esercizi-di-poesia-33bc8e1a-53f3-4be9-8938-1075ab35a677.html.

A resistência em Calandrone está ainda nas escolhas por aquilo que não é evidente, pelo que foi submerso, pelo que "desaparece". *Gli scomparsi* [Os desaparecidos] (2016), com o subtítulo *storie di Chi l'ha visto* [histórias de quem viu], é, por exemplo, um volume poético fruto do encontro, segundo a própria autora, com vidas que passaram pela dinâmica tela da televisão no programa *Chi l'ha visto*, que conta a história de pessoas que desapareceram. O livro é dedicado àqueles que decidiram não voltar, ao mistério insondável dessas vidas, e a nota da autora é muito significativa:

> Esse livro é dedicado a algumas vidas encontradas graças ao museu dinâmico da tela da televisão. Televisão, internet, realidade virtual: meios diante dos quais o macaco nu que somos nutre sentimentos ainda experimentais. Mas *Chi l'ha visto* atingiu a parte mais profunda e mais viva de mim – ou a rabdomante da poesia na face mais crua da realidade – por dois motivos: 1) em 26 de setembro de 2000, a apresentação de *Chi l'ha visto* passou para Daniela Poggi. No dia 27 de setembro de 2000, minha mãe adotiva simplesmente morria. Existe uma semelhança que acho notável entre minha mãe adotiva e Daniela Poggi. Acompanhei minha mãe até o último respiro e a deixei ir. Mas ela estava na televisão. O que não se faz para retardar um luto. Naqueles dias estava grávida de meu primeiro filho, Arturo, e sentia a alegre responsabilidade biológica de deixá-lo boiar tranquilo.[14]

Não é somente nesse livro que a poesia se depara e tem de lidar com a face cruel e nua da realidade. A impura e cruel beleza e o mal são eixos mais do que caros à escrita de Maria Grazia Calandrone, convivem a um só tempo em suas páginas de narrativa ou de poesia: graça, beleza, morte, sofrimento e destruição. Resistência na vida e para a vida pode ser, então, o que Calandrone lê na experiência literária de Nella Nobili (1926-1985), de quem organizou a obra poética publicada em 2018 pela editora Solferino. Poeta operária, morta suicida em 1985, Nella Nobili não é uma personagem estranha à galeria das figuras que

---

14. Calandrone. *Gli scomparsi*: storie di Chi l'ha visto, 2016.

permeiam as páginas de Calandrone. "*Ti ho perduto adolescenza*" [Te perdi adolescência] é um verso de Nella Nobili que remete à fratura vivida, à queima de algumas etapas devido à necessidade de trabalhar, à dureza do ritmo da fábrica (outra fábrica, o mesmo espaço). Nella Nobili, nos anos em que vive em Paris,[15] se reinventa, une as habilidades técnico-manuais aprendidas no trabalho fabril com o gosto pela arte, e inicia a produção de joias artesanais, decoradas com a reprodução de pequenas miniaturas de conhecidas obras de arte. Cria então uma marca, *Nella Nobili Création*, desenhada por Jean Cocteau, um dos artistas conhecidos nesse período. É em Paris, em 1975, que Nella envia para Simone de Beauvoir seu primeiro livro de poemas escrito em francês, *La jeune fille à l'usine*,[16] a qual a liquida por achar a escrita inexperiente e improvisada. Nesse momento difícil e de insegurança é Claire Etcherelli, ex-operária e vencedora do Prix Femina, que lhe dá apoio. Em 1976, contudo, Michka Gorki, amiga e cineasta, decide fazer uma adaptação desses poemas com o título *Un autre femme*. Dois anos mais tarde, quando sai o livro de poemas, conhece Edith Zha, que será sua última companheira de vida e parceira no projeto do livro-investigação que recolhe entrevistas com operárias trabalhadoras que mantêm um relacionamento amoroso. O resultado dessa pesquisa, *Les femmes et l'amour homosexuelle*, sai em 1979, no mesmo ano que Simone de Beauvoir publica *Quando o espiritual domina*.

Organizar a poesia de Nella Nobili não deixa de ser, portanto, em certo sentido, outra ação de resistência, para além do fato de a própria trajetória de vida e escrita de Calandrone ser a todo instante um *resistere*. Existir nas margens pode vir a significar uma aproximação

---

15. A viagem a Paris, em 1958, se dá depois da mudança de Bolonha para Roma. Nella se apaixona por uma garota e segue seus passos até a cidade da luz. Uma oportunidade, como aponta Calandrone no texto já citado de apresentação, para se libertar do fantasma da fábrica: "Talvez. E assim, depois de uma estada de três anos numa Roma sempre suntuosa, mentirosa, enganadora, e para salvaguardar o capital único e insubstituível que é a vontade de 'harmonizar vida e ideal', peguei minha magra mala de emigrante e fui para o exterior. Para a França, mais precisamente". Cf. Calandrone. "La poesia attiva di Nella Nobili". In: Nobili. *Ho camminato nel mondo con l'anima aperta*, 2018.

16. Esse livro posteriormente receberá o reconhecimento dos poetas Henri Thomas e Bernard Noël e do crítico Michel Ragon.

com aquele limiar para além do qual podem se desdobrar contextos e elementos que permitem viver. O texto que antecede os poemas de Nella Nobili, assinado por Maria Grazia Calandrone, já aponta para uma atuação desse poético.

> Uma vida contém muitas vidas. Vidas potenciais, que se interromperam. Cada um contém muitas pessoas. Pessoas potenciais, que se interromperam: as pessoas que poderíamos nos ter tornado, mas que o caso, ou a nossa vontade, pararam, antes que fossem reais.
> Se tivemos sorte, fomos nós que escolhemos não ser aqueles que mesmo assim podíamos ter sido.
> (...)
> A vida que fazemos, os pensamentos que pensamos, as palavras que usamos, nos mudam no mais profundo, arriscam fazer com que existam através do nosso corpo certas pessoas definhadas que com dificuldades reconhecemos como nos mesmos, algumas faces distorcidas pelo desencanto.
> Mas Nella sempre fez resistência, fincou os pés como uma mula, para não perder graça. Quis dar vida a duas pessoas em uma, a duas vidas possíveis: a primeira tinha arriscado interromper-se para sempre no final da alfabetização, quando, já apaixonada pela poesia, lhe é permitido começar a trabalhar.[17]

É, portanto, na esfera de uma potência afirmativa que Calandrone se relaciona e lê esse material vivo de Nella Nobili, sem querer cristalizá-la, mas abrindo-a e explorando a experiência dessa poeta, dando a ver o saber localizado que ali se encontra exposto e que pode ser, a partir dessa e outras mediações, compartilhado e explorado. A figura de Nella Nobili interessa a Calandrone também por ela habitar essa fratura de mundos diferentes, fazendo com que a própria fratura se torne visível e invisível, por ela assim rejeitar determinados papéis que lhe foram impostos.

---

17. Calandrone. *La poesia attiva di Nella Nobili*, p. 7-8.

A poesia não é um bálsamo, ela aponta as feridas. É justamente esse gesto que está presente tanto em *Zona Vermelha*, em *Gli scomparsi* e em outras operações editoriais, como podem ser pensados os poemas de Nella Nobili, a edição de Dino Campana e a releitura proposta de *O menininho* de Giovanni Pascoli. Ou como é colocado na abertura do poema *Intelecto de amor*, de *Giardino della gioia*,[18] a poesia é anárquica, ela só responde às suas próprias leis, lei interior que é ritmo e música, língua invisível. Ela é, enfim, o que move o sol e as estrelas e, seguindo com Dante, é o que ele chama de amor: essa vibração das nossas moléculas.

2.

> O amor pede uma resposta real, é feito de matéria que
> encontra outra matéria e se modifica
> (*Giardino della gioia*, Maria Grazia Calandrone)

A poesia de Calandrone desde cedo, ou melhor em sua raiz, se depara com o tema do amor, um aspecto que pode parecer banal e corriqueiro; pois qual não é a poesia que em algum momento não irá se confrontar com esse tema? Contudo, há no tratamento do "amor" em Calandrone uma tensão – ou tensões – que o transforma, que o move, que o desloca, inclusive do ponto de vista da forma e da linguagem. Todo esse percurso que toma corpo principalmente a partir de *Scimmia randagia* [Macaco vira-lata] (Crocetti, 2003), *La macchina responsabile* [A Máquina responsável] (Crocetti, 2007), *Sulla bocca di tutti* [Na boca de todos] (Crocetti, 2010), *Serie fossile* [Série fóssil] (Crocetti, 2015), *Gli scomparsi* [Os desaparecidos] (pordenonelegge, 2016), *Il bene morale* [O bem moral] (2017) – títulos que já falam por si só –, e, em 2019

---

18. Calandrone. *Giardino della gioia*, p. 50-51.

alcança um ápice com a montagem de *Giardino della gioia* [Jardim da alegria], publicado pela Mondadori.

    Linguagens setoriais, como a científica, ao lado da presença de animais variados e de inúmeros elementos da natureza ajudam a tecer o discurso amoroso de Calandrone. Por exemplo, em *Serie fossile*, livro em que predominam elementos como ar, água e fogo, é possível identificar uma espécie de "bestiário amoroso" por meio da presença de animais tão diferentes, como a serpente, a abelha, o burro, o tigre, dentre outros. Sem dúvida alguma, tal presença nos versos registra valores simbólicos, como é o exemplo do macaco, termo que está no título de *Scimmia randagia*, e que também alerta para o quanto no homem é animal, para essa presença biológica, o que confirma o interesse da poeta pela intersecção da natureza com qualquer forma viva. Esse livro traz, além disso, uma forte relação com a maternidade e seus possíveis desdobramentos; o gesto do caminhar, daquela que já iniciou um percurso e daquele que está prestes a iniciar, é por meio dessa mesma imagem que Calandrone expõe certa estaticidade que enxerga em si e o desejo futuro de um percurso por vir que possa aprender a abandonar para depois voltar.[19]

    A potência do afeto que não é confinável e não se restringe ao humano é uma questão que interessa à artista plástica Patricia Piccinini, que, em 2005, ou seja, dois anos depois da publicação de *Scimmia randagia*, propõe a escultura *Big Mother*, um primata com feições femininas que amamenta um recém-nascido. Como aponta Rosi Braidotti, *Big Mother* pode ser lida como um hino aos afetos pós-humanos, a pesquisadora ainda enfatiza a intenção de Piccinini de superar os obstáculos que a biologia criou em termos de imaginário, divulgando a falsa convicção de que o amor para a vida deva ser limitado a determinados códigos genéticos. Numa conversa entre Braidotti e Piccinini, a segunda define da seguinte forma seu trabalho: "*I sometime jokingly describe*

---

19. Cf. Mozzi. *La formazione della scrittrice, 3/Maria Grazia Calandrone*. Não é uma simples coincidência que em *Scimmia randagia* haja uma altíssima frequência do léxico relacionado ao corpo, ao movimento do corpo e à ação de caminhar. Ver, a esse respeito, Carminati. *Notizie «dal mondo esposto». Schede sulla lingua poetica di Maria Grazia Calandrone*, p. 167.

my work as 'animal-pomorphic'. It's not about attributing human characteristics to animals as much as recognising our shared 'animalness'".[20]

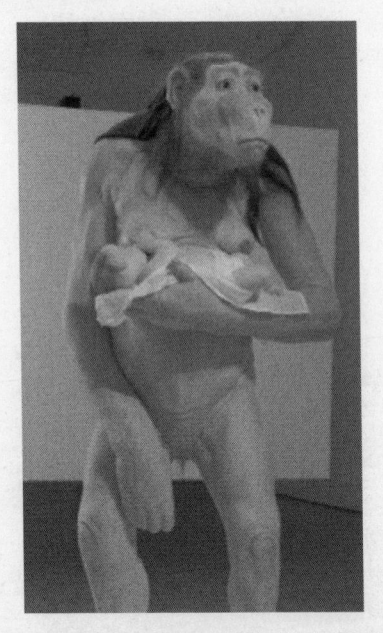

Big mother, 2005, altura 1,75 m, Patricia Piccinini, The Art Gallery of South Australia.

20. O texto é "Your place is my place" e está disponível em: https://www.patriciapiccinini.net/writing/110/477/63. Patricia Piccinini, nessa conversa, continua: "*Empathy and care are good examples of qualities that once regarded as uniquely human but have now been found in a number of other animals. So I am a humanist in this respect. However, I am very critical of humanism's desire to separate humans off from other animals and this from 'Nature'. I question such desire. Why would you want to uphold this distinction in the first place? What do you gain from it, other than a misplaced and misleading sense of human self-aggrandizement? This is important to me because when you divide the world like this, with people on one side and nature on the other, you create an opposition that is dangerous, false and unhelpful. This division is dangerous because it allows us to treat the world as a resource to plunder and destroy, resulting in the ecological devastation we experience today. This is unhelpful because if you ask people to choose between themselves and 'nature' they will usually choose themselves, so we need to find a way that people can choose themselves through nature. But it is also false because there are no people without nature, both because we rely on the world around us for survival but also because we and every other animal on the planet have always changed than environment through our actions. We need to find a new way to think about it because otherwise we just have to choose between destruction or shame, neither or which help*".

De fato, no livro de Maria Grazia Calandrone, são tratados nascimento e luto, vida e morte. O nascimento do filho e a morte da mãe adotiva da poeta. Contudo, é preciso não esquecer que o termo "*scimmia*" [macaco] percorre a escrita de Calandrone em outros momentos, revisitando o animal nu que somos inclusive hoje. A voz de Calandrone, mesmo sendo lírica, não se fecha num eu-lírico de tipo solipsista ou narcísico, mas olha a um só tempo para dentro e para fora, numa articulação muito singular que questiona o humano, o coloca em relação direta, horizontal e rizomática com o que está à sua volta, não deixando de dialogar com a tradição poética, com o léxico científico, mesclando-se com linguagens setoriais, inclusive aquelas relacionadas a um vocabulário mais técnico, como o da fisiologia. Essa posição de um eu para quem a experiência vivida é essencial busca compartilhar e chegar ao/à outro/a/e. Esse gesto imbuído de outridade é explicitado em vários momentos, como já foi assinalado, e registra-se mais uma vez no primeiro texto do último livro, *Giardino della gioia*, intitulado *Io sono gli altri* [Eu sou os outros],[21] composto por seis fragmentos. Uma abertura para as demais seções? Talvez sim, por ser um momento preliminar de personagens, fatos e sentimentos que foram acolhidos nessas páginas. Os títulos dados para as diferentes seções do volume, no total oito, sem considerar *Io sono gli altri*, podem ser lidos ainda como um prelúdio de uma caminhada pelo amor e pelo desamor. Poesia como furto, como companheira, como um espaço pungente para se falar da dor, um meio para tocar a realidade, poesia como ritmo, estes são todos traços possíveis para se pensar essa escrita que é escuta, jogo, perturbação. Com efeito, da mesma forma que a realidade escapa à nossa linguagem, a poesia escapa à tentativa de ser "engaiolada", aprisionada. Nesse sentido, é possível dizer, com Calandrone, que toda poesia é o corpo opaco de algo que se consegue evocar, ela alude a algo que permanece inalcançável (visível e invisível são termos que aparecem no primeiro poema de *Scimmia randagia*). Por isso, na poética de Calandrone, a combinação de sons e palavras não obedece

---

21. Esse *Io sono gli altri* é ainda o título do livro publicado em 2009 pela editora Stampa, que teve em 2018 uma reedição.

às regras de certo lirismo ou do vocabulário de um "eu", mas acolhe as palavras e vocábulos que servem a um determinado ritmo, a uma música singular que revela as partes mais recônditas do sujeito, aquelas também mais cruéis cuja existência encontra-se escondida em algum cadinho. É calando todas as vozes dentro de si que a poeta pode chegar a um ponto em que o "eu" é o/a outro/a, essa voz que vem do silêncio, ou, nas palavras de Giorgio Caproni,

> O poeta é um mineiro. É poeta quem consegue descer mais a fundo naquelas que o grande Machado definia *las secretas galerías del alma*, e ali atingir aqueles nós de luz que, sob os extratos superficiais diversíssimos de indivíduo para indivíduo, são comuns a todos, mesmo se nem todos têm consciência disso.[22]

Nessa direção, podem ser lidos os versos escolhidos como epígrafe de todo o volume: "Como nasce/ como poesia de amor, essa poesia/ é política", retirados do poema *Contra o exílio*, que não deixam de apontar para a contaminação entre esfera privada e esfera pública, entre dentro e fora, ou melhor

> O amor é o nome do fim infinito segundo o bom infinito. Nele, a realização consiste não em uma produção, mas de alguma forma na reprodução, na repetição, ou seja, na *ruminatio* de um incomensurável: o amor, precisamente, como tarefa (atribuição, comprovação, declaração e também criação: precisaria analisar todos esses modos) de um valor absoluto – nem 'valente', de alguma forma, ou valente por não ser avaliável.[23]

A escrita de Calandrone, com todo seu lirismo e antilirismo, é uma poesia de *ethos* e de *pathos*, uma dimensão que remete às leituras

---

22. Caproni. *La scatola nera*, p. 37. Ver também Peterle. A palavra esgarçada de Giorgio Caproni, 2014; Peterle. *A palavra esgarçada*: pensamento e poesia em Giorgio Caproni, 2018.

23. Nancy. *Sull'amore*, p. 33.

e releituras de Pier Paolo Pasolini, a quem, já em *Serie fossile* (2015), é dedicado um poema intitulado *Lettera immaginaria* [Carta imaginária]. Uma ideia de amor, portanto, que vai se desdobrando tanto numa esfera mais coletiva quanto numa mais privada, mas que conserva em seu centro um polo latente de eticidade. Todo e qualquer amor, diz Calandrone, nos obriga a perceber a existência do/a outro/a, que é sempre dar-se conta, portanto, da outridade. Essa existência outrem exige um olhar para o fora, para o mundo ao redor e fora do sujeito. Talvez a ideia de descoberta de um mundo fora de nós de Simone Weil possa, de algum modo, sintetizar esse gesto, mesmo com todo o horror que também faz parte do próprio mundo. Poesia, portanto, como ela mesmo afirma na recente entrevista com Renato Fiore para *Menabò*,[24] como "investigação judiciária" que mantém a "dignidade da lírica amorosa" e adentra em zonas cinzentas, nebulosas, naquelas partes "desfinhadas" ou nos "lugares não jurisdicionais", para lembrar, mais uma vez, o nome de Giorgio Caproni, poeta que cantou a figura de Annina, lida e relida em diferentes ocasiões por Calandrone.

Descartados, portanto, tons de lamento e/ou narcísicos, a busca pelo amor, que não descarta o outro lado da moeda – o desamor –[25] se configura em suas articulações, na escrita de Calandrone, como uma profunda reflexão sobre o humano. O amor que é colocado em jogo aqui se aproxima do "ser-com" de Jean-Luc Nancy, em *A comunidade inoperosa*, que é, a um só tempo, política, arte, festa e luto; por isso, ele [o amor] faz parte e está nas diferenças e na inconciliabilidade. Expressões como "a insustentável/ beleza do mundo", "esplendida miséria do mundo" ou "beleza impura cruel" habitam a linguagem de Maria Grazia Calandrone, que traz em *Giardino della gioia* notícias da crônica policial, viagens investigativas, experiências-limite como a Shoa, ao lado de percepções como o olhar de uma criança, a importante relação com os elementos naturais e as diferentes formas de vida. Nesse sentido, o corpo – seus resíduos e vestígios (ossos, cabelos, pele) – ocupa um espaço

---

24. Fiore. *Intervista a Maria Grazia Calandrone*.
25. Não é uma simples coincidência que, no livro de 2019, há uma seção intitulada justamente "*disamore*".

não menos importante, uma vez que também é por meio dele que se percebe o mundo e, ao mesmo tempo, se fala *da* história e à história.

Em seus movimentos poéticos, inclusive aqueles mais formais de dilatação e concentração máxima do verso, o gesto de escrita em Calandrone carrega consigo um peso,[26] um peso das palavras que evocam espaços, experiências, rastros do que se é, um passado que se faz presente, e que a cada passo ou movimento não é e não pode ser descartado, ao contrário, ao lado da experiência vão se acumulando fragmentos e cacos de escutas e visões que o próprio vivido evoca.

> Acredito que a escrita de cada um atinja a vida, mas somente para ser verdadeira: como de um depósito, para fazer de si um arquivo disponível de experiência viva a serviço das vidas de outros e, melhor ainda, da interpretação da história e do mundo. Usa-se a própria experiência para compreender. Não por isso um poeta é obrigado a ter uma vida aventurosa, a experiência assume-se também no silêncio e na solidão. Mas um poeta é obrigado a observar, a não deixar escapar nada, a ter 'atenção', como dizia muito bem Giovanna Sicari. Para que a escrita tenha minimamente sentido acredito que o eu do autor tenha de ser levado para o estado zero, ou para seu estado de comunhão humana e mineral.[27]

Nesse sentido, essa poesia não desvia dos fantasmas ou demônios que habitam em cada um de nós, ela adentra nos cadinhos mais densos e obscuros, olha sem temor para as ameaças mais íntimas, desnudando-as. A profunda investigação antropológica e poética em curso não poderia, então, não se embater na relação bem-mal, à qual Calandrone dedica uma grande reflexão. De fato, não se trata de uma visão dicotômica entre esses dois lados da mesma moeda, pois quem estende a mão para fazer um imenso bem pode também, de um momento para

---

26. Cortellessa. "Il peso enorme delle parole". In: Buffoni. *Poesia contemporanea. Nono Quaderno*, p. 53-54.
27. Entrevista publicada na tese de doutorado de Zorat. *La poesia femminile italiana dagli anni settanta ad oggi*: Percorsi di analisi testuale, p. 433.

outro, provocar um irremediável mal. Que limite é esse? Como se pode minimamente entrevê-lo? Perguntas para as quais não se tem uma resposta, mas é nessa ferida humana, provocada pelo humano a si e ao outro, ao próximo, à outra forma de vida, que recai seu olhar "investigativamente lírico" que escava a fundo. Talvez a consciência dos próprios atos pode se apresentar como um alerta diante do abismo ao qual ao longo de uma vida todos estão expostos. Poesia corposa, desassossegadora, perturbante, que joga com as estruturas do próprio poético (versos hendecassílabos, novenários, decassílabos) que em alguns momentos beira a prosa jornalística, com certa tendência para as páginas policiais, como, por exemplo, nos poemas de *Giardino della gioia* que trazem as figuras de Mary Patrizio e de Pietro Maso ou o poema escrito a partir da ponte Morandi de Gênova que desabou em agosto de 2018.[28]

Uma vez mais, experiência e vivido se mostram elementos essenciais, e, para a escrita, que não deixa de ser vista como uma leitura analógica do mundo, uma via do *amor fati* deleuziano, que descarta o ressentimento diante do acontecimento ou, em outras palavras, dignidade em relação ao que acontece ao sujeito.[29] Nesse sentido, é possível afirmar que a escrita de Calandrone é matéria corpórea.[30] Há uma fisicidade matérica dada pelas palavras e, paradoxalmente, há nelas um fluxo magmático que perpassa pelas letras, pelos espaços em branco, pela tinta preta e pelos versos, aqui talvez um indício da relação com o poeta milanês Milo De Angelis. Ao mesmo tempo que a linguagem tem um caráter escorregadio, é nela que está a possibilidade de se fazer sujeitos, ou seja, toda vez que se tem um discurso, se tem a presença

---

28. Esses três poemas partem, justamente, de fatos reais e que ocuparam as páginas dos jornais: Mary Patrizio que, em 18 de maio de 2005, afogou o filho em casa; o colapso da ponte Morandi, que era uma via importante de entrada e saída da cidade de Gênova; Pietro Maso matou seus pais na madrugada entre 17 e 18 de abril de 1991.
29. Antonelli. *Deleuze*: três perspectivas sobre o niilismo, p. 253-270.
30. Krisis - Tempos de Covid-19, Maria Grazia Calandrone, vídeo 1. Produção: Patricia Peterle, Andrea Santurbano, Francisco Degani. Florianópolis: Núcleo de Estudos Contemporâneos de Literatura Italiana (NECLIT)/ UFSC: 2020 (13min48s). Disponível em: https://repositorio.ufsc.br/handle/123456789/209564. Agora também publicado no livro Peterle; Santurbano; Degani; Salvador. *Krisis - Tempos de Covid-19*, 2020.

de um sujeito, que se concretiza a partir da linguagem em ato, o "eu" na poesia de Calandrone se mostra singular-plural, uma vez que sua existência depende do fora e do/a outro/a. Se há uma tarefa para a poesia, em Calandrone, esta talvez seja a de tornar mais visível as urdiduras e cesuras entre os homens, entre os homens e toda a criação, incluindo também os seres inanimados e a matéria mineral.³¹ Cesura que se torna conexão, é talvez a vida não-humana que permite definir o que chamamos de vida humana.

É um livro com um título que parte do mineral, do resto, do elemento residual como *Serie fossile* que é todo ele dedicado ao amor, ao ato amoroso, à preparação ao amor, uma promessa que não é um contrato, mas indica um empenho para que ela possa ser mantida. Nessas páginas, o amor também aparece como sendo um risco, mas seus atores não são necessariamente identificáveis, ele se presentifica nos versos por meio da matéria e dos corpos (visível e invisível, orgânico e inorgânico aparecem inextricavelmente imbricados).³² Na verdade, *Serie fossile* é um livro que inquieta e incomoda justamente pela capacidade de realismo, de um lado, e, do outro, por uma linguagem que parece a todo momento querer escapar e se desfazer. É um livro geológico em sua concretude, o termo "fóssil" faz parte do título, mas o que é um fóssil? É a presença de algo que não está ali; é a presença de um cruzamento de tempos – algo atemporal, anacrônico –, é a presença também de uma língua poética que a todo momento questiona a si própria, não deixando de lado um diálogo intenso com a tradição ao mesmo tempo que a rompe, que a hibridiza na mesclagem com o

---

31. Essa questão pode levar à reflexão de Georges Didi-Huberman sobre a emoção: "A emoção não diz 'eu': primeiro porque, *em mim*, o inconsciente é bem maior, bem mais profundo e mais transversal do que o meu pobre e pequeno 'eu'. Depois porque, *ao meu redor* a sociedade, a comunidade dos homens, também é muito maior, mais profunda e mais transversal do que cada pequeno 'eu' individual. Eu disse anteriormente que quem se emociona também se expõe. Expõe-se, portanto, aos outros, e todos os outros recolhem, por assim dizer – bem ou mal, conforme o caso – a emoção de cada um. Aqui, os sociólogos e os etnólogos podem nos ensinar muitas coisas sobre as emoções como fenômenos que atingem todo o mundo, toda a sociedade". Cf. Didi-Huberman. *Que emoção! Que emoção?*, p. 31.

32. Cf. Nancy. *M'ama, non m'ama*.

léxico científico, técnico e outros códigos setoriais,[33] que eleva a tensão máxima com a prosa.

Fóssil é ruína e nos fala ruinosamente:

© – fóssil

Ponha uma mão aqui como uma venda branca, feche-me os olhos,
preencha o limiar de bençoes, depois que
você passou no meio
do ouro verde da íris
como uma abelha régia
e – palha
sobre palha,
de ouro e grão debulhado –
você fez de mim
o seu favo de luz

uma constelação de abelhas ronda a tília
com sabedoria inumana, um redemoinhar de inteligências não larga
a árvore do mel

                – seria redutivo dizer amor
essa exigência da natureza –

                    enquanto um vazio anterior cicatriza
entre flor e flor sem deixar rastro:

                    use a boca, me tire do coração
o ferrão dourado,
a memória de um raio que queimou minha forma humana
em alguma pré-história

---

33. Em alguns momentos, a linguagem de Maria Grazia Calandrone pode inclusive ganhar tons expressionistas que a aproximam do legista e poeta alemão Gottfried Benn.

onde os loucos acariciam as pedras como se fosses cabeças de crianças:

                                           chegue mais perto, como a
primeira
entre as coisas perdidas
e aquele rosto se ergue da pedra para uma vez mais sorrir

24.5.13 [34]

Quase todos os poemas de *Serie fossile* são introduzidos por uma cifra (um hieróglifo) seguida de uma nomenclatura. Isso talvez possa indicar a dificuldade de se falar do amor, uma vez que é muito mais fácil falar dos seus efeitos, dos sentimentos, arrebatamentos, afeições e percepções por ele provocados. Todos os sentidos aparecem à flor da pele, o corpo é meio (medialidade), mas é, ao mesmo tempo, um resíduo irredutível.[35] Não se explica o amor. Por isso, ler um poema como © - fossile é adentrar uma floresta, seja ela da linguagem ou das experiências realizadas e transfiguradas. Corpo verbal e corpo da natureza, com toda sua fauna e flora, se hibridizam, como diz um verso-citação de Antonella Anedda presente em *Serie fossile*: "por metade fogo por metade abandono".

A data no final desse e de outros poemas refere-se à indicação de uma cronologia, de uma série de fatos, mas, ao mesmo tempo, é o contraponto de uma pré-história, que é o outro tempo presente nessa poesia, indicado textualmente em um dos versos anteriores. Um tempo que não pode ser mensurado por cronos, por se tratar de um momento indeterminado, potencial e não linear. Essa imbricação de tempo anuncia

---

34. Calandrone. *A vida inteira*, p. 22-25.
35. A propósito do corpo, ela afirma: "O corpo é o instrumento que se usa para escrever. Escrever requer uma fadiga física, então, o corpo está na base da escrita e habita de formas variadas a minha poesia, geralmente como detalhe, fragmento orgânico, osso – ou como corpo em amor. O corpo das coisas também se faz presente por inteiro, assim como – eu acredito – a urdidura muito densa gostaria de fazer da poesia um objeto tangível". In: Zorat. *La poesia femminile italiana dagli anni settanta ad oggi*: Percorsi di analisi testuale, p. 435.

outro fenômeno: o caráter magmático da linguagem que segue um movimento de condensação e de expansão. A falta de uma medida métrica mais regular e o espalhar-se dos versos quase infringindo o limite da página são, sem dúvida, elementos formais que chamam a atenção e que parecem acompanhar um ritmo particular e todo um discurso interior que só se dá a ver em seu *processo*, uma lógica analógica (presente em qualquer voz interior). Os versos, os inúmeros *enjambements*, certa dissonância entre versos mais longos e outros muito curtos parecem concretizar a tentativa de condensar na página essa voz interior, "uma voz que fala de dentro" – para lembrar Giovanni Pascoli –, do que uma desconfiança da linguagem que tanto marcou certa recente produção poética.[36] O uso dos parênteses e dos travessões configuram-se, ainda, como outros dois recursos estruturais, ao lado da "repetição" – também presente nesse poema –, que apontam para a importância do fluxo, da descontinuidade, de uma voz que não se deixa amarrar pela camisa de força da linguagem.

"fecho os olhos para ver" é um verso de outro poema citado, mas essa imagem também se encontra logo no início de © - fossile, quando é dito para que uma mão cubra os olhos, como se fosse uma venda branca.[37] Esse gesto inicial e iniciático é o que permite os demais movimentos na página, que é usada como um campo aberto onde são disseminadas imagens, situações carregadas, de virtualidades vitais, como também transparece dos desenhos realizados pela própria poeta a partir desse poema.[38]

---

36. Cf. Pascoli. *O menininho*.
37. Tal colocação pode lembrar o já citado ensaio de Georges Didi-Huberman, *O que vemos, o que nos olha*, especialmente a parte inicial: "O que vemos só vale – só vive – em nossos olhos pelo que nos olha. Inelutável porém é a cisão que separa dentro de nós o que vemos daquilo que nos olha. Seria preciso assim partir de novo desse paradoxo em que o ato de ver só se manifesta ao abrir-se em dois. Inelutável paradoxo – Joyce disse bem: 'inelutável modalidade do visível', num famoso parágrafo do capítulo em que se abre a trama gigantesca de *Ulisses* (...) 'Fecha os olhos e vê'". Cf. Didi-Huberman. *Que emoção! Que emoção?*, p. 29.
38. O vídeo com os desenhos também está disponível em: https://www.youtube.com/watch?v=9h5llgEw9EA.

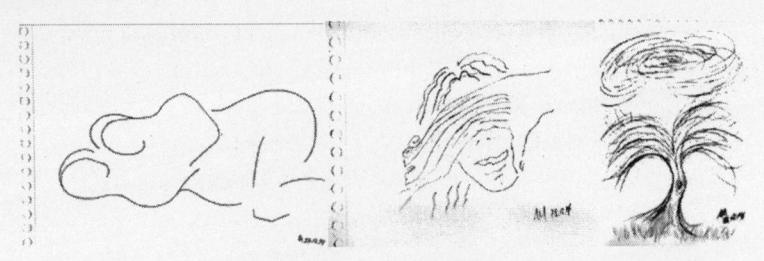

Desenhos de Maria Grazia Calandrone que retomam imagens contidas no poema.

    A concretude de cobrir os olhos oferece a possibilidade do percurso tortuoso quando se passa pelo "ouro verde de íris" (ecos talvez montalianos),[39] que abre para tudo o que vem depois, desde a provável referência bíblica, o trigo, a efervescência da vida concretizada na imagem das abelhas com toda sua "sabedoria inumana" ao redor da tília, a memória de um lampejo, as pedras – o elemento mineral que tanto lhe é caro – até as coisas perdidas. Um percurso de imagens, de flashes, que só é possível quando não se vê, ou melhor, a partir do momento em que os olhos foram cobertos: "você fez de mim/ o seu favo de luz". Fragmentos, ainda, que podem remeter à primeira das Elegias rilkeanas quando se pensa na presença da natureza e de outros objetos em *Serie fossile*: "Resta-nos, quem sabe,/ a árvore de alguma colina, que podemos rever/ cada dia; resta-nos a rua de ontem/ e o apego cotidiano de algum hábito/ que se afeiçoou a nós e permaneceu".[40]

    O que dizer de um fóssil, além da descrição de como é e de como foi encontrado? Ao fóssil é inerente o gesto da escavação. Ele é, sem dúvida, uma imagem, uma engenhosa e potente analogia para tratar daquilo sobre o qual é difícil falar e sobre o qual não se pode parar de falar. Há uma urdidura aqui que vai muito além do sentido visto como comunicação de significações. Fóssil é também resistência, resistir à dor sem ser aniquilado/a. A linguagem da poesia convive necessariamente com vestígios de um passado longínquo, lida com o

---

39. Essa imagem do olho, ou melhor da íris, é recorrente em alguns poemas de Eugenio Montale, como *L'anguilla*. Ver Peterle. *No vórtice de L'anguilla de Eugenio Montale*.
40. Rilke. *Elegias de Duíno*, p. 10.

traço contingencial, reconstrói e realinhava elos às vezes perdidos por meio da linguagem.[41] E isso tem uma especial relação com o tempo, com a sua duração que, por sua vez, se relaciona com a memória, com a natureza, mas sobretudo com a relação que estabelecemos com ela, que não deixa de ser mais um termômetro de nosso estar no mundo.

---

41. Cf. D'Andrea. *Capioni #15. Maria Grazia Calandrone.*

Referências

ADORNO, Theodor W. *Teoria estética*. (Trad. do alemão: E. De Angelis). Torino: Einaudi, 1977. p. 214.

AGAMBEN, Giorgio. *Ideia de prosa*. (Trad. João Barrento). Lisboa: Cotovia, 1999.

AGAMBEN, Giorgio. *Autoritratto nello studio*. Roma: nottetempo, 2017.

AGAMBEN, Giorgio. Categorias italianas. (Trad. do italiano: Vinicius Nicastro Honesko e Carlos Eduardo Schmidt Capela). Florianópolis: Editora da UFSC, 2014.

AGAMBEN, Giorgio. *Estâncias*: a palavra e o fantasma na cultura ocidental. (Trad. do italiano: Selvino Assman). Belo Horizonte: Editora UFMG, 2007.

AGAMBEN, Giorgio. *Homo sacer*: o poder soberano e a vida nua. (Trad. do italiano: Henrique Burigo). Editora UFMG: Belo Horizonte 2002.

AGAMBEN, Giorgio. *Homo Sacer*. Macerata: Quodlibet, 2018.

AGAMBEN, Giorgio. *Il regno e il giardino*. Vicenza: Neri Pozza, 2019. p. 73. [*O reino e o jardim*. <Trad.: Vinícius Honesko Nicastro>. Belo Horizonte: Ayné, 2022]

AGAMBEN, Giorgio. *Infância e história – destruição da experiência e origem da história*. (Trad. do italiano: Henrique Burigo). Belo Horizonte: Editora UFMG, 2015.

AGAMBEN, Giorgio. "Introduzione". In: DELFINI, Antonio. *Poesia della fine del mondo e Poesie escluse*. (Daniele Garbiglia org.). Macerata: Quodlibet, 1995. p. XV.

AGAMBEN, Giorgio. "L'immanenza assoluta". In: *La potenza del pensiero. Saggi e conferenze*. Vicenza: Neri Pozza Editore, 2005. p. 377-404.

AGAMBEN, Giorgio. "La fine del pensiero". In: MECATTI, Stefano (org.). *Foné* la voce e la traccia. Firenze: La casa Usher, 1985. p. 80-88.

AGAMBEN, Giorgio. *Meios sem fim*. (Trad. Davi Pessoa). Belo Horizonte: Autêntica, de Belo Horizonte, 2015.

AGAMBEN, Giorgio. Notas sobre o gesto. (Trad. do italiano: Vinícius Nicastro Honesko). *ArteFilosofia*, Ouro Preto, v. 3. n. 4, 2008. Disponível em: https://periodicos.ufop.br/raf/article/view/731.

AGAMBEN, Giorgio. *O fogo e o relato*. (Trad. do italiano: Patricia Peterle e Andrea Santurbano). São Paulo: Boitempo, 2018.

AGAMBEN, Giorgio. *O que é o contemporâneo e outros ensaios*. Apresentação: Susana Scramim. (Trad. do italiano: Vinícius Honesko Nicastro). Chapecó: Argos, 2009.

AGAMBEN, Giorgio. "Pascoli e il pensiero della voce". In: PASCOLI, Giovanni. *Il fanciullino*. Roma: nottetempo, 2012. p. 7-27.

AGAMBEN, Giorgio. Politica dell'esilio. *Derive Approdi*, Napoli, n. 16, p. 25-27, 1998.

AGAMBEN, Giorgio. *Studiolo*. Torino: Einaudi, 2019 [*Studiolo*. <Trad. do italiano: Vinícius Honesko Nicastro>. Belo Horizonte: Ayné, 2021]

AGAMBEN, Giorgio. To whom poetry is addressed?. (Trad. do italiano: Daniel Heller-Roazan). *New Observations*, n. 130, p. 10-11, 2015.

ALIGHIERI, Dante. *A Divina Comédia*, v. 1, n. 2. (Trad. do italiano e introdução: Cristiano Martins). Belo Horizonte, Rio de Janeiro: Villa Rica, 1991.

ALIGHIERI, Dante. *Divina Comédia*. (Trad. do italiano: João Trentino Ziller). São Paulo: Ateliê Editorial, 2012.

ALIGHIERI, Dante. *Dante Lírica*. (Trad. do italiano: Jorge Wanderley). Rio de Janeiro: Topbooks, 1996.

ALIGHIERI, Dante. *Vida Nova*. (Trad. Paulo M. Oliveira, Blasio Demétrio). Rio de Janeiro: Athena Editora, 1937.

ANEDDA, Antonella. *La vita dei dettagli*. Roma: Donzelli, 2009.

ANEDDA, Antonella. "A memoria". In: *Cartos de logu*: scrittori sardi allo specchio. Cagliari: CUEC, 2007.

ANEDDA, Antonella. *Cosa sono gli anni*: saggi e racconti. Roma: Fazi Editore, 1997.

ANEDDA, Antonella. *Geografie*. Milano: Garzanti, 2021.

ANEDDA, Antonella. *Historiae*. Torino: Einaudi, 2018.

ANEDDA, Antonella. *Isolatria*: viaggio nell'arcipelago della Maddalena. Bari-Roma: Laterza, 2013.

ANEDDA, Antonella. *La luce delle cose*. Milano: Feltrinelli, 2000.

ANEDDA, Antonella. *La vita dei dettagli*. Roma: Donzelli Editore, 2009.

ANEDDA, Antonella. Mara Lai, un'Alice preistorica. *Antinomie*, 13 mar. 2021. Disponível em: https://antinomie.it/index.php/2021/03/13/maria-lai-unalice-preistorica/.

ANEDDA, Antonella. *Nomi distanti*. Nino Aragno Editore: Torino, 2020.

ANEDDA, Antonella. *Notti di pace occidentale*. Roma: Donzelli, 1999.

ANEDDA, Antonella. *Salva con nome*. Milão: Mondadori, 2012.

ANEDDA, Antonella. Zbigniew Herbert, la pianura fredda tra le parole. *Alfabeta*. Disponível em: https://www.alfabeta2.it/2016/11/20/zbigniew-herbert/.

ANTONELLI, Marcelo. Deleuze: três perspectivas sobre o niilismo. *Princípios*: Revista de Filosofia, Natal, v. 20, n. 34, p. 253-270, 14 jul. 2015.

ARASSE, Daniel. *Il dettaglio*: la pittura vista da vicino. (Trad. do francês: Aurelio Pino). Milano: Il Saggiatore, 2017.

ARENDT, Hannah. *A condição humana*. (Trad. Roberto Raposo, posf. Celso Lafer). Rio de Janeiro: Forense Universitária, 2007.

BARBOLINI, Roberto. *Il riso di Melmoth*: metamorfosi dell'immaginario dal sublime a Pinocchio. Milano: Jaca Book, 1989.

BARILE, Laura; BOMPIANI, Ginevra. *Eterna riabilitazione da un trauma di cui s'ignora la natura*. Roma: nottetempo, 2007.

BARTHES, Roland. *A aula*. (Trad. do francês: Leyla Perrone-Moysés). São Paulo: Cultrix, 1982

BARTHES, Roland. *Fragmentos de um discurso amoroso*. (Trad. do francês: Hortênsia dos Santos). Rio de Janeiro: F. Alves, 1981.

BARTHES, Roland. "O grão da voz". In: BARTHES, Roland. *O óbvio e o obtuso*. Ensaios críticos III. (Trad. do francês: Léa Novaes). Nova Fronteira: Rio de Janeiro, 2004.

BATAILLE, Georges. *L'amicizia*. (Trad. do francês: Federico Ferrari). Milano: SE, 1999.

BAZZOCCHI, Marco. *Esposizioni. Pasolini, Foucault e l'esercizio della verità*. Bologna: il Mulino, 2017.

BENJAMIN, Walter. *Charles Baudelaire*: um lírico no auge do capitalismo. Obras escolhidas III. (Trad. do alemão: José Carlos Martins Barbosa, Hemerson Alves Baptista). São Paulo: Editora Brasiliense, 1989.

BENJAMIN, Walter. "Commenti alla poesia di Brecht". In: *Opere Complete – Scritti 1938-1940*, p. 287-291.

BENJAMIN, Walter. "Due poesie di Friedrich Hölderlin". In: *Opere Complete – Scritti 1906-1922*, p. 218-219.

BENJAMIN, Walter. *Origem do drama trágico alemão*. (Trad. do alemão: João Barrento). Belo Horizonte: Autêntica, 2011.

BENJAMIN, Walter. *Passagens*. Willi Bolle. (Olgaria Matos org, trad. do alemão por Irene Aron, Cleonice Mourão, Patrícia Camargo). São Paulo, Belo Horizonte: Imprensa Oficial de São Paulo, Ed. UFMG, 2006.

BENJAMIN, Walter. "Sobre a linguagem em geral e sobre a linguagem do homem". (Trad. do alemão: Susana Kampff Lages). In: *Escritos sobre mito e linguagem*. São Paulo: Duas Cidades, Editora 34, 2011. p. 73.

BENJAMIN, Walter. *Sonetti e poesie sparse*. (Rolf Tiedemann org.). Torino: Einaudi, 2010.

BENJAMIN, Walter. "Sulla lingua in generale e sulla lingua dell'uomo". In: *Opere Complete-Scritti 1906-1922*. (Rolf Tiedemann e Hermann Schweppenhäuser orgs.; Enrico Ganni org. ed. italiana). Torino: Einaudi, 2008. p. 653.

BENVENISTE, Emille. "Da subjetividade na linguagem". In: *Problemas de linguística geral*. (Trad. do francês: Maria da Gloria Novak e Luiza Neri). São Paulo: Editora USP, 1976. p. 284-292.

BERARDI, Franco. *Asfixia*. (Trad. do italiano: Humberto do Amaral). São Paulo: UBU, 2008.

BERGAMÍN, José. *Frontiere della poesia*. (Trad. do espanhol: Leonardo Cammarano, pref.: Sergio Givone). Milano: Edizioni Medusa, 2001.

BERGAMÍN, José. *La decadenza dell'analfabetismo*. (Trad. do espanhol: Lucio D'Arcangelo, pref.: Giorgio Agamben). Milano: Rusconi, 1972.

BERGAMÍN, José. *La importancia del demonio*. Madrid: Ediciones Siruela, 2006.

BERGAMÍN, José. *Poesías Completas I*. (Nigel Dennis org.). Valencia, Madrid: Editorial Pre-Textos, 2008.

BEZERRA, Paulo. "Prefácio – As vozes subterrâneas da história". In: MANDEL'ŠTAM, Osip. *O rumor do tempo*. (Trad. do russo: Paulo Bezerra). São Paulo: Editora 34, 2000.

BLUMENBERG, Hans. *Naufragio con spettatore. Paradigma di una metafora dell'esistenza*. (Trad. do alemão: Francesca Rigotti). Bologna: Il mulino, 1985.

BOZZOLA, Sergio. Narratività e intertesto nella poesia di Giorgio Caproni. *Studi Novecenteschi*, Padova, XX, p. 113-151, 1993.

BRAIDOTTI, Rosi. *Il postumano. La vita, oltre l'individuo, la specie, oltre la morte*. (Trad. do inglês: Angela Balzano). Roma: Derive Approdi, 2014.

BRAIDOTTI, Rosi. *Per una politica affermativa*. (Trad. Angela Balzano). Milano: Mimesis Edizioni, 2017.

BREDA, Mario. *In questo progresso scorsoio*. Milano: Garzanti, 2009.

BUTLER, Judith; ATHANASIOU, Athena. *Spoliazione. I senza casa, senza patria, senza cittadinanza*. Sesto San Giovanni: Mimesis, 2019.

BUTLER, Judith. "É possível viver uma vida boa em uma vida ruim?". In: *Corpos em aliança e a política das ruas*. (Trad. do inglês: Fernanda Siqueira Miguens). Rio de Janeiro: Civilização Brasileira, 2018.

BUTLER, Judith. *L'alleanza dei corpi*. Roma: nottetempo, 2017.

CALANDRONE, Maria Grazia. *A vida inteira*. (Trad. do italiano: Patricia Peterle). Cotia: Urutau, 2022.

CALANDRONE, Maria Grazia. Antonella Anedda, chiara come una pietra. *Alfabeta2*, 7 out. 2018. Disponível em: http://www.alfabeta2.it/2018/10/07/antonella-anedda-chiara-come-una-pietra/.

CALANDRONE, Maria Grazia. *La macchina responsabile*. Milano: Crocetti Editore, 2007.

CALANDRONE, Maria Grazia. *Giardino della gioia*. Milano: Mondadori, 2019.

CALANDRONE, Maria Grazia. *Gli scomparsi*: storie di Chi l'ha visto. Gialla Oro. Pordenonelegge, 2016. Disponível em: http://www.mariagraziacalandrone.it/index.php?option=com_content&view=article&id=405:gli-scomparsi-lietocolle-pordenonelegge-2016&catid=13:poesia&Itemid=131.

CALANDRONE, Maria Grazia. "La poesia attiva di Nella Nobili". In: NOBILI, Nella. *Ho camminato nel mondo con l'anima aperta*. Milano: Solferino, 2018. p. 47. (E-pub).

CALANDRONE, Maria Grazia. Zona Rossa. *Antinomie*, 15 mar. 2020. Disponível em: https://antinomie.it/index.php/2020/03/15/la-zona-rossa/.

CALANDRONE, Maria Grazia. "Un altro mondo, lo stesso mondo". In: PASCOLI, Giovanni. *Il fanciullino*. Torino: Nino Aragno Editore, 2018.

CALVINO, Italo. "A pena em primeira pessoa (Para os desenhos de Saul Steinberg)". In: *Assunto encerrado*: discursos de literatura e sociedade. (Trad. do italiano: Roberta Barni). São Paulo: Companhia das Letras, 2006. p. 349.

CALVINO, Italo. *As cidades invisíveis*. (Trad. do italiano: Diogo Mainardi). Companhia das Letras: São Paulo, 1990.

CALVINO, Italo. *Seis propostas para o próximo milênio*. (Trad. do italiano: Ivo Barroso). São Paulo: Companhia das Letras, 1990. p. 11.

CAMPOS, Augusto; CAMPOS, Haroldo; PIGNATARI, Décio (orgs.). *Mallarmé*. (Trad. do francês: Augusto de Campos e Décio Pignatari e Haroldo de Campos). São Paulo: Perspectiva, 1974.

CAMPOS, Augusto. *Invenção*. São Paulo: Arx, 2003.

CAMPOS, Haroldo. *Pedra e Luz na poesia de Dante*. (Introd.: Andrea Lombardi). Rio de Janeiro: Imago, 1998.

CAPRONI, Giorgio; AGAMBEN, Giorgio. *A coisa perdida:* Agamben comenta Caproni. (Trad. do italiano: Aurora Fornoni Bernardini, org.). Florianópolis: Editora UFSC, 2011.

CAPRONI, Giorgio; BETOCCHI, Carlo. *Una poesia indimenticabile – lettere 1936-1986*. (Daniele Santero org.). Luca: Maria Pacini Fazzi editore, 2007.

CAPRONI, Giorgio. *A porta morgana*: ensaios sobre poesia e tradução. (Trad. do italiano: Patricia Peterle, pref.: Enrico Testa). São Paulo: Rafael Copetti, 2017.

CAPRONI, Giorgio. *Il mondo ha bisogno dei poeti – interviste e autocommenti 1948-1990*. (Melissa Rora org., introd.: Anna Dolfi). Firenze: Firenzer University Press, 2014.

CAPRONI, Giorgio. *L'opera in versi*. (Luca Zuliani org., introdução: Pier Vincenzo Mengaldo, cronologia: Adele Dei). Milano: Mondadori, 1999.

CAPRONI, Giorgio. *La scatola nera*. Milano: Garzanti, 1996.

CAPRONI, Giorgio. "O franco caçador". In: CAPRONI, Giorgio; AGAMBEN, Giorgio. *A coisa perdida*: Agamben comenta Caproni. (Trad. do italiano: Aurora Fornoni Bernardini, org.). Florianópolis: Editora UFSC, 2011.

CARBOGNIN, Francesco. Intervista ad Andrea Zanzotto su poesia, scrittura, società. *Immaginazione*, Cesario di Lecce, XXIV, 230, maggio 2007. p. 7.

CARMINATI, Alba. *Notizie «dal mondo esposto»*. Schede sulla lingua poetica di Maria Grazia Calandrone. Tesi di Laurea. Università degli Studi di Padova. Dipartimenti di Studi Linguistici e Letterari, 2014-2015. Disponível em: http://tesi.cab.unipd.it/49846/.

CAVALCANTI, Guido. *Rime*. (Guido Favati org.). Napoli: R. Ricciardi, 1957.

CAVALCANTI, Guido. *Rime*. (Marcello Ciccuto org., introd.: Maria Corti). Milano: Rizzoli, 1978.

CAVALLI, Patrizia. *Datura*. Torino: Einaudi, 2013.

CAVALLI, Patrizia. *Meus poemas não mudarão o mundo*. (Trad. Claudia T. Alves). São Paulo: Jabuticaba, 2021.

CAVALLI, Patrizia. *Pigre divinità e pigra sorte*. Torino: Einaudi, 2006.

CAVALLI, Patrizia. *Poesie (1974-1992)*. Torino: Einaudi, 1992.

CAVALLI, Patrizia. *Vita Meravigliosa*. Torino: Einaudi, 2020.

CELAN, Paul. *Cristal*. (Trad. do alemão: Claudia Cavalcanti). São Paulo: Iluminuras, 2000.

CELAN, Paul. "La poesia di Osip Mandel'štam". In: *La verità della poesia*. (Trad. do alemão: Giuseppe Bevilacqua). Torini: Einaudi, 1993.

COLUSSI, Davide; ZUBLENA, Paolo. *Giorgio Caproni, lingue, stile e figure*. Macerata: Quodlibet, 2014.

CONTINI, Gianfranco (org.). *Poeti del Duecento – v. 2*. Milano, Napoli: Riccardo Ricciardi, 1960.

CONTINI, Gianfranco. "Testimonianza per Pier Paolo Pasolini". In: *Ultimi esercizi ed elzeviri*. Torino: Einaudi, 1988.

CORTELLESSA, Andrea; DE LAUDE, Silvia. *Vedere, Pasolini*. Venezia: engrama, 2022.

CORTELLESSA, Andrea. "Abitare Zanzotto". In: ZANZOTTO, Andrea. *Premessa all'abitazione e altre prospezioni*. Torino: Nino Aragno editore, 2021.

CORTELLESSA, Andrea. *Zanzotto*: il canto della terra. Milano: Laterza, 2021.

CORTELLESSA, Andrea. "Il peso enorme delle parole". In: BUFFONI, Franco. *Poesia contemporanea. Nono Quaderno*. Milano: Marcos y Marcos, 2007. p. 53-54.

CORTI, Maria. "Introduzione". In: CAVALCANTI, Guido. *Rime*. Milano: BUR Rizzoli, 1992. p. 5-25.

CROCE, Benedetto. "Intorno alla critica della letteratura contemporanea e alla poesia di G. Pascoli". In: *La letteratura della nuova Italia*. Bari: s/ed, 1947. p. 218.

D'ANDREA, Gianluca. Capioni #15. Maria Grazia Calandrone. *Doppiozero*, 5 jan. 2016. Disponível em: https://www.doppiozero.com/materiali/campioni/campioni-15-maria-grazia-calandrone.

DELEUZE, Gilles. *Che cos'è l'atto di creazione?*. (Trad. do francês: Antonella Moscati). Napoli: Cronopio, 2009.

DELFINI, Antonio. *Autore ignoto presenta*. (Gianni Celati org.). Torino: Einaudi, 2008.

DELFINI, Antonio. *I racconti*. Milão: Garzanti, 1963.

DIDI-HUBERMAN, Georges. *Que emoção! Que emoção?*. (Trad. do

francês: Cecilia Ciscato). São Paulo: Editora 34, 2016.
DIDI-HUBERMAN, Georges. *O que vemos, o que nos olha*. (Trad. do francês: Paulo Neves). São Paulo: Editora 34, 2010.
DONATI, Riccardo. *Apri gli occhi*. Firenze: Carocci, 2020.
ESPOSITO, Roberto. *As pessoas e as coisas*. (Trad. do italiano: Andrea Santurbano e Patricia Peterle). Rafael Copetti Editor, 2016.
ESPOSITO, Roberto. *Bíos*. Torino: Einaudi, 2004.
FIORE, Renato. *Intervista a Maria Grazia Calandrone*. *Menabò*, n. 6, Lecce: Terra d'Ulivi Edizioni, 2020.
FORTINI, Franco. *Saggi ed epigrammi*. (Luca Lenzini e Rossana Rossanda orgs.). Milano: Mondadori, 2003.
FOUCAULT, Michel. *A grande estrangeira*: Sobre literatura. (Trad. do francês: Fernando Scheib). Belo Horizonte: Autêntica, 2016.
FOUCAULT, Michel. *Vigiar e punir*: nascimento da prisão. Rio de Janeiro: Vozes, 2008.
GARBOLI, Cesare. *Scritti servili*. Torino: Einaudi, 1989.
GETTO, Giovanni. Pascoli dantista. *Lettere Italiane*, Firenze, v. 1, n. 1, 1949.
GHIDINELLI, Stefano. L'infaticabile 'ma' di Sereni. *Studi Novecenteschi*, Padova, v. 26, n. 57, p. 157-184, jun. 1999.
GHIRARDI, Antonio. *Cinque storie stilistiche*. Genova: Marietti, 1987.
GINZBURG, Lisa. Le parole che suonano. Intervista a Patrizia Cavalli. *L'Unità*, Roma, 3 jan. 2002.
GIULIANI, Alfredo. *Autunno del Novecento*: cronache di letteratura. Milano: Feltrinelli, 1984.
GRAZIOLI, Elio. *La polvere nell'arte*. Milano: Bruno Mondadori, 2004.
HARAWAY, Donna. Saberes localizados: a questão da ciência para o feminismo e o privilégio da perspectiva parcial. Trad. do inglês: Mariza Corrêa. *Cadernos Pagu*, Campinas, n. 5, p. 7-41, 1995. Disponível em: https://periodicos.sbu.unicamp.br/ojs/index.php/cadpagu/article/view/1773.
HELLER-ROAZEN, Daniel. *Ecolalias*: sobre o esquecimento das línguas. (Trad. Fabio Akcelrud Durão). Campinas: Editora da Unicamp, 2010.

HOFMANNSTHAL, Hugo von. *Le parole non sono di questo mondo*: lettere al guardiamarina 1892-1895. (Trad. do alemão: Marco Rispoli). Macerata: Quodlibet, 2004.

KILANOWSKI, Piotr. "Queria permanecer fiel à clareza incerta...": sobre a poesia de Zbigniew Herbert. Disponível em: https://repositorio.ufsc.br/bitstream/handle/123456789/187196/PLIT0729-T.pdf?sequence=1&isAllowed=y.

KRISTEVA, Julia. *Sol negro*: depressão e melancolia. (Trad. do francês: Carlota Gomes). Rio de Janeiro: Rocco, 1989.

KUTUFÀ, Paolo. "Raffrontando e/ rammemorando", memoria e allegoria in *Una visita in fabbrica* di Vittorio Sereni. *L'ospite ingrato*, Siena, n. 7, 2020. Disponível em: https://www.ospiteingrato.unisi.it/raffrontando-e-rammemorandomemoria-e-allegoria-in-una-visita-in-fabbrica-di-vittorio-serenipaolo-kutufa/.

LAGES, Susana Kampff. *Walter Benjamin*: Tradução e Melancolia. São Paulo: EDUSP, 2002.

LEONARDI, Anna Maria Chiavacci. "Introduzione". In: ALIGHIERI, Dante. *Commedia*: Inferno – v. 1. Milano: Mondadori, 1991.

LEOPARDI, Giacomo. *Poesia e prosa*. (Marco Lucchesi org.). Rio de Janeiro: Aguilar, 1996.

LEVI, Primo. *Mil sóis*. (Trad. Maurício Santana Dias). São Paulo: Todavia, 2019.

LICCIARDELLO, Nicola. Matelda: Il nuovo inizio e il tantra di Dante. *Revista de Italianística*, São Paulo, n. 23, p. 3-34, 2014.

LOMBARDI, Andrea. Haroldo de Campos e a interpretação luciferina. *Cadernos de Tradução*, Florianópolis, v. 1, p. 182-197, 2014.

LONGHI, Roberto. *Breve ma veridica storia della pittura italiana*. Milano: BUR, 2001.

LUZI, Mario; SERENI, Vittorio. *Le pieghe della vita – carteggio (1940-1982)*. (Francesca D'Alessandro org.). Torino: Nino Aragno Editore, 2017.

MAGRELLI, Valerio. *66 poemas*. (Trad. do italiano: Patricia Peterle, Lucia Wataghin). Rafael Copetti Editor: São Paulo, 2019.

MAGRELLI, Valerio. *Che cos'è la poesia*. Roma: Luca Sossella Editore, 2012.

MAGRELLI, Valerio. *Le cavie – Poesie 1980-2018*. Torino: Einaudi, 2018.

MAGRELLI, Valerio. *Vedersi vedersi – modelli e circuiti visivi nell'opera di Paul Valéry*. Torino: Einaudi, 2002.

MAGRELLI, Valerio. Franco Fontana, fotografie saltate all'occhio. *Antinomie*, 03 set. 2021. Disponível em: https://antinomie.it/index.php/2021/09/03/franco-fontana-fotografie-saltate-allocchio/.

MANDEL'ŠTAM, Osip. *Conversazione su Dante*. (Remo Faccani org.). Genova: il melangolo, 2015.

MENGALDO, Pier Vicenzo. Iterazione e specularità in Sereni. *Strumenti critici*, Bologna, n. 17, p. 19-48, 1972.

MENGALDO, Pier Vicenzo. "Per la poesia di Giorgio Caproni". In: CAPRONI, Giorgio. *L'opera in versi*. (Luca Zuliani org., introdução de Pier Vincenzo Mengaldo, cronologia: Adele Dei). Milano: Mondadori, 1999. p. XXIV.

MENGALDO, Pier Vicenzo. "Intorno a «Il mare come materiale»". In: COLUSSI, Davide; ZUBLENA, Paolo. *Giorgio Caproni, lingue, stile e figure*. Macerata: Quodlibet, 2014. p. 23.

MONTALE, Eugenio. Esposizione sopra Dante. *Il secondo mestiere* – v. II. (Giorgio Zampa org.). Milano: Mondadori, 1996. p. 2.667-2.690.

MONTALE, Eugenio. La fortuna del Pascoli. *Il secondo mestiere* – v. II. (Giorgio Zampa org.). Milano: Mondadori, 1996. p. 1.899-1.904.

MONTALE, Eugenio. *Ossos de sépia*. (Trad. do italiano: Renato Xavier). São Paulo: Companhia das Letras, 2001.

MONTALE, Eugenio. *Poesias*. (Trad. do italiano: Geraldo Holanda Cavalcanti). Rio de Janeiro: Record, 1997.

MONTI, Guido. Antonella Anedda. Historiae. *Doppiozero*, 20 dic. 2018. Disponível em: http://www.doppiozero.com/materiali/antonella-anedda-historiae.

MOZZI, Giulio. La formazione della scrittrice, 3/Maria Grazia Calandrone. Disponível em: http://vibrisse.wordpress.com/2014/01/27/la-formazione-della-scrittrice-3-maria-grazia-calandrone/.

NANCY, Jean-Luc. *Corpus*. (Trad. do francês: Antonella Moscati). Napoli: Cronopio, 2014.

NANCY, Jean-Luc. *Demanda*. (Trad. do francês: João Camillo Penna, Eclair Antonio Almeida Filho, Dirlenvalder do Nascimento Loyolla). Florianópolis: Chapecó, Editora UFSC, Argos, 2016.

NANCY, Jean-Luc. *M'ama, non m'ama*. (Trad. do francês: Maria Chiara Bolocco). Torino: UTET, 2009.

NANCY, Jean-Luc. *Sull'amore*. (Trad. do francês: Matteo Bonazzi). Torino: Bollati Boringhieri, 2009.

NAPOLI, Giuseppe. "Mantegna fuori prospettiva". In: *Doppiozero*. Disponível em: https://www.doppiozero.com/rubriche/111/201402/mantegna-fuori-prospettiva.

PAMPALONI, Geno. "Geno Pampaloni". In: CAPRONI, Giorgio. *Tutte le poesie*. Milano: Garzanti, 1986. p. 1.011.

PASCOLI, Giovanni. "A Giuseppe Chiarini. Della metrica neoclassica". In: *Prose*. Organizado por A. Vicinelli. Milano: Mondadori, 1946.

PASCOLI, Giovanni. *Il fanciullino*. Torino: Nino Aragno Editore, 2018.

PASCOLI, Giovanni. *O menininho*. (Trad. do italiano: Patricia Peterle, posf.: Raul Antelo). São Paulo: Rafael Copetti Editor, 2015.

PASCOLI, Giovanni. *Poesie e prose scelte* – v. I e II. (Apresentação e notas: Cesare Garboli). Milano: Mondadori, 2002.

PASOLINI, Pier Paolo. *I dialoghi*. (Giovanni Falaschi, org.). Roma: Editori Riuniti, 1992.

PASOLINI, Pier Paolo. *Mamma Roma*. Milano: Rizzoli, 1962.

PASOLINI, Pier Paolo. *Per il cinema*. (Walter Siti e Franco Zabagli orgs.) – v. I Mondadori: Milano, 2001. p. 153-165.

PASOLINI, Pier Paolo. *Saggi sulla letteratura e sull'arte* – v. I e II. Walter Siti (org.). Milano: Mondadori, 1999.

PASOLINI, Pier Paolo. Sfogo per 'Mamma Roma'. *Vie nuove*, n. 40, 4 ottobre 1962.

PECHMANN, Robert Moses. *Cidades estreitamente vigiadas*: o detetive e o urbanista. Rio de Janeiro: Casa da Palavra, 2002.

PETERLE, Patricia; GASPARI, Silvana de (orgs.). *Arquivos poéticos*: desagregação e potencialidades do Novecento italiano. Rio de Janeiro, 7Letras, 2015.

PETERLE, Patricia; SANTI, Elena. *Vozes cinco décadas de poesia italiana*. Rio de Janeiro: Ed. Comunità, 2017.

PETERLE, Patricia; SANTURBANO, Andrea (orgs.). *Contemporaneidades na/da literatura italiana*. Florianópolis: Rafael Copetti Editor, 2020. Disponível em: https://repositorio.ufsc.br/handle/123456789/212566.

PETERLE, Patricia; SANTURBANO, Andrea; DEGANI, Francisco; SALVADOR, Rossana. *Krisis-Tempos de Covid 19*. Florianópolis: Rafael Copetti Editor, 2021.

PETERLE, Patricia. A palavra esgarçada de Giorgio Caproni. *Italianistica*, n. 24, 2014. https://doi.org/10.11606/issn.2238-8281.v0i27p16-24

PETERLE, Patricia. *A palavra esgarçada*: pensamento e poesia em Giorgio Caproni. São Paulo: Rafael Copetti Editor, 2018. Disponível em: https://repositorio.ufsc.br/handle/123456789/221563.

PETERLE, Patricia. Archeologia e poesia. *Alfabeta 2*, 27 gen. 2019. Disponível em: http://www.alfabeta2.it/2019/01/27/archeologia-e-poesia/.

PETERLE, Patricia. Contatos necessários: uma reflexão sobre a tradução de "A toalha" de Giovanni Pascoli. *Aletria*: Revista de Estudos de Literatura, Belo Horizonte, n. 30, v. 4, p. 182-183, 2020.

PETERLE, Patricia. Limites e perigos. *Rascunho*, Curitiba, n. 199, Curitiba. Disponível em: http://rascunho.com.br/limites-e-perigos/.

PETERLE, Patricia. Metà cattiveria, metà indifferenza. *Antinomie*, 18 mar. 2020. Disponível em: https://antinomie.it/index.php/2020/03/18/meta-indifferenza-e-meta-cattiveria/.

PETERLE, Patricia. No vórtice de "L'anguilla de Eugenio Montale. *Literatura Italiana Traduzida*, n. 7 v. 1, jun. 2020. Disponível em: https://literatura-italiana.blogspot.com/2020/06/no-vortice-de-languilla-de-eugenio.html

PETERLE, Patricia. O silêncio criativo: sobre a poesia de Vittorio Sereni. *Literatura Italiana Traduzida*, Florianópolis, v. 1, n. 7, jul. 2020. Disponível em: https://repositorio.ufsc.br/handle/123456789/209578

PETERLE, Patricia. Objetos poetantes: um poema de Guido Cavalcanti. *Literatura Italiana Traduzida*, Florianópolis, v. 1., n. 4, abril. 2020. Disponível em: https://repositorio.ufsc.br/handle/123456789/209880.

PETERLE, Patricia. Operações e escavações em Franz Kafka e Primo Levi. *Linguagem e ensino*, Pelotas, v. 22, n. 2, abr.-jun., 2019. Disponível em: https://periodicos.ufpel.edu.br/ojs2/index.php/rle/article/view/15975/10371.

PINTO, Tatiara Aline. *O sono e o sonho na poética de Franco Fortini*. Dissertação (mestrado em Letras). Universidade Federal de Santa Catarina, Centro de Comunicação e Expressão, Programa de Pós-Graduação em Literatura, Florianópolis, 2019. Disponível em: https://repositorio.ufsc.br/handle/123456789/206477.

PINTO, Tatiara Aline. A opacidade de nós mesmos no poema "Spettri de Antonella Anedda". *Literatura Italiana Traduzida*, v. 2, n. 1, jan. 2021. Disponível em: https://repositorio.ufsc.br/handle/123456789/219641.

POUND, Ezra. *Abc da Literatura*. (Trad. do italiano: Augusto de Campos). São Paulo: Cultrix, 2006.

POUND, Ezra. *Pound's Cavalcanti*: An Edition of the Translation, Notes, and Essays. (David Anderson org.). Princeton: Princeton University Press, 1983.

PROUST, Marcel. *Em busca do tempo perdido*, vols. I, II, III. (Trad. Fernando Py). Rio de Janeiro: Nova Fronteira, 2016.

RABONI, Giovanni. "Introduzione". In: SERENI, Vittorio. *La tentazione della prosa*. Milano: Mondadori 1998. p. XVII.

REA, Roberto. Per il lessico di Guido Cavalcanti: sbigottite. *Critica del testo*, Roma, n. VI, v. 2, 2003.

RELLA, Franco. *Limiares*. (Trad. do italiano: Andrea Santurbano, Patricia Peterle). Rio de Janeiro: 7Letras, 2020.

RICKES, Simone Moschen. A escritura como cicatriz. *Educação e Realidade*, n. 27, jan.-jun. 2002. p. 67.

SANT'ELIA, Edoardo. Antonella Anedda, *Historiae*. *Rivista Clandestino*, Bologna, 7 dic. 2018. Disponível em: http://www.rivistaclandestino.com/antonella-anedda-historiae-einaudi/.

SCAFAI, Nicolò. *Letteratura e ecologia*. Firenze: Carocci Editore, 2017.

SERENI, Vittorio; ANCHESI, Luciano. *Carteggio con Luciano Anceschi 1935-1983*. (Beatrice Carletti org., pref.: Niva Lorenzini). Milano: Feltrinelli, 2013.

SERENI, Vittorio; BETOCCHI, Carlo. *Un uomo fratello. Carteggio (1937-1982)*. Milano: Mimesis, 2018.

SERENI, Vittorio. *Gli immediati d'intorni*. Milano: Il Saggiatore, 1983.

SERENI, Vittorio. *Poesie e prose*. (Giulia Raboni org.). Milano: Mondadori, 2013.

SERRA, Renato. *Scritti critici*. Firenze: Casa Editrice Italiana, 1910.

SISCAR, Marcos; MORAES, Marcelo Jacques de; CARDOZO, Mauricio Mendonça. *Vida poesia tradução*. Rio de Janeiro: 7Letras, 2021.

SISCAR, Marcos. *Isto não é um documentário*. Rio de Janeiro: 7Letras, 2020.

SLOTERDIJK, Peter. *Falsa coscienza*: forme del cinismo moderno. (Trad. do alemão: Federica Romanini). Sesto San Giovanni: Mimesis, 2019.

STEINER, George. *Vere presenze*. Milano: Garzanti, 1998.

STERZI, Eduardo. *Por que ler Dante*. São Paulo: Globo, 2018

SURDICH, Luigi (org.). *"Era così bello parlare"*. Conversazioni radiofoniche com Giorgio Caproni. Genova: Il Melangolo, 2004.

TESTA, Enrico. "'Qui sta il punto! Anzi due…' Esempi di testualità letteraria". In: FERRARI, Angela; LALA, Letizia; PECORARI, Filippo; WEBER, Roska Stojmenova (orgs.). *Punteggiatura, sintassi, testualità nella varietà dei testi italiani contemporanei*. Firenze: Franco Cesati Editore, 2019. p. 395-406.

TESTA, Enrico. *Cairn*. Torino: Einaudi, 2018.

TESTA, Enrico. *Cinzas do século XX*: três lições sobre a poesia italiana. (Patricia Peterle e Silvana de Gaspari orgs.). Rio de Janeiro: 7Letras, 2016.

TESTA, Enrico. "Con gli occhi di Annina. La morte della distinzione". In: COLUSSI, Davide; ZUBLENA, Paolo. *Giorgio Caproni, lingue, stile e figure*. Macerata: Quodlibet, 2014. p. 52-53.

TESTA, Enrico. *Dopo la lirica*. Torni: Einaudi, 2005.

TESTA, Enrico. Entrevista. *Piparote*, Franca, n. 4, ano 2, p. 26-29, ago. 2022.

TESTA, Enrico. "Personaggi caproniani". In: *Per interposta persona-lingua e poesia nel secondo novecento*. Roma: Bulzoni, 1999. p. 100-103.

TESTA, Enrico. "Vozes trazidas por alguma coisa: a solidão da linguagem". In: PETERLE, Patricia; SANTURBANO, Andrea. *Resíduos do humano*. São Paulo: Rafael Copetti Editor, 2018. p. 12.

TESTA, Enrico. *Jardim de Sarças*. (Trad. do italiano: Patricia Peterle, Andrea Santurbano, Luiza Faccio). Rio de Janeiro: 7Letras, 2019.

THOVEZ, Enrico. *L'arco d'Ulisse*: prose di combattimento. New York: Nabu Press, 2011.

UNGARETTI, Giuseppe. *Daquela estrela à outra*. (Lucia Wataghin org.). São Paulo: Ateliê Editorial, 2003.

VALLETTI, Camilla. "Il tempo della valigia, intervista a Patrizia Cavalli". In: *Indice*, Torino, 11 novembre 2006.

VITIELLO, Ciro. "Ritmo e linguaggio nel 'Seme del piangere' di Caproni". In: DEVOTO, Giorgio; VERDINO, Stefano. Genova: San Marco dei Giustiniani, 1982. p. 121.

ZANZOTTO, Andrea. "1944: FAIER". In: *Le poesie e prose scelte*. (Stefano Dal Bianco e Gian Mario Villalta orgs., ensaios de Stefano Agosti e Fernando Bandini). Milano: Modadori, 1999. p. 995.

ZANZOTTO, Andrea. *Haicais for a season*. (Trad. do italiano: Patricia Peterle). Rio de Janeiro: 7Letras, 2023.

ZANZOTTO, Andrea. *Premessa all'abitazione e altre prospezioni*. Torino: Nino Aragno editore, 2021.

ZANZOTTO, Andrea. *Primeiras paisagens*. (Trad. do italiano: Patricia Peterle). Rio de Janeiro: 7Letras, 2021.

ZANZOTTO, Andrea. "Sovrimpressioni". In: *Tutte le poesie*. (Stefano Dal Bianco org.). Milano: Oscar Mondadori, 2011.

ZORAT, Ambra. *La poesia femminile italiana dagli anni settanta ad oggi*: Percorsi di analisi testuale. Tese de Doutorado, Università degli Studi di Trieste, Université Paris VI Sorbonne, 2009.

ZUMTHOR, Paul. *A voz e a letra*: a literatura medieval. (Trad. do francês: Amilio Pinheiro, Jerusalém Pires Ferreira). São Paulo: Companhia das Letras, 1993.

Índice onomástico

Achmatova, A., **30, 203**
Adorno, T. W., **119**
Agamben, G., **12, 17, 21-23, 27, 33-35, 37, 48, 51-52, 61-66, 71-73, 81-87, 90-91, 93-95, 97, 100, 107, 118-119, 123-124, 144, 189, 199, 201-202, 213, 219, 231, 237**
Agnoletti, F., **27**
Agustoni, N., **239**
Agustoni, P., **86**
Alborta, F., **132**
Alighieri, [Dante], **9-11, 15-16, 19-24, 26-34, 37, 40-41, 43, 45-46, 48-51, 53-55, 60-63, 65-68, 70-71, 77, 83-84, 106, 118, 126, 173, 192, 208, 246**
Anceschi, L., **153-154**
Anedda, A., **11, 15, 17-19, 31-32, 77-78, 111-116, 142-146, 149, 191, 193-208, 210-213, 256**
Antonelli, M., **253**
Apollinaire, G., **160**
Arasse, D., **142, 193**
Arendt, H., **172-173**
Aristóteles, **58, 64, 68**
Auerbach, E., **21**
Averróis, **33, 65, 73**
Bachmann, I., **84**
Barbolini, R., **89**
Barthes, R., **58-59, 83, 117, 120-121, 135-136**
Bataille, G., **86**
Bazzocchi, M., **139, 141-142**
Bebenburg, E. K. v., **122**
Beckett, S., **24**
Benjamin, W., **11-13, 16, 22, 43, 45, 48-50, 52-53, 55, 82-83, 111, 116, 119, 121-122, 186, 188-189, 191-193, 197, 231**
Benn, G., **255**
Benveniste, E., **58**
Bergamín, J., **11-12, 16, 45, 47-48, 50-51, 53-54, 84, 122**
Bernardini, A. F., **35, 86**
Betocchi, C., **97, 152-154, 156**
Bezerra, P., **23**
Bianciardi, L., **168**
Bishop. E., **112**
Blanchot, M., **81, 84, 86, 120, 169**
Blumenberg, H., **109**
Bompiani, G., **185**
Bonvini, C., **221**
Borges, J. L., **19**
Bozzola, S., **98**
Braidotti, R., **235-236, 239-240, 242, 247**
Brecht, B., **52, 111**
Breda, M., **185**
Brontë, E., **196**
Bruno, G., **216**

Butler, J., **114, 238, 241**
Calandrone, M. G., **15, 18, 20, 115, 173, 235, 237-247, 249-256, 259**
Calvino, I., **76, 78-79, 82, 88-89, 107, 109-110, 168**
Campo, C., **84**
Campos, A., **22, 79**
Campos, H., **23, 61, 69, 77, 79, 161**
Cantoni, R., **153**
Capa, R., **147**
Caproni. G., **11, 15, 17, 19, 27, 30, 34-37, 39-41, 43-46, 61, 76-77, 84-86, 94-100, 123-128, 152, 156, 162-165, 169-171, 177, 196, 250-251**
Caravaggio, **134, 139-141**
Carbognin, F., **178, 184**
Cardozo, M. M., **196**
Carducci, G., **24**
Carminati, A., **247**
Cavalcanti, G., **15-16, 63, 65, 67-68, 70-78, 97-98**
Cavalcanti, G. H., **162**
Cavalli, P., **18, 78, 84, 215-233**
Celan, P., **84, 112-113, 121, 124, 171, 174, 203, 205**
Char, R., **84, 160**
Chateaubriand, **50**
Che Guevara, **133**
Chiara, P., **155**
Chiarini, G., **34**
Cimatti, F., **81**
Clark, K., **133**
Colussi, D., **94, 98**
Contini, G., **21, 67, 73, 77, 137-138, 141**

Cortellessa, A., **82, 137, 141, 179, 183-184, 213, 252**
Corti, M., **67, 73-74**
Croce, B., **7-8, 10, 26**
D'Andrea, G., **259**
D'Erba, L., **155**
Dal Bianco, S., **182, 186**
De Signoribus, E., **84**
Debenedetti, G., **157**
Degani, F., **173, 238, 240, 253**
Deleuze, G., **58, 63-64, 83, 98, 103, 114, 253**
Derrida, J., **81**
Devoto, G., **96**
Didi-Huberman, G., **82, 138-139, 254, 257**
Donatello, **131**
Donati, R., **208**
Doplicher, F., **196**
Drummond, C., **19, 21-22**
Eliot, T. S., **19, 76, 106**
Eyck, J. v., **193**
Ferrari, A., **124**
Finali, G., **26**
Fontana, F., **147-148**
Fortini, F., **111, 125-126, 160, 168, 200**
Foucault, M., **81, 107, 120, 142, 169, 172, 174, 199, 237**
Freund, G., **49**
Garboli, C., **28-29, 87**
Gaspari, S. de, **86**
Gentili, D., **81**
Getto, G., **27**

Ghidinelli, S., **160**
Ghirardi, A., **97**
Ginzburg, N., **87**
Ginzburg, L., **218**
Giotto, **129, 134**
Girardi, A., **44**
Giudici, G., **168**
Giuliani, A., **92**
Gombrowicz, W., **105**
Gontcharov, I., **25**
Grazioli, E., **146-147**
Green, J., **160**
Guinizelli, G., **68**
Haraway, D., **235**
Heidegger, **81**
Heller-Roazan, D., **197**
Herbert, Z., **196, 199, 203-204**
Hofmannsthal, H. v., **121-122**
Hölderlin, F., **48, 84, 187**
Horácio, **194**
Isella, D., **157, 172**
Jaccottet, P., **112, 196**
Kafka, F., **64, 84**
Katz, L., **133**
Kristeva, J., **46**
Kutufà, P., **173**
Lages, S. K., **228**
Lai, M., **208-209**
Lala, L., **124**
Leonardi, A. M. C., **21, 45, 62**
Leopardi, G., **84, 196, 198, 202**
Levi, P., **63-64, 113-114, 174**
Licciardello, N., **33**
Llansol, G., **197**

Loi, F., **196, 199**
Lombardi, A., **77**
Lonardelli, L., **208**
Longhi, R., **131, 137-141**
Lucrécio, **109-110**
Luzi, M., **97, 152, 155-156**
Magnani, A., **134**
Magrelli, V., **15-17, 107-111, 113-114, 128, 145-148**
Magris, C., **171**
Maier, V., **147**
Mallarmé, **79**
Man Ray, **147**
Mandel'štam, O., **11, 19, 23, 29, 30-33, 112, 121, 196, 203, 205**
Manganelli, G., **84**
Mantegna, A., **129-133, 137-139, 143**
Marramao, G., **81**
Martins, C., **21**
Masaccio, **134-139**
Maso, P., **253**
Mbembe, A., **237**
Medeiros, S., **86**
Melville, H., **25, 84**
Mengaldo, P. V., **94, 96, 166**
Michelangelo, **129**
Montale, E., **15, 19-20, 27, 30, 50, 57, 122, 161-163, 173, 188, 258**
Monti, G, **114**
Moore, H., **133**
Moraes, M. J. de, **196**
Morante, E., **84, 217-218**
Mozzi, G., **247**

Nancy, J.-L., **86, 106, 132, 250-251, 254**
Napoli, G., **132**
Nietzsche, **48**
Nobili, N., **243-246**
Novalis, **48**
Noventa, G., **196**
Olmi, E., **132**
Ottieri, O., **168**
Paci, E., **153**
Pagliarani, E., **168**
Pampaloni, G., **45, 99**
Parise, G., **168**
Parnet, C., **83**
Parr, M., **147**
Pascoli, G., **10, 15, 19-20, 23-31, 33-34, 41, 81, 84, 159, 175, 199, 246, 257**
Pasolini, P. P., **15, 19, 30, 84, 91-92, 125, 134-135, 137-142, 145, 163, 166-167, 217, 231, 251**
Patrizio, M., **253**
Pechmann, R. M., **104**
Pecorari, F., **124**
Peterle, P., **9-10, 12, 44, 59, 64, 75, 86, 102, 107, 113, 115, 123, 160, 162, 169, 173-175, 199, 201, 205, 215, 237-239, 250, 253, 258**
Piccinini, P., **247-248**
Pietromarchi, B., **208**
Pignotti, L., **168**
Pinto, T. A., **168, 195**
Piva, R., **19**
Platão, **57**

Pollaiolo, **129**
Polo, M., **107**
Pound. E., **19, 57, 69, 77, 196**
Pozzi, A., **153**
Proust, M., **98, 135-136**
Raboni, Giovanni, **45, 169-170**
Rea, R., **75**
Rella, F., **81-82, 148**
Rickes, S. M., **195**
Rilke, R. M., **193, 258**
Rossini, **109-110**
Salvador, R., **173, 238, 240, 253**
Sant'Elia, E., **116**
Santi, E., **59, 113, 115, 201, 205, 215**
Santurbano, A., **123, 169, 173, 238, 240, 253**
Savinio, A., **84**
Scramim, S., **86**
Sereni, V., **123-125, 127-128, 151-174, 176, 180, 183**
Serra, R., **26-27**
Shakespeare, **49**
Siscar, M., **24, 196-197**
Sloterdijk, P., **235-236**
Smargiassi, M., **147**
Stefano, B. dal, **182, 186**
Steiner, G., **122**
Sterzi, E., **20-21**
Surdich, L., **163**
Tácito, **114-115**
Testa, E., **15, 17, 40-41, 59, 78, 86, 95, 98, 101-107, 111, 113-114, 123-124, 159-160, 170, 206**

Tjutčev, F. I., **196**
Tsvetaeva, M., **112, 195-196, 203, 205, 213**
Ungaretti, G., **84, 161**
Valéry, P., **147, 160, 175**
Valletti, C., **216**
Vescovi, G., **24**
Virno, P., **81**
Vitiello, C., **96**
Vittorini, E., **168**
Volponi, P., **168**
Walzer, R., **84**
Wataghin, L., **16-17, 86, 107**
Weber, R., **124**
Weil, S., **84, 251**
Williams, W. C., **160**
Zampa, G., **19**
Zanzotto, A, **15, 17, 177-190, 200, 208**
Zorat, A., **252, 256**
Zublena, P., **94, 98**
Zumthor, P., **70**

Sobre a autora

Patricia Peterle (1974) nasceu em São Paulo, cresceu no Rio de Janeiro e mora em Florianópolis. É crítica literária, tradutora, pesquisadora do CNPq e professora de literatura italiana na Universidade Federal de Santa Catarina. Atua também no Programa de Pós-Graduação em Língua, Literatura e Cultura Italianas da USP. Peterle é doutora em Letras Neolatinas pela UFRJ com estágios de pós-doutorado na Universidade Estadual Paulista (UNESP) e na Università di Genova. Publicou, traduziu e organizou livros de ensaios no Brasil e na Itália, entre os quais *Itália do pós-guerra em diálogo*; *Arquivos poéticos*; *Vozes: cinco décadas de poesia italiana*; *No reverso do verso*. É autora de *No limite da palavra*; *A palavra esgarçada: pensamento e poesia em Giorgio Caproni*.

1ª EDIÇÃO [2023]

Esta obra foi composta em Minion Pro
e Acumin Pro e impressa em papel
Pólen Natural 80 g/m² para a Relicário Edições.